진로상담 과정과 기법

Essential Elements of Career Counseling: Processes and Techniques

Norman E. Amundson · JoAnn Harris-Bowlsbey · Spencer G. Niles 공저
이동혁 · 황매향 · 임은미 공역

학지사

Essential Elements of Career Counseling: Processes and Techniques (2E)
by Norman E. Amundson, JoAnn Harris-Bowlsbey and Spencer G. Niles

published by Pearson Education, Inc., publishing as Merrill,

The Korean language edition published by HAKJISA PUBLISHER,

역자 서문

최근 글로벌 경제의 어려움은 우리나라에도 적지 않은 영향을 주고 있다. 그 결과 기업의 매출은 줄어들었고 매출의 감소는 신규 채용의 감소로 이어지면서 취업시장마저 위협하고 있는 상황이다. 특히 고등학교나 대학을 졸업한 청년층의 취업이 어려워지고 있으며, 기업의 구조조정으로 정리 해고된 노동자는 새로운 직장으로 이직하는 데 어려움을 겪고 있다. 이러한 사회적 현상으로 볼 때 진로상담의 필요성이 매우 증가되고 있는 것은 자명한 사실이라고 할 수 있다. 그러나 아직도 사람들의 진로 선택과 진로 개발을 위하여 적절한 도움을 줄 수 있는 전문가는 부족한 상태다. 다양한 기관에서 사람들의 필요에 따라 진로상담 서비스를 제공하고 있거나 제공하려고 노력하고 있지만 이러한 서비스가 적절한 훈련과정을 거쳐서 준비된 전문가에 의해 제공되고 있는지는 분명하지 않다.

진로상담자는 개인의 진로 문제를 해결하는 데 필요한 적절한 능력을 갖추고 있어야 한다. 개인이 가지고 있는 진로 문제는 단순히 진로를 선택하는 것에 그치지 않고 개인이 속해 있는 환경과 생애 전체에 연결되어 있다. 따라서 진로 문제를 보다 폭넓게, 그리고 정확하게 이해할 수 있는 능력이 진로상담자에게 필요하다. 그리고 다양한 방식으로 나타나는 진로 문제에 적절하게 접근할 수 있는 기술이 있어야 하며, 내담자를 동기화하고 문제 해결로 이끌 수 있는 능력도 있어야 한다. 그런데 진로상담에 대한 잘못된 편견은 그동안 진로상담자의 역할에 대한 오해로도 이어져 왔다. 진로상담이라고 할 때 대부분의 사람이 기억하는 것은 진로검사를 실시하는 정도에 그치고 있으며, 진로상담이 직업에 대한 정보를 제공하는 것이라고 이해하는 경우가 많다. 그 결과 진로상담은 상담을 전공하지 않아도 직업에 대한 많은 정보를 가지고 있고 몇 가지 진로검사를 실시할 줄 알면 누구든지 할 수 있는 활동이라고 생각해 왔다. 따라서 진로상담을 실시하는 진로상담자에 대한 훈련이 소홀히 여겨졌던 것이 사실이다.

상담을 전공한 상담 전문가에게도 진로상담에 대한 편견이 있는데, 즉 그들이 가지고 있는 편견은 상담을 전공한 사람이라면 누구든지 진로상담을 할 수 있다는 것이다. 진로상담을 하기 위해 특별한 훈련이 요구되는 것이 아니며, 상담에 대한 훈련이 되어 있다면 진로상담도 함께 진행할 수 있다고 보았다. 진로상담의 전문성을 인정하는 전문가도 진로상담을 하기 위해서는 진로발달 이론을 학습하는 것만으로도 충분하다고 생각하는 경향이 있다. 진로상담의 과정은 상담의 과정과 크게 다르지 않기 때문에 상담이라는 일반적인 과정 속에 진로발달 이론을 적용하면 된다고 생각하는 것이다. 물론 진로상담에 일반적인 상담의 기술이 적용되고 있으며, 전체적인 과정에서 유사한 부분이 있지만, 상담에 대한 지식과 기술이 있다고 해서 진로상담이 자연스럽게 이루어지는 것은 아니다. 진로 문제는 심리 문제와는 분명히 다른 속성이 있으며, 보다 효과적으로 진로 문제를 해결하기 위해서는 그에 적합한 상담 과정과 상담기술을 적용하여야 한다.

그동안 많은 연구가 진로상담의 특수성을 인정해 왔으며, 진로상담자가 갖추어야 하는 특수한 자격 요건도 제시해 왔다. 특히 미국 진로발달학회(National Career Development Association)에서는 진로상담자의 전문성을 높이기 위하여 진로상담자에게 필요한 자격과 능력 요건을 제시해 왔으며, 그들이 받아야 하는 훈련 요소도 제시해 왔다. 그중에서도 다양한 진로발달 이론을 이해하고 그것을 진로상담 실제에 적용할 수 있는 능력을 중요한 능력 중의 하나로 지적해 왔다. 또한 다양한 특성을 보이는 내담자에 맞추어 전체 진로상담을 이끌어 갈 수 있는 능력도 중요한 능력 중 하나라고 하였다. 이러한 점에 비추어 볼 때, 전문적인 진로상담을 제공하기 위해서는 진로발달 이론에 대한 충분한 지식이 있어야 하며, 이러한 이론을 진로상담 과정에 적용하면서 전체 진로상담 과정을 효과적으로 이끌어 갈 수 있는 능력이 있어야 한다. 따라서 이 책은 전문 진로상담자로 훈련을 받고 있는 예비 진로상담자에게 매우 적절한 교재라고 할 수 있다. 이 책에서는 진로발달 이론을 소개할 뿐 아니라 이론을 실제 현장에 어떻게 적용할 수 있는지 다양한 사례를 들어 보여 주고 있다. 또한 진로상담의 전체 과정을 다루면서 각 단계마다 전문 진로상담자가 알아야 할 요소를 자세히 설명해 주고 있으며, 실제 사례와 축어록을 함께 제시함으로써 보다 실질적인 지식을 습득하도록 도와주고 있다. 이 밖에도 최근 진로상담의 중요한 도구로 등장하고 있는 인터넷을 통한 진로상담 서비스에 대해서도 자세한 정보를 제공하고 있다. 따라서 이 책은 진로상담 전문가가 되는 데 매우 유용한 참고 자료가 될 것이며, 진로상담을 보다 효과적으로 제공하는 데 필요한 지식을 전달해 줄 것이라 확신한다.

마지막으로 이 책을 번역하는 과정에서 수고해 주신 모든 분에게 감사의 마음을 전하고 싶다. 먼저 이 책을 출판할 수 있게 해 주신 학지사 김진환 사장님과 출판을 위하여 노력해 주신 편집부 그리고 교정과 윤문 과정에 참여해 준 건국대학교 대학원 교육학과 학생과 경인교육대학교와 전북대학교 대학원 학생에게 고마움의 마음을 표한다.

2013년 1월

역자 일동

저자 서문

지난 몇 년 동안 우리는 다양한 장면에서 진로상담을 가르치고 프로그램을 개발해 왔다. 예를 들면, 학교나 대학, 취업센터, 이민자를 위한 서비스 센터 등에서였다. 이런 모든 곳에서 기회가 있었기에 많은 도전을 해 보았다. 그런데 장소가 어디든 간에 좋은 진로상담은 어떤 기본적인 상담 과정이 있다는 것을 알게 되었다.

미국이나 캐나다에서뿐 아니라 유럽이나 아시아와 같은 국제적인 환경에서도 진로상담자를 훈련했다. 물론 그곳에서는 문화적인 다양성이 존재했지만, 그러한 환경에 잘 맞을 수 있는 기본적인 진로상담 과정 또한 있었다.

이 책에서는 강력하면서도 광범위하게 적용할 수 있는 정보와 구조를 제공하고 있다. 그리고 웹사이트를 기반으로 한 진로상담과 같이 최근에 제기되고 있는 이슈도 제시한다. 그리고 책이 더 쉽게 읽힐 수 있도록 사례도 함께 제시하고 있다.

1장은 이 책의 기초를 세우는 장이다. 훌륭한 진로상담을 제공해야 한다는 우리의 생각을 확인하면서 진로상담과 관련된 다양한 잘못된 생각을 탐색하고 최근의 경향을 제시한다. 1장에서는 진로상담이 무엇인지 정의를 내릴 뿐 아니라 훈련의 일환으로 진로상담자가 추구해야 할 능력을 제시한다. 보조 자료로 미국 진로발달학회(NCDA)에서 제시한 상담자가 갖추어야 할 능력에 대한 기준을 소개하며 윤리규정도 함께 제시한다.

2장에서는 진로발달과 진로 선택에 대한 이론을 다루고 있지만, 이 책은 이러한 기본적인 진로상담 기술을 설명하고, 그 기술의 사용에 필요한 자원을 설명하는 데 초점을 맞추고 있다.

상담자 훈련의 시작은 기초적인 진로상담 이론을 이해하는 것이다. 그래서 2장에서는 존 홀랜드(John L. Holland), 도널드 슈퍼(Doald E. Super), 존 크럼볼츠(John D. Krumboltz)의 이론을 간단하게 설명한다. 그리고 마크 사비카스(Mark L. Savickas)의 구성주의 이론에 대해서도 설명한다. 이해를 돕기 위해 먼저 사례를 제시하며, 그다음으로 각 이론에 따라서 상담 과정이 어떻게 달라지는지를 보여 준다.

3장에서는 진로상담이 단순히 개인적인 활동 이상의 것임을 설명한다. 진로상담에서는 개인적인 변인과 함께 맥락적인 변인을 고려하는 것이 중요하다. 따라서 진로계획은 사회적 또는 경제적 현실 속에서 세워야 한다. 슈퍼가 제시한 진로 결정의 아치는 개인과 환경 변인 사이의 관계를 설명하는 것이다.

4장에서는, 앞의 세 장은 진로상담 과정의 기초를 설명한 것과는 달리 상담관계의 중요성을 강조한다. 그리고 관계를 촉진할 수 있는 다양한 방법에 대해서도 탐색하며, 내담자의 저항을 다룰 수 있는 방법도 제안한다.

5장에서는 내담자가 자신의 진로문제를 잘 설명할 수 있도록 하는 다양한 방식에 대해 설명한다. 이러한 과정 중의 하나는 내담자가 잘 표현하지 못하는 것을 확인하고 분명한 방향을 설정하는 것이다. 내담자의 문제를 이해하는 하나의 방법은 문제를 시각화하기 위해 은유를 사용하는 것이다.

6장과 7장에서는 탐색과정에 대해 설명한다. 6장에서는 자기탐색의 다양한 방식을 설명한다. 예를 들면, 다양한 질문 방식, 이야기하기, 은유, 구조화된 평가기술에 대해서 설명한다. 7장에서는 맥락적이고 경제적인 요인에 대한 탐색을 설명한다. 또한 각 개인이 어떻게 자기 자신의 노동시장을 갖는지에 대해서도 고려한다.

8장에서는 인터넷이 상담에 미치는 상당한 영향력을 고려하여, 인터넷이 진로상담에 어떤 도움을 줄 수 있을지 설명한다. 진로검사 및 진로 정보에 대한 웹사이트를 제시할 뿐 아니라 웹사이트의 질을 평가할 수 있는 지침을 제시한다. 이 책은 진로상담 과정을 중요시하기 때문에 웹사이트가 다양한 진로상담 상황에 어떻게 적용될 수 있을지에 대해서도 설명한다.

9장에서는 인터넷에 기반을 둔 진로상담에 대해서 논의하며, 가상 진로센터를 어떻게 만들 수 있을지에 대해서 설명한다. 가상 진로센터의 구성 요소에 대해서 논의하며, 곳곳에 흩어진 정보가 어떻게 활용되어야 하는지, 그리고 효과성을 극대화할 수 있는 센터를 어떻게 만들 수 있는지에 대해서도 논의한다. 그리고 모델이 될 수 있을 만한 웹사이트도 소개한다.

10, 11, 12장에서는 탐색에서 더 나아가 진로상담 과정 중 결정, 계획, 평가, 추후지도에 대해서 설명한다. 이 단계는 정보를 모아서, 결정을 내리고, 행동계획을 세우는 시기다. 이러한 단계는 진로상담의 한 과정이며, 진전이 없을 때는 계획을 수정할 수 있도록 민감성이 요구되는 단계이기도 하다. 상담 과정은 단선적이지 않기 때문에 계속해서 평가하고 조정하는 단계여야 한다.

마지막 13장에서는 다양한 상황에 따라서 진로상담이 어떻게 달라져야 하는지에 대해 설명한다. 특히 학교 현장에서 진로상담이 어떻게 적용할 수 있을지 설명하며, 대학이나 지역사회에서도 어떻게 적용할 수 있을지 설명한다.

우리는 이 책이 이러한 목적을 잘 성취했기를 바란다. 우리가 가르쳤던 대부분의 학생은 이렇게 진로상담 과정에서 인터넷을 진로상담의 도구로 사용한 것에 대해서 고마워하였다. 이 책을 준비하면서 내용을 분명하게 전달하고자 하였고, 다양한 사람이 쉽게 이해할 수 있고, 흥미를 느낄 수 있게 하려고 노력하였다. 이 책의 내용에 대해 피드백을 제공해 주기를 바란다.

차 례

Chapter 1

진로상담: 미신, 현실, 새로운 경향

진로상담은 상담이라고 하는 학문의 주춧돌이라고 할 수 있다. 미국 최초의 상담 관련 학회는 1913년 설립된 미국 진로지도학회[National Vocational Guidance Association, 지금은 미국 진로발달학회(National Career Development Association)로 명칭이 바뀜]였다. 상담자 훈련 및 상담 활동에 주어진 많은 법적인 지원도 고등학생의 진로진도와 관련된 것이었다[예, 1958년 제정된 미국 방위교육법(National Defense Education Act), 1976년 제정된 진로교육인센티브법(Career Education Incentive Act), 1994년에 제정된 학교-취업 연계법(School to Work Opportunities Act) 등]. 진로상담은 학교에서 상담자가 해야 하는 핵심적인 활동이다. 상담이 임상심리나 사회복지와 같은 조력 활동과 다른 점은 진로상담 훈련에 있다. 그래서 상담자는 진로발달 전문가로서의 역할을 맡아, 오랜 시간 동안 내담자의 진로발달 문제를 해결해 왔다는 데 자부심을 느낀다.

이 책은 이러한 역사에 대한 자부심을 바탕으로 구상되었다. 일차적으로 진로상담의 풍부함, 생명력, 중요성을 독자와 나누는 것을 목표로 하고 있다. 또한 진로발달을 촉진하고 조력하는 다양한 창의적 접근을 설명한다. 이 책에 제시된 진로상담 전략을 통해 진로상담자는 보다 다양한 방법으로 내담자의 진로 문제 해결 과정을 조력할 수 있다.

진로상담이란 무엇인가

일반인에게 진로상담이 무엇인지 정의해 보라고 부탁하면, 어떤 직업을 선택해야 하는지에 대한 정보를 제공해 주었던 적성검사나 흥미검사 경험에 대해서 이야기할 것이다. 또는 고등학교 때 받았던 흥미검사나 적성검사 경험을 기억해 낼 것이다. 그런데 이러한 검사가 얼마나 도움이 되었는지 물어보면 이상하게도 분명하게 기억을 못하거나 별로 관심 없이 대답할 것이다. 또는 검사 결과가 이미 알고 있던 것과 다르지 않았다고 기억하거나 흥미 없어 했던 직업을 추천했던 것을 기억할 것이다.

이러한 진로상담 경험을 하게 했던 진로상담 모델은 한 세기 전 프랭크 파슨스(Frank Parsons, 1909)의 업적에서 시작되었다. 파슨스는 미국 보스톤 시에 있었던 직업소개 기관(예, Breadwinners' College at the Civic Service House, a settlement house in Boston, the Vocational Bureau of Boston)에서의 경험을 바탕으로, 청소년에게 도움이 된다고 생각하였던 다양한 기술을 제안하였다. 특히 파슨스가 진로를 선택하는 사람들을 돕기 위해서 사용하였던 전략은 세 가지 단계로 구성되어 있다. 첫째는 내담자가 자신의 적성, 능력, 흥미, 자원, 한계점 등 다양한 자질을 이해하도록 도와주는 것이다. 둘째는 성공의 조건, 각 직업의 장점과 단점, 직업에서 주어지는 보상, 직업을 가질 수 있는 기회, 직업의 전망 등에 대한 지식을 쌓도록 도와주는 것이다. 셋째는 이러한 두 종류의 지식을 논리적으로 잘 연결시킬 수 있도록 돕는 것이다(Parsons, 1909).

파슨스의 모델은 1900년대 초 일어났던 미국의 사회적(급속한 도시화, 유아 노동, 이민)·경제적(산업화, 노동의 분화)·과학적(인간 및 행동 과학의 출현) 변화를 바탕으로 개발되었다(Niles & Harris-Bowlsbey, 2005). 파슨스의 접근 방식은 논리적 실증주의와 객관적 방법론을 강조하였던 20세기의 과학적 사고와 잘 맞았다. 파슨스의 모델은 자신에게 맞는 직업을 찾으려면 표준화된 검사를 통해 흥미, 가치, 능력 등을 확인해야 한다고 하였으며, 현대 진로상담에 대한 이해를 가능하게 했던 모델이다.

일반적으로 어떤 사람이 진로상담을 받으러 오는지 그리고 진로상담을 받는 내담자의 문제가 무엇인지 물어보면, 대부분의 사람은 어느 대학을 갈지 또는 어떤 전공을 할지 결정하려고 하는 청소년에 대해 말하게 된다. 실제로 진로상담은 교육계획이나 진로계획을 명확하게 하기 위해서 검사를 실시하며, 청소년도 진로 결정에 대해서 다양한 도움을 요청하고 있다. 그런데 최근에는 진로상담의 본질과 진로상담을 필요로 하는 사람의 발달단계라는 측면에서 진로상담에 대한 재정의가 이루어지고 있다. 지금은 진로상담자가 내담자를 상담할 때 다양한 개입 전략을 사용하는 것이 흔한 일이 되었다. 여전히 표준화된 검사를 사용하는 것이 자기 이해를 위한 중요한 방법이지만, 최근 상담자는 이러한 검사가 복잡한 진로 문제를 해결하는 데 부분적으로만 도움이 될 수 있음을 인식하고 있다. 또한 많은 사람이 청소년기나 초기 성인기 이후에도 진로상담을 활용하고 있다. 진로상담자는 전통적인 개입 전략에만 머무는 것이 아니라 내담자가 진로상담에 적극적으로 참여할 수 있도록 하는 상담 기반의 전략도 추가로 사용하고 있다. 또한 각 내담자의 문제와 상황에 맞는 개입 전략을 개발하기 위해 내담자와 협력하고 있다.

진로상담의 변화에 영향을 주는 요인

역사적으로 진로상담은 환경적인 요인(예, 사회적 · 정치적 · 경제적 요인)의 영향을 받아 왔다. 예를 들면, 진로상담은 지난 100년 동안 다음의 영향을 받았다.

> 1800년대 말 산업혁명에 따른 사회개혁, 1900년대 초 개인차에 대한 인식, 1920년대 국방 문제와 군인 선발 문제, 1920년대 장애인과 정신지체자에 대한 관심의 증가, 1930년대 대공황 기간 동안의 경제 문제와 취업 문제, 1940년대와 1950년대의 국방 문제, 1960년대 위대한 사회 정책(Great Society program)으로 제시된 교육의 민주화, 시민 권리, 여성 권리, 직업 기회, 1970년대 긴축경제 상황에서 특별한 지원이 필요한 집단과 형평성에 대한 관심, 1980년대와 1990년대의 지식기반 글로벌 경제로의 변환과 국가 간 군사 경쟁 대신의 경제 경쟁(Herr, 2001: 202).

국가 간 군사 경쟁이 경제 경쟁으로 대체되기 시작하고 지식 기반 사회로 변화되어 가면서, 많은 성인은 직업의 안정성이 흔들리는 것을 체감하기 시작하였다. 또한 미국뿐 아니라 많은 나라에서 일어났던 엄청난 구조조정으로 직장인은 해고에 대한 불안을 느끼게 되었다. 결국 그들은 직장에서 자신의 가치를 입증해야 한다는 압력을 느끼기 시작했으며, 직장을 위해서는 더 많은 시간을 할애하지만 다른 활동에는 점점 더 적은 시간을 할애하게 되었다. 기술의 발달이 여가를 보다 누릴 수 있는 사회를 만들어 줄 것이라던 처음의 기대는 사라지게 되었다. 기술의 발달로 여가 시간이 늘어나기보다 더 많은 시간을 일하는 것이 가능해졌을뿐더러 더 많은 시간을 일할 필요가 생기게 되었다. 정보의 흐름이 매우 빨라지면서 동시에 직장인은 정보를 많이 습득해야 한다는 압력도 생겨났다. 불행하게도 기술의 영향으로 일은 변화되었지만 하루가 24시간이라는 것은 변화되지 않았다. 미국의 직장인은 다른 나라의 직장인에 비하여 더 오랜 시간 일하게 되었고, 더 적은 시간의 휴가를 갖게 되었다. 미국의 평균 직장인은 1970년대 초와 동일한 수준의 삶을 유지하기 위해서는 매년 200시간 이상을 더 일해야 한다(Levey & Levey, 1998).

직장에서는 조직 위계가 줄어들면서 올라갈 수 있는 진로 단계가 줄어드는 변화가 추가적으로 나타나고 있다. 또한 오랫동안 일해 왔던 직장인을 대체할 수 있는 노동력이 나타나고 있다. 컴퓨터가 인력을 대체하고 있으며, 성인은 자신의 능력이나 노력 여부에 관계없이 언제든지 직장을 잃을 수 있다는 것을 인식하게 되었다(Rifkin, 1995). 많은 직장인이 이러한 불안한 상황을 헤쳐 나가는 데 어려움을 겪고 있다. 그리고 이러한 어려움을 줄여 보려고 노력하지만, 예전처럼 직업의 안정성을 높이기 위해서 사용하던 방법(예, 열심히 일하기)이 이제는 더 이상 새로운 상황에 별로 효과가 없음을 알게 된다. 이러한 변화 때문에 어떤 사람은 "직업은 없어졌다." 또는 "진로는 죽었다."라고 말하기도 한다(Bridges, 1994; Rifkin, 1995).

미국 사람만이 직업 안정성에 대한 불안이나 과도한 근무시간을 경험하고 있는 것은 아니다. 나라에 관계없이 지나치게 오랜 시간 근무하는 현상이 나타나고 있다. 리비와 리비(Levey & Levey, 1998)에 따르면, 일본에서 두 번째로 높은 사망 원인은 카로시(karoshi), 즉 과로로 인한 사망이다. 캐나다에서도 최근 조사에 따르면, 25%의 직장인이 휴가 후에 너무 많은 일이 몰려서 스트레스를 받을 것이 두려워 휴가를 쓰지 않을 것이라고 답했다. 추가 근무는 성별에 따라서도 차이가 없다. 많은 여성은 가족과 함께할 시간이 없다고 보고하고 있다(Levey & Levey, 1998: 231). 실제로 많은 맞벌이 부모는 자신의 일과 가족을 위한 시간을 찾는 데 갈등을 경험하고 있다.

직장에서의 이러한 변화는 '성공'에 대한 개념을 다시 생각하게 하고 있다. 승진의 계단이 사라져 가고 열심히 일하는 것이 더 이상 성취의 중요 요인이 아니게 되면서, 성공적인 직장생활을 위계의 꼭대기에 올라가는 것으로 정의하지 않게 되었다. 직장을 위해 모든 것을 헌신했던 많은 직장인이 이제는 직장이 그들을 위해서 얼마나 헌신을 할지 그 수준에 대해서 질문을 던지고 있다. 그에 대한 당연한 결과로, 이제는 사람들이 삶에서 성공을 찾으려 하지 직장에서 성공을 찾으려 하지 않고 있다. 어떻게 사느냐 하는 것이 우리의 개인적인 가치에 따라서 달라지기 때문에 성공에 대한 정의는 개인적인 수준에서 이루어져야 한다. 그리고 다양한 역할 속에서 자신의 가치를 얼마나 표현하고 드러낼 수 있는지가 성공을 측정하는 기준이 되고 있다. 다시 말해서, 사람들은 점점 더 일하기 위해서 살기보다 살기 위해서 일하기 시작하고 있다.

이러한 것이 진로상담을 받으러 올 때 내담자가 고민하고 있는 진로 문제다. 새롭게 대두되고 있는 진로 문제가 기존의 진로상담에 대한 이해와 상충하기 때문에 많은 사람이 혼란을 경험하고 있다. 진로상담 내담자는 어떤 문제가 진로상담자와 이야기하기에 적합한지 분명하지 않게 된 것이다(Niles, Anderson, & Cover, 2000). 따라서 내담자의 개인적인 경험이 진로상담에 대한 일반적인 이해와 연결되고 있지 않기 때문에 내담자의 혼란은 더욱 가중되고 있다. 나일즈와 동료들은 연구를 통해서 진로상담자가 내담자에게 자신의 진로 문제가 개인적인 문제와 어떻게 연결되어 있는지 이야기할 수 있는 기회를 주면 내담자가 적극적으로 대화에 참여한다는 것을 알게 되었다. 이 밖에도 많은 연구가 21세기에는 진로 문제를 다루기 위해서 내담자 삶의 전반적인 부분을 다루는 접근법을 사용해야 함을 제시하고 있다.

진로상담에 대한 일곱 가지 미신

진로상담 과정과 관련된 혼란은 다음과 같은 진로상담에 대한 미신으로 요약할 수 있다.

- 진로상담자는 어떤 직업을 선택해야 하는지 말해 줄 수 있는 표준화된 검사가 있다.
- 직업과 관련된 역할을 결정하는 것은 다른 삶의 역할과 관련 없이 결정할 수 있다.
- 진로상담에서는 진로 문제가 아닌 개인 문제에 대해서는 이야기하지 않는다.
- 진로상담자에게는 폭넓은 상담 전문성이 요구되지 않는다.
- 진로상담에서는 내담자의 환경이나 문화적 배경은 다루지 않는다.
- 진로상담은 진로 의사결정을 내려야 할 때만 필요한 것이다.
- 진로가 결정되면 진로상담도 끝난다.

이러한 미신은 다양한 방식으로 나타나고 있다. 앞에서 언급하였던 것처럼, 많은 내담자가 상담을 받으러 가면 자신이 해야 할 것을 말해 줄 수 있는 검사를 실시할 것이라고 기대한다. 그런데 그런 검사는 존재하지 않기 때문에 진로상담자는 진로상담에 대한 내담자의 기대와 관련하여 적절한 구조화를 해 줄 필요가 있다. '어떤 것을 기대할 수 있는지를 분명하게 해 줌으로써 상담에서 무엇이 가능하고 가능하지 않은지를 이해하도록 도와주게 된다.' '진로상담에서의 적절한 구조화는 진로 결정이 다른 삶의 역할과 관계없이 결정될 수 없다는 것을 이해하도록 도와주게 된다.' '진로 결정이 다른 삶의 역할과 서로 연관되어 있다는 것이 당연하지만 내담자는 진로상담에서 말할 수 있는 것이 오로지 직업 결정에 관한 것이라고 생각한다.' 이런 잘못된 진로상담은 잘못된 시나리오를 만들어 낼 수 있다. 직업 관련 의사결정은 여가 시간, 라이프스타일, 하루 동안 함께하는 사람들, 이 밖에도 다양한 요소에 영향을 주게 된다. 삶은 하나의 역할만으로 살아갈 수 있는 것이 아니다. 그래서 진로상담이 내담자에게 도움이 되려면 사람이 살아가는 방식을 있는 그대로 반영해 주어야 한다.

진로 선택만큼 개인적인 것은 별로 없으며, 이것은 당연한 것이다. 직장과 관련된 상황이 잘못되어 가고 있을 때 삶의 질이 어떻게 되는지 생각해 보라. 사람들은 이런 문제가 생길 때 심리적 · 신체적 · 재정적 문제와 함께 대인관계 문제도 경험하게 된다. 이와 반대의 상황이 되면 정신적 · 신체적 건강이 좋아질 가능성이 많아진다(Herr, 1989).

이러한 점은 진로상담이 내담자의 모든 삶의 영역과 경험을 포괄하는 복합적인 활동이라는 것을 분명하게 말해 준다. 진로 발달 문제는 곧 인간 발달 문제다. 진로 문제를 가진 내담자를 돕기 위해서는 숙련된 상담 전문성이 필요하다. 전문적인 진로상담자에게 반드시 있어야 할 중요한 능력 중의 하나는 다문화에 대한 전문성이다. 진로상담자는 다양한 배경을 가진 내담자의 진로 문제를 돕는 데 필요한 지식, 기술, 민감성 등을 갖추어야만 한다. 인종이나 사회경제적 배경, 성별, 성적 지향성, 신체적 장애, 가족관계, 지리적 위치, 그 밖의 다른 맥락적 요인이 내담자의 세계관이나 직업 선택 그리고 상담관계에 어떻게 영향을 미치는지 이해하는 것은 효과적인 진로상담을 하는 데 매우 필요하다.

불행하게도 진로상담의 역사를 살펴보면, 내담자의 다양성과 다문화 측면에 신경을 거의 쓰지 못하였음을 알 수 있다. 진로상담에서 사용되고 있는 많은 표준화된 검사는 문화적인 동등성이 부족하고 적절한 규준도 가지고 있지 않을 뿐 아니라 언어적인 동등성도 갖추고 있지 않다(Fouad, 1993). 역사적으로 소수민족에 속한 사람은 가사보조, 급식, 교육 등 몇 개 되지 않는 직업으로만 안내되었다(Aubrey, 1977). 진로상담자는 이러한 사람의 환경에 맞추어서 서비스를 제공하기보다 그들을 특정한 진로상담 접근법에 맞추려고 하였다. 진로상담 전략은 진로 결정에 대한 개인적이고 합리적인 접근만을 강조하였다. 이러한 전략은 집단주의적인 의식으로 의사결정을 하거나 직관적인 의사결정을 하는 사람을 무시한 것이다. 만약 진로상담이 효과적이지 않았다면, 그것은 내담자의 '잘못' 이라고 여겨 왔다. 효과적인 진로상담이 되기 위해서는 이처럼 문화적인 특성을 고려하지 않는 진로상담 접근을 피해야 한다.

문화적인 특성을 고려하지 않은 상담 접근이 나타나지 않도록 하기 위해서 진로상담자는 다문화에 대한 인식, 지식, 민감성을 향상하기 위한 지속적인 노력을 해야 한다. 이를 위해 가족적 또는 문화적 배경이 한 사람의 역할 인식에 어떻게 영향을 주는지 분명하게 이해하는 것이 출발점이라고 할 수 있다. 예를 들면, 능력 있는 직장인, 부모, 시민, 또는 배우자가 되려면 자신의 원가족에게서 어떻게 해야 한다고 배웠는지를 생각해 볼 필요가 있다. 이러한 것들은 내담자가 자신의 역할을 규정하는 데 어떤 관점을 적용해 왔는지를 보여 주게 된다. 내가 어떤 역할을 해야 하는지에 대한 관점은 그 사람의 가치와 강하게 연결되어 있다. 그런데 이런 가치는 어떤 사람에게는 적절할 수 있지만 다른 사람에게는 적절하지 않을 수도 있다. 다른 문화를 경험해 보는 것은 다문화적 민감성을 향상하는 데 중요한 요소다. 다른 나라를 여행해 보면 그 나라에서 우선시하는 것과 지향하고 있는 것이 사람의 진로 결정에 어떻게 영향을 주고 있는지 알게 된다.

또한 진로상담자는 진로 문제가 전 생애에 걸쳐서 생기는 것이며, 진로를 선택한 이후에도 계속되는 것임을 이해하는 것이 중요하다. 왜냐하면 인간의 발달은 전 생애에 걸쳐서 일어나는 것이며, 진로 선택과 적응은 계속되는 과정이기 때문이다(Super, 1990). 직업과 관련된 문제는 줄어들기도 하고 다시 커지기도 한다. 그래서 진로상담은 내담자로 하여금 진로에 대한 자기 관리에 더 많은 책임을 지도록 도와야 한다. 그리고 동료직원이나 상사와 어떤 관계를 맺어야 하고, 업무나 직장 스트레스를 어떻게 해결해야 하는지와 같은 고민은 진로 선택이 필요하지 않은 진로 문제 중의 하나일 것이다.

진로상담에 대한 정의

이 책에서는 진로상담에 대한 전 생애 주기와 전체적 접근(holistic approach)을 강조하고 있다. 특히 상담자가 내담자와의 협조적인 관계를 통하여 내담자가 자신의 문제를 분명하게 이해하고, 대안을 구체화하여 실행해 볼 수 있도록 하며, 자신이 결정한 사항에 적응할 수 있도록 돕는 과정을 진로상담이라고 정의한다. 그리고 진로상담은 일과 다른 삶의 역할 사이의 상호작용에 대해 다루는 것이라고 본다.

미국 진로발달학회는 다음과 같이 진로상담자가 일반적으로 해야 하는 활동의 방향을 제시하고 있다.

- 진로상담자는 내담자가 자신의 특성(예, 가치, 흥미, 능력)을 이해할 수 있도록 표준화된 검사를 비롯한 다양한 검사를 실시하고 해석한다.
- 진로상담자는 내담자가 경험을 바탕으로 하는 탐색 활동을 하도록 격려한다[예, 직업 체험(job shadowing), 인턴십, 인터뷰].
- 진로상담자는 진로계획 시스템이나 진로 정보 시스템을

활용하여 내담자들이 직업의 세계를 이해하도록 돕는다.

- 진로상담자는 내담자가 의사결정 기술을 향상할 수 있는 기회를 제공한다.
- 진로상담자는 내담자가 자신의 진로계획을 설계해 보도록 돕는다.
- 진로상담자는 직업탐색 전략이나 면접기술, 이력서 작성 방법 등을 가르친다.
- 진로상담자는 내담자의 대인관계 기술을 향상함으로써 직장에서 겪게 될 갈등을 해결할 수 있도록 돕는다.
- 진로상담자는 내담자가 직업과 삶의 역할을 통합하도록 돕는다.
- 진로상담자는 내담자가 직장 스트레스, 실업, 이직 등을 경험할 때 도움을 제공한다(www.ncda.org).

진로상담에 필요한 능력

미국 진로발달학회는 진로상담에 필요한 기본적인 능력을 제시하고 있다. 이러한 능력은 11개의 내용 영역으로 되어 있다.

- **진로발달 이론**: 이론에 대한 지식은 전문가가 진로상담을 하는 데 기본적으로 필요한 것이다.
- **개인 및 집단 상담 기술**: 개인 및 집단 상담 기술은 효과적인

진로상담을 위하여 기본적으로 필요하다.

- ✻ **개인 및 집단 검사**: 개인 및 집단 검사 기술은 전문가가 진로상담을 하는 데 기본적으로 필요하다.
- ✻ **정보**: 정보에 대한 지식은 전문가가 진로상담을 하는 데 기본적으로 필요하다.
- ✻ **프로그램 개발 및 실행**: 다양한 영역에서 진로발달 프로그램을 적용하기 위해서는 진로발달 프로그램을 개발하고 실행할 수 있는 기술이 필요하다.
- ✻ **코칭, 자문, 능력 향상**: 진로상담과 진로발달 과정이 효과적으로 이루어지기 위해서는 코칭과 자문에 대한 지식과 기술이 필요하다.
- ✻ **다양한 사람**: 다양한 사람에게 진로상담을 하기 위해서는 이들에 대한 지식 및 상담기술이 있어야 한다.
- ✻ **슈퍼비전**: 슈퍼비전에 대한 지식과 기술은 상담자의 능력을 정확하게 평가하고 전문적 기술을 유지하고 발전시키는 데 기본적으로 필요하다.
- ✻ **윤리 문제**: 윤리 문제에 대한 지식은 윤리적이고 합법적인 진로상담을 실시하는 데 필요하다.
- ✻ **연구 및 평가**: 연구 및 평가에 대한 지식과 기술은 진로상담 관련 연구 및 평가를 실시하고 이해하는 데 필요하다.
- ✻ **과학기술**: 내담자가 진로를 계획하는 데 과학기술을 활용하는 것이 필요하다(www.ncda.org, 1997).

이와 같이 미국 진로발달학회에서 제시한 진로상담 능력은 진로상담자가 갖추어야 하는 기본적인 내용 영역을 제시하고 있다. 이러한 전문적 역량은 특정 영역의 특정 직업이나 일을 효과적으로 수행하는 데 필요한 최소한의 능력을 보여 주고 있다. 각 능력 영역에서 제시하고 있는 지식이나 기술은 전문적 진로상담자와 상담교육자가 개발하였다. 진로상담 능력 영역은 진로상담자 훈련 프로그램의 지침으로 활용될 수 있으며, 개인적으로 진로상담 기술을 향상하고자 하는 진로상담자에게도 체크리스트로 활용될 수 있다. 이러한 목표를 달성하려면 미국 진로발달학회에서 제시하고 있는 진로상담 역량 및 수행 지표(Career Counseling Competencies and Performance Indicators, 부록 A)를 참조하기 바란다. 각 역량 지표를 살펴보면서 자신의 능력은 어느 정도라고 생각하는지 체크해 보기 바란다(1 = 약함, 2 = 보통, 3 = 강함). 그리고 자신이 1이나 2라고 체크한 역량 영역을 향상하기 위한 계획을 세워 본다면 매우 유용할 것이다. 제시된 역량 중에서 많은 것이 이 책에도 언급되었지만 모든 역량 영역이 언급되지는 않았다. 따라서 지도교수나 슈퍼바이저를 만나서 역량을 향상하기 위한 계획을 세워 본다면 더욱 좋을 것이다.

미국 상담학회(American Counseling Association)와 미국 진로발달학회의 윤리 규정을 보면, 진로상담자는 내담자가 원하는 도움을 제공해 줄 수 있는 능력이 있거나 기술과 자원을 습득할 수 있는 상담 활동만을 하여야 한다. 만약 특정한 진로 문제를 해결하는 데 필요한 적절한 훈련을 받지 않았고 필요한 자원이 없다면, 반드시 적절한 다른 상담자에게 의뢰해야 한다. 그리고 자신이 훈련받지 않은 기술을 사용하려고 해서는 안 된다. 윤리 규정에 대한 추가적인 정보는 부록 B에 제시된 미국 진로발달학회 윤리 규정을 참조하기 바란다.

이 책은 훈련을 통하여 진로상담 개입을 경험하도록 하며, 진로상담 이론을 실제 상담에 적용할 수 있게 하고, 다문화 상담에 대한 능력을 습득하게 하며, 윤리 규정에 대한 지식을 갖추도록 한다. 이어지는 장들은 여러분의 진로상담 기술을 확장시킬 수 있는 전략을 제시해 줄 것이다. 위에서 제시하였던 지식과 기술을 강조하며, 진로상담과 과학기술 통합의 중요성도 강조한다. 또한 진로상담을 시작하고, 진행하고, 유지하고, 종결하는 데 일어날 수 있는 핵심적인 문제도 다룬다. 마지막으로 다양한 진로상담 상황에서 제시될 수 있는 내담자의 일반적인 진로 문제도 제시한다. 이 책은 여러분이 현재 가지고 있는 진로상담에 대한 지식을 확장시키는 데 사용할 수 있을 것이다. 이 책에서 제시하고 있는 정보에 대한 보충 자료로 미국 진로발달학회(NCDA, www.ncda.org), 미국 직업상담학회(National Employment Counseling Association, NECA www.geocities.com/Athens/Acropolis/6491/neca.html), 교육 및 진로지도를 위한 국제학회(International Association for Educational and Vocational Guidance, IAEVG, www.iaevg.org) 등에서 제공하고 있는 자료를 참고하기 바란다.

Chapter 2

진로 이론의 활용

사 례

수지는 고등학교를 졸업한 후 9년 동안 마음에 들지 않는 직장에 다니다가 27세에 대학을 가기로 결정했고, 지금은 주립대학 2학년에 재학 중이다. 수지는 고모로부터 조금의 유산을 받게 되어서 마트 직원으로 일하는 시간을 반으로 줄일 수 있게 되었다. 수지는 아직 결혼을 하지 않았고, 작은 아파트에 살면서 학교까지 통학하고 있다. 학교에서 수지는 현재 9학점을 수강하고 있으며, 평균 B학점을 유지하고 있다. 다음 학기에는 전공을 결정하여 전공 과목을 수강해야 한다.

수지는 자발적으로 학교에 있는 상담센터를 찾았다. 상담신청서에 전공 선택에 대해서 상담을 받고 싶다고 적었으며, 앞으로 어떤 일을 할 수 있을지 알고 싶다고 하였다. 그래서 수지는 진로상담을 할 수 있는 상담자와 상담을 하게 되었다.

진로발달 이론을 공부하는 중요한 이유는 상담자가 어떻게 상담을 해야 하는지에 대한 틀을 제공해 주기 때문이다. 이 장의 목적은 상담자가 서로 다른 네 가지의 이론적 관점을 어떻게 사용할 수 있는지 설명하는 것이다. 이러한 목적을 달성하기 위해서 사례 연구가 제공될 것이다. 그리고 각 이론을 사례에 적용하면서 살펴볼 것이다. 그리고 각 이론에서 언급하고 있는 이론의 목적, 도구, 기술 등을 살펴볼 것이며, 상담자와 내담자 간의 상호작용을 사례에 비추어 살펴볼 것이다.

이 장에서 설명할 이론은 존 홀랜드(John L. Holland), 도널드 슈퍼(Donald E. Super), 마크 사비카스(Mark L. Savickas), 존 크럼볼츠(John D. Krumboltz)의 이론이다. 훌륭한 관점을 제공하는 다른 이론이 있지만 한 장에서 모든 이론을 다룰 수는 없다.

이러한 이론적 관점은 다양한 내담자와의 상담 장면에 적용될 수 있지만, 하나의 장에서 다양한 사례에 적용해 볼 수는 없다. 이러한 이유로 전형적인 진로 욕구와 문제가 있는 대학생 사례를 제시한다. 내담자의 문제의 종류에 따라 상담자와 내담자 사이의 대화는 수정되어야 하지만 이런 식의 사례 적용은 더 어리거나 더 나이 든 학생에게도 동일하게 사용될 수 있다.

홀랜드 이론

존 홀랜드(John L. Holland)의 이론에서 유전이나 환경이 진로에 어떻게 영향을 주는지에 대해서 조금 언급하기는 하였지만, 홀랜드는 기본적으로 주어진 어떤 시간의 선택에 영향을 주는 요인에 대해서 강조하였다. 다시 말해서, 홀랜드 이론에 따르면 상담자는 아직 다가오지도 않은 미래의 진로발달을 생각하거나 다음 선택을 생각하기보다 지금 현재에 초점을 맞추어야 한다. 그런데 앞서 제시된 사례를 보면 내담자의 과거 경력이 내담자의 현재 흥미나 능력에 대해서 설명해 주기 때문에 상담자는 내담자가 과거에 했던 일에 대해서 어떤 경험이 있는지 관심을 보일 것이다.

홀랜드의 이론은 다음 네 개의 진술로 요약할 수 있다.

✲ 사람의 성격은 여섯 가지 유형(실재형, 탐구형, 예술형, 사회형, 기업형, 관습형)의 조합으로 설명될 수 있다.

✲ 환경(특정한 직업, 교육에 대한 계획, 여가 활동) 또한 여섯 가지 성격 유형의 조합으로 설명될 수 있다.

✲ 사람은 자신의 성격과 유사한 성격을 가진 환경에 관심을 보인다.

✲ 어느 정도 동일한 유형의 환경에서 일하게 되었느냐에 따라 일에 대한 만족 및 노력, 환경에 대한 공헌 정도가 달라질 것이다.

이러한 개념을 실제에 적용하기 위해서 알아야 하는 추가적 개념은 다음과 같다.

✲ 홀랜드의 책 『진로선택하기(Making Vocational Choices)』(1997)에는 여섯 가지의 유형이 잘 나와 있다. 이러한 여섯 가지 유형에 대한 간단한 설명은 다음과 같다.

• **실재형**(R)

–도구나 물건 또는 기계나 동물을 다루기 좋아한다.

–기계나 농업 또는 전기와 관련된 기술을 가지고 있다.

–무엇을 만들거나 고치거나 할 수 있는 직업을 갖기 원한다.

–실제적인 경향이 있다.

• **탐구형**(I)

–생물학이나 물리학과 관련된 활동을 좋아한다.

–수학적이거나 과학적인 능력이 있다.

–과학적이고 의학적인 영역에서 일하고자 한다.

–호기심이 많으며, 학문을 좋아하고, 독립적인 경향이 있다.

• **예술형**(A)

–일상적인 활동이 아닌 창의적인 활동을 좋아한다.

–언어나 예술, 음악, 드라마와 관련된 기술이 있다.

–창의적인 재능을 활용할 수 있는 직업을 선호한다.

–창의적이며, 자유로운 사고를 하는 경향이 있다.

• **사회형**(S)

–정보를 제공하고, 가르치고, 다른 사람을 돕는 활동을 좋아한다.

–다른 사람과 일하는 능력이 있다.

–가르치거나, 간호하거나, 상담하는 일을 선호한다.

–다른 사람에게 도움이 되기를 원하며, 친절한 경향이 있다.

• **기업형**(E)

–다른 사람을 이끌어 가거나 다른 사람에게 영향을 미치는 활동을 좋아한다.

–리더십, 설득력, 대인관계 기술이 있다.

–물건을 팔거나 다른 사람을 관리하는 직업을 선호한다.

–야망이 있고, 외향적이며, 에너지가 넘치고, 자신감이 있는 편이다.

- 관습형(C)

–정보를 순서에 맞추어서 깔끔하게 정리하는 활동을 좋아한다.

–조직적이고, 사무적이며, 수학적인 능력이 있다.

–기록하거나, 계산하거나, 컴퓨터를 다루는 직업을 선호한다.

–책임감이 있고, 신뢰할 만하며, 세밀한 경향이 있다.

✻ 개인의 성격 유형은 적어도 네 가지 방식으로 측정될 수 있다.

- 홀랜드의 적성탐색검사(Self-Directed Search; Holland, 1994b) 또는 직업선호도검사(Vocational Preference Inventory; Holland, 1985) 활용
- 홀랜드의 유형(또는 여섯 가지 유형에 대해 다른 이름을 사용한 경우)을 활용한 다른 검사들 활용. 예를 들면, 쿠더 진로탐색검사(Kuder Career Search with Person Match; Kuder & Zytowski, 2007), 스트롱 흥미검사(Strong Interest Inventory; Campbell, Strong, & Hansen, 1991), 캠벨 흥미·기술 검사(Campbell Interest and Skill Survey; Campbell, 1992), O*Net 흥미 프로파일(O*Net Interest Profiler; United States Employment Service, 2002), 해링턴–오셰이의 진로

의사결정체계(Harrington-O'Shea Career Decision-Making System; Harrington & O'Shea, 2000), 진로측정검사(Career Assessment Inventory; Johansen, 1984)

- 비공식적 검사의 활용, 예를 들면 구조화된 인터뷰, 홀랜드 파티 게임, 홀랜드의 적성탐색검사 중 상상의 직업 부분
- 내담자가 흥미 있어 했던 과거 직업의 성격에 대한 분석

✻ 특정한 직업에 해당하는 홀랜드 코드는 그 직업에 종사하면서 만족하고 있는 구성원에게 홀랜드 적성탐색검사나 직업흥미검사를 실시하여 평균 코드를 찾아냄으로써 측정할 수 있다. 특정한 지위에 해당하는 코드를 확인하기 위해서는 그 지위에 있는 사람에게 지위분류검사(Position Classification Inventory; Gottfredson & Holland, 1996b)를 실시하여 확인할 수 있다. 각 직업에 해당하는 홀랜드 코드는 미국 노동부의 공식 온라인 출판물인 O*Net 직업 데이터베이스에 나와 있으며 주소는 http://online.onetcenter.org다.

✻ 앞의 검사 도구에서 제시하는 개인 프로파일의 모양은 매우 중요한 정보가 된다. 여섯 가지 유형에 대한 내담자의 흥미와 기술 수준은 서로 다른 변별성을 갖는다. 변별성이란 여섯 가지 유형 중에서 가장 낮은 점수와 가장 높은 점수 사이의 차이를 의미한다. 프로파일의 점수는 전반적으로 높고 평평한 모양일 수도 있고(여섯 가지 유형에서 모두 높은 흥미와 높은 기술), 낮으면서 평평한 모양(여섯 가지 유

형에서 모두 낮은 흥미와 기술) 또는 높은 꼭대기가 있는가 하면 깊은 골짜기의 모양을 나타낼 수도 있다. 어떤 한 영역에서 다른 영역보다 매우 높은 점수를 보이는 것은 긍정적인 결과다. 왜냐하면 그러한 결과는 내담자가 한 가지 영역에 매우 분명한 흥미와 기술을 가지고 있음을 보여 주기 때문이다. 이렇게 분명한 하나의 영역은 흥미가 있는 다른 영역과 함께 고려하면서 직업 탐색을 위한 시작점이 될 수 있다. 점수가 높고 평평한 모양의 프로파일을 가진 내담자는 어떤 홀랜드 코드를 직업과 연결시켜야 하는지 선택하는 데 도움이 필요할 것이다. 그리고 낮고 평평한 프로파일을 가진 내담자는 지금 시점에 분명한 흥미가 없기 때문에 추가 탐색에 대한 도움이 필요할 것이다.

- **높고 평평한 프로파일의 의미**: 홀랜드의 적성탐색검사에서 높고 평평한 프로파일을 가진 사람은 여섯 개의 모든 영역에 비슷하면서도 강한 흥미를 가지고 있음을 의미한다. 다시 말해서, 이런 사람은 다방면에 흥미가 있으며 다방면에 재능이 있다. 이제 상담에서 해결해야 할 문제는 내담자가 직업으로 어떤 영역의 활동을 하기 원하는지 확인하는 것이다. 왜냐하면 어떤 직업도 여섯 가지의 성격 유형이 모두 있을 수 없기 때문이다. 그리고 다른 삶의 영역, 예를 들면 시민으로서의 역할, 가족으로서의 역할, 여가생활에서 어떤 영역의 활동을 하기 원하는지 확인하는 것이다. 이러한 결정을 하는 데 아마도 가치가

높고 평평한 프로파일

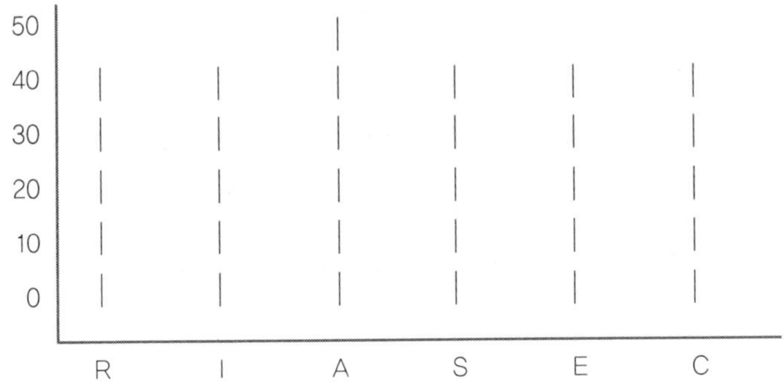

상당히 중요한 역할을 할 수 있을 것이다. 만약에 내담자가 높은 임금과 다른 사람을 돕는 것을 모두 중요하게 생각한다고 해 보자. 그런데 불행하게도 사람을 도울 수 있는 대부분의 직업에서는 높은 임금을 제공하고 있지 않다. 그래서 이 사람은 탐구형(I)과 기업형(E)의 성격 유형을 모두 포함하고 있는 직업을 찾아보아야 할 것이다. 왜냐하면 탐구형과 기업형의 직업이 높은 임금을 제공할 가능성이 높기 때문이다. 그리고 내담자는 자원봉사자로서 그리고 시민으로서 사회형(S)에 해당하는 활동을 할 수 있다. 아울러 예술형(A, 예술 활동), 실재형(R, 직접 만들거나 유지 · 보수하기), 관습형(C, 정리하기)을 활용해서 부모나 주부 또는 배우자로서의 역할을 할 수 있게 된다.

- **변별성이 높은 프로파일의 의미**: 이 내담자는 두 가지 영역[사회형(S)과 기업형(E)]에서 높은 점수를 보이고 있다. 그리

변별성이 높은 프로파일

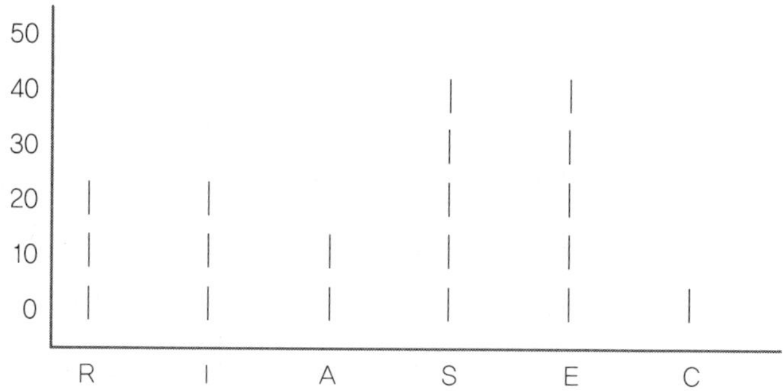

고 다른 유형에서는 평균이나 그보다 낮은 점수를 가지고 있다. 이 내담자는 청소년이든 성인이든 홀랜드 코드 SE나 ES에 해당하는 전공 또는 직업을 고려해 볼 수 있을 것이다. 이에 해당하는 전공으로는 인력개발, 호텔경영, 부동산 등이 있을 수 있으며, 직업으로는 인사관리자, 채용담당자, 사내 교육담당자 등이 있을 수 있다.

- 낮고 평평한 프로파일의 의미: 세 가지 프로파일 유형 중 가장 상담하기 어려운 유형이 바로 낮고 평평한 프로파일이다. 아마도 직업을 탐색하는 데 도움을 구하지 않았거나 자신에 대한 지식이 부족한 경우 또는 직업 경험이 없는 대부분의 학생이 이에 해당될 것이다. 기본적으로 이러한 프로파일은 내담자가 어떤 영역에 대해서도 뚜렷한 흥미가 없다는 것을 말해 준다. 만약에 청소년이 이런 프로파일을 가지고 있다면, 직업에 대한 지식과 자기 자신에 대한 이해를 넓히도록 도와주는 것이 가장 좋은 방

법일 것이다. 탐색의 범위를 조금 더 넓혀 보도록 컴퓨터 기반 시스템을 활용하여 정보를 제공하거나 웹사이트를 활용하도록 할 수 있다. 그리고 집단 상담, 교실에서의 교육, 직장인에 대한 인터뷰, 직업 체험, 진로의 날 행사, 개인 상담 등을 활용할 수 있다. 만약에 성인이 이런 프로파일을 가지고 있다면 아마도 제대로 직업 탐색을 해 보지 못하였거나 직업 훈련을 받은 적이 없을 것이다. 그래서 다른 유형보다는 조금 덜 싫어하거나 직업 경험이 있는 유형 간의 조합을 선택할 필요가 있다. 이런 경우 내담자의 교육 수준이나 실제 직장의 유무가 중요한 역할을 할 것이다. 예를 들면, 홀랜드 코드 중 탐구형(I)이 제1코드인 직업은 석사학위를 소지한 사람을 요구하고, 실재형(R)이나 관습형(C)이 제1코드인 직업은 고등학교 졸업장이 있거나 약간의 훈련을 받은 사람을 요구한다. 이에 따른다면, 홀랜드 코드에서 예술형(A)이 제1코드인

낮고 평평한 프로파일

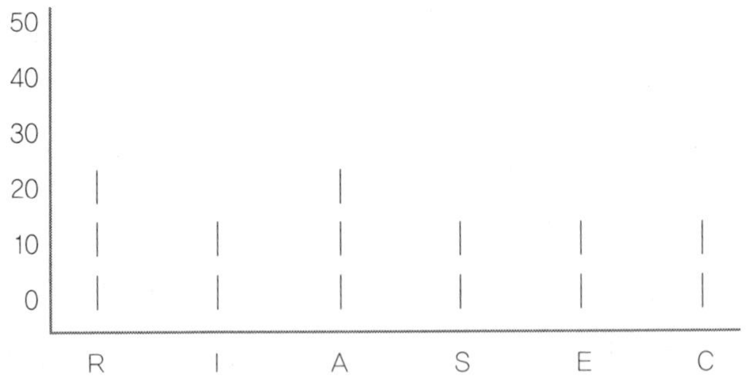

직업은 그렇게 많지 않다.

✻ 여섯 개의 홀랜드 유형이 육각형 모양에 R, I, A, S, E, C 순서로 나열되어 있는 것은 연구에 바탕을 두고 만들어진 것이다([그림 2-1] 참조). 이러한 개념을 일관성이라고 부른다. 매우 일관성이 높은 사람도 있고(제1코드와 제2코드가 육각형에서 서로 이웃하고 있는 경우), 중간 수준인 사람도

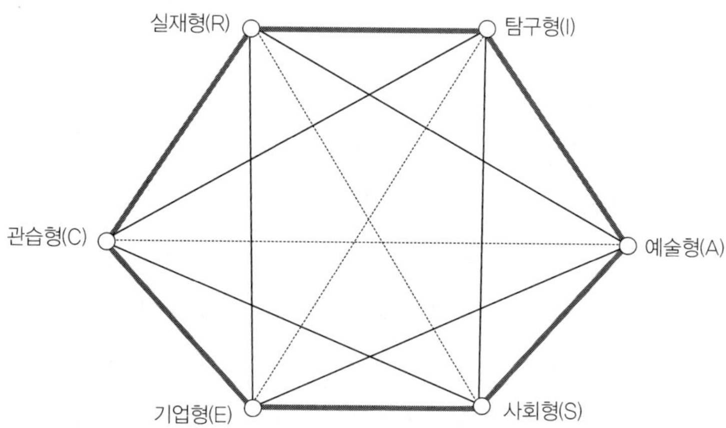

일관성		성격 유형
▬▬▬	높음	RI, RC, IR, IA, AI, AS, SA, SE, ES, EC, CE
———	중간	RA, RE, IS, IC, AR, AE, SI, SC, EA, ER, CS, CI
········	낮음	RS, IE, AC, SR, EI, CA

출처: Adapted from Holland's Hexagon, ACT Research Report No. 29, by J. L. Holland, D. R. Whitney, N. S. Cole, and J. M. Richards, Jr., 1969, Iowa City: The American College Testing Program. Copyright © 1969 The American College Testing Program. Reprinted by permission.

[그림 2-1] 홀랜드 유형 간의 관계

있고(제1코드와 제2코드가 육각형에서 하나 걸러 다음 유형과 조합을 이룬 경우), 일관성이 적은 사람도 있다(제1코드와 제2코드가 육각형에서 완전히 반대의 위치에 있는 경우). 이러한 일관성의 정도는 내담자가 가지고 있는 흥미가 서로 유사한지, 그리고 내담자의 흥미를 하나의 직업과 조화시킬 수 있는지에 대한 정보를 제공해 준다.

다음과 같은 코드의 조합을 생각해 보자.

- RI: 이 코드의 조합은 육각형에서 서로 이웃하고 있기 때문에 일관성이 매우 높은 경우다. 이런 경우 두 가지 유형의 흥미를 모두 만족시킬 수 있는 직업은 많을 수 있으며, 두 가지 주된 흥미 영역이 유사하기 때문에 필요한 기술도 유사하고 환경도 유사할 것이다.
- RA: 두 개의 코드가 육각형에서 하나 걸러 다음 코드와 조합을 이루고 있기 때문에 일관성이 중간 정도의 경우다. 이러한 경우 불가능하지는 않지만 각각의 유형이 서로 다른 환경을 가지고 있기 때문에 코드에 적합한 직업을 찾는 것이 어려워질 것이다.
- RS: 두 개의 코드가 육각형에서 완전히 반대에 위치하고 있기 때문에 일관성이 낮은 경우다. 다시 말해서, 내담자의 두 가지 주된 흥미 영역이 매우 다른 기술과 활동을 필요로 한다. 이런 경우 실재적(R) 환경은 손기술을 사용할 줄 알고, 혼자 일하는 것을 즐기며, 눈에 보이는 성과를 이루어 낼 때 만족감을 느낄 수 있는 능력을 필

요로 한다. 이에 반하여 사회적(S) 환경은 좋은 대인관계 기술로 사람들과 면 대 면으로 일할 수 있어야 하며, 다른 사람을 도울 뿐 아니라 그들과 함께 일할 수 있어야 한다. 또한 이런 일을 하면서 만족감을 느낄 것을 요구한다. 분명히 이런 서로 다른 특성이 함께 있는 직업을 찾는 것은 매우 어렵다. 그리고 어떤 경우에는 이런 두 가지 특성이 모두 있는 직업을 선택하기보다 어느 한 가지만을 만족시킬 수 있는 직업을 선택하게 된다. 홀랜드는 이렇게 서로 다른 유형의 흥미가 조합을 이루게 된 것은 어렸을 때 서로 다른 두 가지 활동에 대한 긍정적 강화를 받아 왔기 때문이라고 하였다. 아마도 한 영역은 아버지에게서, 그리고 다른 영역은 어머니에게서 강화받았을 것이라고 하였다.

상담 목표

홀랜드 이론을 바탕으로 한 상담의 목표는 다음과 같다.

- 앞에서 제시했던 방법을 활용하여 내담자의 현재 코드가 무엇인지, 그리고 코드의 특성은 무엇인지를 이해한다.
- 만약 교육이나 훈련을 받기로 하였다면 『교육기회 찾기(*Educational Opportunities Finder*)』(Rosen, Holmberg, & Holland, 1999)를 활용해서 내담자의 코드에 적합한 전공을

찾아본다.

- 직업을 선택하거나 직업을 전환하기로 하였다면 『직업 찾기(*Occupations Finder*)』(Holland, 1994a), 『홀랜드 직업사전(*Dictionary of Holland Occupational Titles*)』(Gottfredson & Holland, 1996), 『O*Net 데이터베이스』(U.S. Department of Labor, 2007) 등을 활용하여 내담자의 코드에 맞는 직업을 찾아본다.
- 여가 시간을 어떻게 사용할지가 상담의 주제라면 『여가활동 찾기(*Leisure Activities Finder*)』(Holmberg, Rosen, & Holland, 1999)를 활용하여 내담자의 코드에 적합한 여가 활동을 찾아본다.
- 코드에 맞는 직업이나 선택지에 대한 정보를 찾아보도록 돕는다.

이런 이유에서 홀랜드의 이론은 다음과 같은 내담자에게 가장 적합하다.

- 진로 문제가 전공이나 직업 또는 여가 활동을 결정하는 데 한정되어 있는 내담자
- 진로 탐색이나 진로 의사결정에 비합리적 사고, 낮은 자기효능감, 잘못된 자기개념, 비효과적인 의사결정 방식 등의 진로 장벽이 없어 보이는 내담자
- 장기적인 진로계획을 하는 것이 아니라 특정한 선택(예, 전

공 결정, 새로운 직업 탐색 또는 직장 결정)을 하는 데 도움이 필요한 내담자

상담자와 내담자 간 대화의 예

상담자: 안녕하세요? 어떻게 오셨지요?

수 지: 저는 현재 2학년입니다. 더 좋은 직업을 갖기 위해서 대학에 왔어요. 지금까지는 교양 과목만 수업을 들었는데, 이제는 전공을 결정해야 할 때가 되었습니다.

상담자: 어떤 전공을 생각하고 계신가요?

수 지: 잘 모르겠어요. 제가 알고 있는 것은 지금까지 해 왔던 지겨운 일은 더 이상 하고 싶지 않다는 겁니다.

상담자: 어떤 직업을 선택해야 이전보다 더 만족할 수 있을까요?

수 지: 글쎄요. 그저 지겹고 월급도 조금 받는 그런 일을 하면서 인생을 보내고 싶지 않다는 생각만 드네요.

상담자: 어떤 일을 해 보았나요?

수 지: 음식점 점원도 했고, 톨게이트에서 돈도 받아 봤고, 마트에서 일도 해 보았어요.

상담자: 그런 일 중에서 혹시 좋았던 부분은 없었나요?

수 지: 안내원이나 음식점 점원 그리고 마트에서 일하면서 사람들과 이야기하는 것은 좋았습니다.

(상담자는 내담자가 좋아했던 활동과 좋아하지 않았던 활동을 찾기 위해서 과거에 가졌던 직업이나 학교 수업 그리고 다른 활동에 대해서 질문을 계속하였다. 그리고 이런 정보를 통해서 내담자에게 맞는 홀랜드 유형이 무엇인지 찾으려고 하였다. 상담자와 내담자 간 대화의 예가 끝날 때쯤 내담자가 자신을 더 잘 이해하고 자신에게 적합한 전공이나 직업을 선택할 수 있도록 하기 위해서 상담자는 내담자에게 홀랜드 적성탐색검사와 O*Net 인터넷 검사를 실시해 보라고 하였다. 그리고 다음 회기를 약속하였다.)

두 번째 회기 동안 더 많은 진전이 이루어졌다.

상담자: 지난주에 제가 홀랜드 적성탐색검사지를 드렸습니다. 그 검사는 자신의 흥미와 기술을 이해하는 데 도움이 되는 도구입니다. 그 결과를 활용해서 전공과 직업을 찾아볼 수 있을 것입니다. 검사를 해 보셨습니까?

수 지: 예. 했습니다. 매우 흥미롭던데요. 끝까지 다 했고 코드도 나왔습니다.

상담자: 코드가 뭐였습니까?

수 지: SER입니다. E와 S가 비슷하게 높았고 R이 약간 낮은 세 번째였습니다. 선생님께서 주신 프로파일에 점수를 기입하고 프로파일을 그려 보았습니다. (상담자에게 원점수가 적혀 있는 프로파일을 보여 준다. S는 48점, E는 46점, 그리고 R은 40점이었고 다른 점수들은 모두

20점 이하였다.)

상담자: 코드가 무엇을 의미하는지 아십니까?

수 지: 네. 주신 검사에 있는 정보를 읽어 보니까 SER이 사람들하고 면 대 면으로 일하는 것을 좋아하는 유형이라는 것을 알게 되었습니다. S는 다른 사람들을 도와주는 것을 좋아한다는 것이고, E는 어떤 것을 팔거나 다른 사람에게 영향을 주는 것을 좋아하는 것이고, R은 손으로 어떤 일을 하는 것을 좋아하는 것이죠. 이전에 가졌던 직업에서 이런 일을 많이 했습니다. 그리고 집에서 아버지 일을 많이 도와드렸습니다.

상담자: 이 코드는 당신의 성격이나 흥미를 설명하는 것인데, 어떻게 생각하시나요?

수 지: 그렇게 새롭지 않습니다. 지난주에 말씀드렸듯이, 저는 예전에 했던 일에서 사람들과 이야기하고 만나는 것을 좋아했습니다. 다만 R이 나온 것은 조금 놀랍습니다. 다음 직업을 생각하면서 이런 흥미 영역은 생각해 본 적이 없습니다.

상담자: 당신에게 분명한 흥미 영역이 있고, S와 E가 서로 비슷한 영역이기 때문에 당신에게 가능한 직업이나 전공을 찾아봐도 될 것 같습니다.

수 지: 선생님이 주신 『직업 찾기』라는 서적에서 SER에 해당하는 직업이 어떤 것이 있나 보았습니다.

상담자: 그중에서 흥미가 있는 것이 있던가요?

수 지: 네. 건강관리 시설의 행정직이나 시각장애인을 교육하는 직업이 흥미 있었습니다. 그런데 대학원에 다니지 않고 조금 직위가 높은 건강관리 관련 직업이 저에게 가능할지 모르겠습니다.

상담자: 혹시 ESR과 관련된 직업을 보지는 않으셨나요? E가 S만큼 높았기 때문에 한번 보실 필요가 있습니다. 그래야 다른 종류의 관리직, 직업재활사, 공인중개사 등도 볼 수 있을 것입니다(12페이지를 가리키며).

수 지: 그러면 전공은 어떻게 알 수 있나요?

상담자: 우선 가능한 직업부터 찾아보도록 하지요. 그리고 그와 관련된 전공들을 찾아볼 수 있을 것입니다. 직업 목록을 만들어 보셨네요. 그 직업에 대해서 조금 더 자세히 알아볼까요?

수 지: 그러죠.

상담자: 제가 직업에 대한 자세한 정보가 들어 있는 웹사이트 주소를 알려 드리겠습니다. 각 직업에 대한 정보를 읽어 보세요. 어떤 것을 찾았는지 다음 시간에 이야기해 보도록 하겠습니다. 그리고 『교육기회 찾기』라는 책을 볼 것입니다. 그러면서 전공 목록도 만들고 어떤 대학에서 그런 전공이 가능한지 알아보겠습니다.

슈퍼 이론

도널드 슈퍼(Donald E. Super)의 이론은 너무 광범위해서 짧게 요약하거나 몇 페이지로 정리하기 어렵다. 이 이론은 진로발달의 시간과 공간에 모두 관심을 가지고 있다. 슈퍼의 연구는 진로발달과 관련된 일련의 삶의 단계와 발달 과제를 보여 주고 있으며, 그 범위는 태어나서 죽을 때까지를 모두 포함한다. 이론에서 제시하고 있는 생애진로 무지개(Life-Career Rainbow)라는 개념은 생애 역할을 수행하면서 하게 되는 모든 활동을 포함한다. 어떤 한 사람의 진로의 폭과 깊이는 계속해서 변화되는 자기개념에 통합된다. 그리고 진로 선택은 자기개념, 내적 변인(예, 가치, 흥미, 능력), 외적 변인(예, 취업, 노동시장, 경제 상황) 등에 의해서 이루어진다.

슈퍼 이론의 가장 중요한 내용은 다음과 같이 요약할 수 있다.

* 진로는 자기개념의 영향을 받으며, 자기개념에 의해서 매개된다. 자기개념은 유아가 자기와 다른 것 또는 다른 사람을 구분하기 시작하면서부터 형성되고, 전 생애를 거쳐 발달해 나간다. 직업의 선택은 자신의 자기개념을 실현하는 것이다(Super, 1963). 자기개념은 명료성, 현실성, 자존감, 구체성 등과 같은 다양한 특성이 있을 수 있다. 상담자의 주된 역할 중 하나는 내담자가 명료하고 현실적이고 튼

튼한 자기개념, 즉 자신의 흥미와 능력 그리고 가치에 대한 이해를 할 수 있도록 돕는 것이다.

* 진로발달은 전 생애에 걸친 과정으로서 성장, 탐색, 확립, 유지, 쇠퇴의 다섯 단계로 나누어 볼 수 있다. 과거에는 이런 단계를 거쳐 가는 발달이 단선적인 것이라고 생각했다. 그러나 21세기에 와서는 많은 사람이 한 직장에서 계속 일하기보다 이직을 빈번히 하게 되면서 탐색, 확립, 유지가 반복되어 나타난다는 것을 경험하기 시작하였다.
* 효과적인 진로 선택을 하려면 자신이나 직업 세계, 의사결정 등에 대해서 구체적인 지식을 가지고 있어야 하고, 탐색이나 선택을 구체화하는 과제를 적절한 시간에 완수할 수 있어야 한다. 이런 지식이나 관련 기술을 적절한 연령대에 개발하지 못하면 이후의 진로 성숙에 영향을 미치게 되고, 다음 발달 단계에서 필요한 과제를 수행하지 못하게 된다.
* 진로는 직업보다 넓은 개념이다. 진로란 어떠한 시기에 (개인이 맡게 되는) 생애 역할의 영향을 받아 하게 되는 모든 활동을 합친 개념이다(Super, 1980). 이런 역할에는 자녀로서의 역할, 학생으로서의 역할, 직장인으로서의 역할, 배우자로서의 역할이 있을 수 있고, 또한 부모, 가사종사자, 시민, 여가를 누리는 사람으로서의 역할이 있다. 이러한 역할을 설명하기 위해서 슈퍼는 생애진로 무지개라는 그림을 제시하였다([그림 2-2] 참조). 생애진로 무지개는 각

역할을 하는 데 필요한 시간과 에너지의 양으로 표현되고 있다. 이러한 역할을 다른 역할과 상호작용을 하기도 하고 서로 영향을 주기도 한다. 예를 들어, 직장인으로서의 역할은 자녀가 아프면 영향을 받게 되고, 그 결과로 부모는 직장에서 일하는 시간을 줄여야 하거나 직장에 나갈 수 없는 상황이 일어나게 된다. 이러한 역할은 함께 생애 공간을 채우게 된다. 생애 공간이란 각 사람이 매일의 생활이나 전 생애 과정 속에서 보내게 되는 시간을 의미한다. 슈퍼에 따르면, 성공적인 진로발달이 이루어지기 위해서는 생애 역할을 잘 선택해야 하고, 생애 역할을 수행하는 데

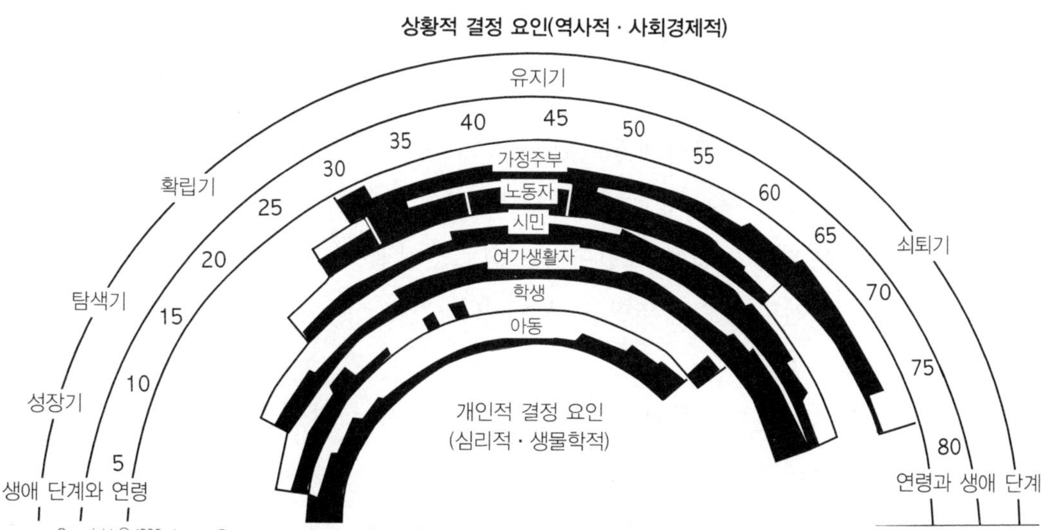

[그림 2-2] **생애진로 무지개: 전 생애에 걸친 여섯 가지 생애 역할**

출처: *Career Choice and Development* (2nd ed.), Duane Brown, Linda Brooks, and Associates.

필요한 시간과 생애 역할의 중요성을 잘 관리할 수 있어야 한다. 그리고 이러한 역할과 함께 자기개념과 가치를 실현할 수 있어야 한다.

✽ 가장 처음 시작하게 되는 역할은 자녀이고, 다음으로 학생이며, 그리고 여가를 즐기는 사람으로서의 역할이다. 그리고 직장인으로서의 역할은 다른 역할과 영향을 주고받는 매우 중요한 역할이다. 성인기 동안에는 직장인으로서의 역할뿐 아니라 배우자, 가사종사자, 시민으로서의 역할을 많이 하게 된다. 슈퍼는 사람들이 역할 간에 조화를 이루면서 가능한 한 많은 역할을 하게 될 때 삶의 만족도나 성취감이 높아질 가능성이 있다고 하였다. 역할 선택과 역할을 수행하는 데 사용하게 되는 시간 그리고 역할의 중요성은 생애 주기에 따라서 변하게 된다. 어떤 역할은 덜 수행하게 되고 덜 중요하게 되지만 다른 역할은 더 중요하게 된다.

✽ 진로 선택과 발달에 자기개념, 흥미, 가치, 능력, 목표 등은 매우 중요한 요인이지만 진로 선택을 하게 되는 환경적 조건도 중요한 역할을 하게 된다.

홀랜드의 이론처럼, 슈퍼의 이론에도 진로상담에 큰 도움이 될 수 있는 추가적인 개념이 있다.

✽ 최적의 진로발달을 촉진하기 위해서는 어려서부터 중요한 태도와 기술을 배워야 한다. 예를 들어, 계획을 미리 세우

는 태도, 의사결정 기술, 내적 통제감, 탐색하려는 태도 등이 필요하다. 이러한 태도나 기술이 없다면 진로 미성숙을 경험하게 된다.

- 가치는 진로 선택과 진로발달에 매우 중요한 영향 요인이다. 자신의 가치관에 대해서 잘 알게 되면 자신에게 맞는 직업을 확인하는 것이 용이해진다. 가치는 어떤 생애 역할을 하느냐에 따라 달라진다. 그리고 직장인으로서의 역할을 하면서 자신에게 중요한 모든 가치를 얻을 수 있을 것이라고 기대해서는 안 된다.

상담 목표

슈퍼의 관점에서 본 진로상담의 목표는 홀랜드 이론의 관점에서 본 진로상담 목표와는 많이 다르다. 슈퍼의 이론에 따른 진로상담 목표는 다음과 같다.

- 진로 성숙 수준을 확인하고 진로발달 과제를 수행하는 데 필요한 지식이나 태도, 기술 등을 습득하도록 한다.
- 자기개념을 분석하고 검사나 상담을 통해서 자기개념을 분명하게 한다.
- 진로란 상호작용하는 생애 역할의 총체를 의미함을 이해하고, 생애 역할을 선택하고 역할 간의 균형을 유지하도록 돕는다.

✻ 자신의 흥미, 능력, 가치를 확인하고 생애 역할과 연계하여 이해하도록 한다.

상담자와 내담자 간 대화의 예

상담자와 내담자 간 대화의 예가 시작되기 전 내담자는 성인 진로문제검사(Adult Career Concern Inventory)와 진로발달검사(Career De-vel-op-ment Inventory)를 실시하였으며, 상담자는 검사 결과를 가지고 있다.

상담자: 안녕하세요? 어떻게 진로상담을 받게 되셨는지 말씀해 주세요.

수 지: 저는 대학교 2학년인데요. 좋은 직장을 갖는 데 필요한 교육을 받기 위해서 대학에 들어왔습니다. 그래서 지금까지 필수 과목을 수강해 왔습니다. 그런데 다음 학기에는 전공을 결정해야 합니다.

상담자: 그러니까 이제 내가 누구인지, 그리고 어떻게 내 인생을 살고 싶은지 생각해 보아야 할 때군요.

수 지: 아, 그런 식으로 생각을 해 보지는 않았습니다. 그저 전공을 선택하려고만 했지요.

상담자: 그런 생각을 한다는 것은 매우 중요하지요. 그렇지만 전체 과정 중에서 한 단계에 지나지 않아요. 어떤 직업을 선택할지 생각해 본 적이 있나요?

수　지: 아니요. 한번도 생각해 본 적이 없습니다. 어떤 식으로든 사람들과 함께 일하고 싶다는 생각도 들고 제게 기계를 다루는 능력이 있는 것 같기도 합니다.

상담자: 그렇게 시작하는 거예요. 사람들과 함께 일할 때 어떤 경험을 했는지 말해 보시겠어요?

수　지: 회사에서 안내원으로 일하기도 했고, 마트에서 점원으로 일하기도 했습니다. 그때 제가 다른 사람과 의사소통을 잘한다는 것을 알게 되었습니다. 그리고 고객을 돕기 위해서 제가 해야 하는 일보다 더 많은 일을 하려는 의지가 있다는 것을 알게 되었습니다. 그런 일에 정말 만족했습니다.

상담자: 다른 사람을 돕는 능력이 있고, 다른 사람을 돕는 것이 매우 중요한 일인 것 같군요.

수　지: 네.

상담자: 다른 사람을 돕거나 다른 사람과 함께 일할 수 있는 직업을 찾아본 적이 있나요?

수　지: 아니요. 간호사가 다른 사람을 돕는 직업인 것은 압니다. 그런데 아픈 사람과 일하고 싶지는 않습니다. 교사도 아이를 돕는 직업이기는 하지만, 교사도 그렇게 하고 싶지는 않습니다.

상담자: (진로발달검사를 살펴본다. 그렇지만 해석을 해 주지는 않는다.) 그렇다면 다음에 할 수 있는 것은 다른 사람과 함께 일할 수 있는 직업을 가능한 한 많이 찾아보는 거

예요. 우리 센터에 DISCOVER(컴퓨터에 기반한 진로설계 프로그램)가 있습니다. DISCOVER의 두 가지 부분을 사용해 보면(내담자에게 시스템을 설명한 흐름도를 보여 주고 필요한 영역을 표시해 준다.), 다양한 직업을 찾을 수 있을 겁니다. 찾은 직업 목록을 출력해서 설명을 읽어 보세요. 다음에 오면 그 목록에 대해 이야기해 보죠.

내담자는 상담자가 내준 과제를 해 왔고, 내담자가 찾은 것에 대해서 논의하기 위해서 다음 회기를 진행한다.

상담자: 많은 직업을 찾아보셨나요? 출력해 온 것을 보니 많이 찾으셨군요.

수 지: 판매나 매니지먼트와 관련된 직업을 많이 찾았습니다. 그리고 건강이나 교육과 같은 영역의 직업도 찾았습니다. 정보를 보니까 대학 학위를 가지면 이런 영역에서 좋은 직업을 선택할 수 있다는 것을 알게 되었습니다. 그런데 정말 다양한 전공이 연결될 수 있다는 것을 알게 되었습니다.

상담자: 맞습니다. 그러면 5년 아니면 10년 또는 그 후에 어떤 인생을 살고 싶은지 말해 보세요. 직장생활 말고 다른 영역의 삶에 대해서 생각해 보세요. 예를 들면, 결혼을 하고 싶은지, 자녀를 낳고 싶은지, 지역 활동

에 적극적으로 참여하고 싶은지, 여가를 위한 시간을 갖고 싶은지, 자기 집을 갖고 싶은지 등에 대해서 생각해 보세요.

수　지: 저는 항상 결혼을 하고 싶었습니다. 지금도 좋은 사람을 만나고 있습니다. 그리고 적어도 두 명의 자녀를 낳고 싶습니다. 우리 집도 갖고 싶고 직업뿐 아니라 가족이나 지역사회 활동을 위해서도 많은 시간을 보내고 싶습니다.

상담자: 정말 멋진 삶인 것 같네요! 그럼 오늘 제가 세 가지를 집에 가져가도록 드릴 것입니다. 그 세 가지를 모두 해 오면 다음 시간에 그것에 대해서 조금 더 자세하게 이야기할게요. 첫 번째는 생애진로 무지개라는 그림을 드릴 거예요. 이 그림은 일반적으로 사람들이 전 생애를 통해서 하게 되는 역할을 보여 주고 있습니다. 그리고 역할에 사용하는 시간과 에너지의 양에 대해서 설명해 주고 있지요. 이 그림을 보고 자신만의 생애진로 무지개를 그려 보세요. 그 그림에 자신이 어떤 역할을 하고 싶은지, 그리고 얼마나 많은 시간과 에너지를 사용하고 싶은지 표시하면 됩니다. 두 번째는 가치관 검사입니다. 이 검사는 자신이 중요하게 생각하는 가치관을 확인할 수 있도록 도와줍니다. 세 번째는 활동지인데, 여기에 앞에서 선택한 역할과 관련해서 가장 중요하다고 생각되는 가치관을 적어

보십시오. 이런 활동을 해 보면 찾아보신 직업을 검토하는 데 도움이 되는 정보를 얻게 될 것입니다. 힘내세요! 곧 전공을 선택할 수 있을 것입니다.

사비카스(구성주의) 이론

마크 사비카스(Mark L. Savickas)의 이야기 상담으로 대표되는 구성주의 이론은 슈퍼 이론의 21세기적 연결편이라고 할 수 있다. 슈퍼 이론의 핵심 중의 하나인 "진로 선택은 자기개념을 실현하는 것이다."라는 말을 기억할 것이다. 슈퍼의 제자였던 사비카스의 구성주의 이론에 따르면, 개인은 진로를 정할 수 있고 그것에 의미를 부여할 수 있다. 이러한 접근은 20세기적 관점인 개인의 특성에 대한 측정과 그에 맞는 직업의 선택이라는 개념을 최소화하려고 한다. 구성주의를 지지하는 사람들은 21세기에는 모든 것이 너무 빨리 변해서 개인의 특성과 직업의 연결이 안정적일 수 없다고 강조한다. 그래서 이 이론에서는 진로는 그냥 펼쳐지는 것이 아니라 자기개념을 표현하기 위한 선택을 하고 사회적인 현실 속에서 목표를 구체화해 갈 때 구성되는 것이라고 말한다(Savickas, 2005).

개념적으로 이 이론은 직업적 성격(vocational personality), 생애 주제(life theme), 진로 적응력(career adaptability)이라는 세 가지 구성 요인을 가지고 있다. 이 이론도 각 사람에게 독특한 특성이 있고 이 특성은 다시 성격 유형과 관련되어 있다(Holland, 1997)고 생각한다. 그리고 이러한 개인의 성격 유형이 직업의 특성과 연결될 수 있다고 생각한다. 그러나 구성주의에서는 성격과 직업의 연결이 홀랜드가 주장했던 것보다 주관적이라고 보며, 사람들이 특정한 진로 행동을 보이는 이유와 이런 행동이 생애 주제로 표현되는 방법을 이해하고자 한다.

이 이론의 두 번째 요소는 생애 주제인데, 각 사람이 겪어 본 독특한 경험이 하나 또는 그 이상의 생애 주제를 생각해 낸다는 것이다. 이런 주제는 해결되어야 할 문제를 보여 주기도 하고, 달성해야 할 가치를 보여 주기도 한다. 슈퍼가 이야기한 것처럼 이러한 주제는 자기개념을 표현하고 자신의 일이나 생애 역할에 의미를 부여하게 하는 원동력이 되기도 한다. 그래서 상담자의 주된 역할은 내담자가 자신의 생애 주제를 발견하고, 그것을 직업과 연결시키며, 직업에 보다 깊은 의미를 부여하고, 사회에 공헌하도록 도와주는 것이다.

세 번째 구성 요소는 진로 적응력이다. 21세기는 빠르게 그리고 복잡하게 변하고 있기 때문에 융통성과 적응력을 요구한다. 적응력은 진로 변화나 직업 환경에 적응하는 데 필요한 태도, 행동, 능력으로 구성되어 있다. 이런 특성이 있으면 직업에서 자기개념을 실현할 수 있도록 자신을 잘 적응시키게 되고 환경을 변화시키는 과정을 촉진할 수 있게 된다.

이 이론적 틀에서 내담자를 도울 수 있는 방법은 내담자가 이야기를 하도록 하는 것이다. 즉, 질문을 통해서 내담자가 자신의 생애에 대한 이야기를 하도록 하는 것이다. 상담자의 역할은 내담자의 이야기 속에서 주제를 찾아내고, 내담자가 그 주제를 인식하도록 돕는 것이다. 주제를 확인한 후에는 진로를 선택함으로써 그 주제를 실현해 보도록 한다. 이론적으로 깊이 숨겨져 있는 생애 주제를 발견하고 적용할 수 있다면 생애 역할의 더 큰 의미를 찾게 된다고 한다.

이 이론을 바탕으로 상담할 때 상담자가 사용할 수 있는 질문으로는 다음과 같은 것이 있다.

- 당신의 기억 중에서 가장 어렸을 때의 기억을 세 가지만 말해 주겠습니까?
- 가장 중요한 역할 모델이 있었다면 누구입니까? 왜 그 사람이 역할 모델이었습니까?
- 당신이 가장 좋아했던 영화(또는 소설, 잡지, TV 프로그램 등)는 무엇입니까? 왜 좋아했습니까?

이런 질문을 통해서 나온 이야기 속에 중요한 생애 주제가 들어 있을 것이라고 생각한다.

상담 목표

- 내담자가 중요한 생애 주제와 해결하지 못한 문제를 인식하도록 한다.

✻ 생애 주제의 활용을 촉진할 수 있는 진로를 구성하도록 돕는다. 그리고 해결하지 못한 문제를 해결하도록 돕는다.

✻ 계속해서 변화하는 환경에 대처할 수 있는 적응력을 개발하도록 돕는다.

상담자와 내담자 간 대화의 예

상담자: 이렇게 와 주셔서 감사합니다. 당신의 진로를 개발하는 데 어떻게 도와드리면 될까요?

수 지: 곧 전공을 결정해야 합니다. 그런데 앞으로 어떤 일을 해야 할지 잘 모르겠습니다.

상담자: 그러니까 어떤 진로 목표를 정할지 생각해 보기를 바라는군요. 그리고 그 목표를 달성하는 데 도움이 될 수 있는 전공을 결정하고 싶군요.

수 지: 네. 맞습니다.

상담자: 그러면 당신에 대해서 조금 더 알고 싶습니다. 어렸을 때 당신의 역할 모델이 있었다면 누구였나요?

수 지: ○○○과 같은 가수와 ○○○와 같은 모험가였습니다.

상담자: 그러면 그들의 어떤 점을 존경했습니까?

수 지: 그들이 가지고 있는 자유로움이었습니다. 그 사람들은 자유롭게 자신을 표현하고, 입고 싶은 것을 마음껏 입고, 자기가 말하고 싶은 것은 무엇이든지 말하는 것 같습니다. 그래도 사람들은 여전히 그들을 좋

아하죠.

상담자: 그러니까 전통에 얽매이지 않고 인위적으로 억누르지 않는 것이 좋아 보였군요. 이 밖에 당신에 대해서 말해 줄 수 있는 것이 없을까요? 가능한 한 가장 어렸을 때를 생각하면서 그때의 기억을 말해 보세요.

수 지: 아마 4, 5세 정도였던 것 같은데 이런 기억이 있네요. 다리 건너편에 정말 아름다운 곳이 있었습니다. 부모님이 제가 하기 싫어하는 것을 시킬 때면 그 다리를 건너서 그 아름다운 곳에 가곤 했습니다.

상담자: 당신에게 그 아름다운 곳은 어떤 의미였습니까?

수 지: 그곳은 가서 자유로울 수 있는 곳이었고, 제가 원하는 것이면 상상 속에서 어떤 것이든 할 수 있는 곳이었습니다.

상담자: 가장 좋아하는 TV 프로그램은 무엇인가요?

수 지: 저는 리얼리티 프로그램을 좋아합니다. 그 프로그램에서는 사람들에게 매우 흥미롭고 도전적인 일, 즉 일상적인 것이 아닌 일을 하게 하지요.

상담자: 당신이 하는 이야기 속에서 일정한 패턴을 발견하게 되었습니다. 일상적이지 않는 일을 자유롭게 하고, 자유와 다양성을 누리며, 때로는 어느 정도의 위험도 감수하는 주제입니다. 이런 주제가 당신을 잘 설명하는 것 같으세요?

수 지: 네. 그렇습니다. 이런 주제를 포함한 직업을 찾을 수

있다면 일이 더 이상 지겹지 않을 것 같습니다.

상담자: 그럼 그런 일을 찾아보셨나요?

수　지: 아니요. 이런 식으로 직업을 찾아본 적은 없었습니다. 저는 국제무역에 관심이 있습니다. 제 생각에 이런 직업 분야에서는 여행을 자주 할 수 있을 것 같고, 하는 일도 다양할 것 같고, 흥미로운 사람도 많이 만날 수 있을 것 같습니다. 그리고 일반적인 직업은 아니죠.

상담자: 아주 좋은 시작인데요. 다음 회기에는 당신의 또 다른 기억에 대해서 이야기를 듣고 싶습니다. 그리고 당신이 원하는 도전, 위험, 독립성의 성격을 띤 직업을 이 웹사이트를 사용해서 찾아보시기 바랍니다(웹사이트 주소가 들어 있는 카드를 준다).

크럼볼츠 이론

학습이론가인 존 크럼볼츠(John D. Krumboltz)는 진로 선택과 진로발달을 학습될 수 있는 행동이라는 관점으로 보았다. 사람들이 상담자를 만났을 때 행동이나 기술을 학습할 수 있는 것처럼, 그는 상담을 통해 새로운 것을 배우게 되면 진로발달에도 도움이 될 것이라고 생각했다. 그래서 진로상담자의 중요한 역할은 내담자가 탐색을 하도록 격려하는 것이며, 새로운 기술을 가르쳐 주고, 새로운 학습을 촉진하는 것이다. 이 이론의 기본 개념을 살펴보면 다음과 같다.

- 진로 선택과 발달을 결정하는 네 가지 주요 요인이 있는데, 유전적 소인, 환경적 조건, 도구적 학습과 연합학습 경험, 과제접근 기술이다(Krumboltz, 1996).
- 상담자는 유전적 소인이나 환경적 조건에는 영향을 미칠 수 없다. 그러나 상담자는 내담자의 미래 학습 경험에 영향을 줄 수 있으며, 인지적 의사결정 기술을 의미하는 과제접근 기술을 가르칠 수 있다.
- 진로 선택에 대해서 비합리적 신념이 있는 것은 진로 목표를 선택하고 만족할 만한 선택을 하는 데 장애요인이 된다. 상담자의 중요한 역할 중의 하나는 내담자가 이러한 비합리적 신념을 확인하고 수정하도록 돕는 것이다.
- 사람은 자신과 세상에 대한 관점으로 경험과 정보를 걸러낸다. 그래서 학습된 신념 체계 때문에 현실이나 세상을 왜곡되게 지각하기도 한다.
- 학습이나 자신에 대한 관점은 정적 강화나 긍정적인 역할 모델의 영향을 강력하게 받을 수 있다. 사람은 자신의 태도나 행동에 대한 정적 강화를 받을 때 학습하게 된다. 그리고 역할 모델의 행동을 따라 할 때 학습하게 된다. 상담자는 내담자의 행동을 이끌어 가기 위해 이런 정적 강화와 긍정적인 역할 모델을 제공할 수 있다.

✲ 특히 21세기에는 불확실성이 긍정적인 조건이 된다. 이러한 불확실성으로 탐색을 촉진할 수도 있고 새로운 학습 기회를 찾아 내기도 한다. 즉, 상담자는 내담자가 최선의 해결책을 찾거나 좋은 전공 또는 직업을 찾도록 돕는 것이 아니라 탐색과 학습을 격려해야 한다.

상담 목표와 단계

크럼볼츠 이론에서의 상담 목표는 다음과 같다.

✲ 진로 선택과 발달에 영향을 주는 비합리적 신념을 확인하고 제거한다.
✲ 의사결정과 과제접근 기술이 부족하다면 가르친다.
✲ 탐색과 경험을 더 많이 하도록 격려해서 선택의 폭을 넓힌다.
✲ 내담자의 긍정적 행동이 정적 강화를 받을 수 있는 기회를 찾아낸다.
✲ 내담자가 긍정적인 역할 모델을 찾도록 한다.
✲ 내담자가 스스로 목표를 선택할 수 있도록 적절한 진로설계 기술(탐색, 정보 수집, 선택의 구체화, 선택지에 대한 평가)을 익히도록 한다.
✲ 내담자가 불확실성을 일상적인 것으로 받아들이도록 돕는다. 그리고 불확실성을 통해서 새로운 경험을 할 뿐 아니

라 크럼볼츠가 언급한 우연(happenstance)을 이용하도록 한다.

크럼볼츠와 베이커(Krumboltz & Baker, 1973)는 8단계의 진로상담 과정을 소개한다.

- 내담자의 문제와 목표를 확인한다.
- 목표 달성에 대한 상호 동의를 얻는다.
- 문제 해결에 대한 대안을 만든다.
- 이런 대안에 대한 정보를 수집한다.
- 각 대안으로 인해 나타날 수 있는 결과를 점검해 본다.
- 목표, 대안, 결과를 재점검한다.
- 선택한다.
- 학습한 의사결정 과정을 다른 문제에도 적용한다.

상담자와 내담자 간 대화의 예

(내담자는 첫 회기가 시작되기 전 진로신념검사를 실시하였다.)

상담자: 들어오세요. 잘 지냈어요? 오늘 어떤 이야기를 하고 싶으세요?

수 지: 저는 2학년인데요. 좋은 직장에 다니고 싶어서 대학에 왔거든요. 지금까지 필수 과목만 수강해 왔고 다

음 학기에는 전공을 결정해야 해요.

상담자: 항상 구체적인 계획을 세워야 하는 것은 아니에요. 그렇지만 중요한 결정을 내려야 하는데 기한이 다가오고 있어서 스트레스가 되고 있군요. 이런 결정을 하려면 무엇을 해야 할까요?

수　지: 제가 선택할 수 있는 직업에 대해서 많은 정보를 얻어야 할 것 같아요. 그리고 전공이 직업과 어떻게 연결되는지도 알아야 할 것 같고요.

상담자: 그렇죠. 그렇게 하면 이 문제를 해결해 나가는 데 좋은 출발점이 될 겁니다. 그런데 미리 결정을 하지 못한 이유가 있나요?

수　지: 어떻게 해야 하는지 잘 몰라서 자신이 없었거든요. 상담을 받으면 될 것이라고 생각했습니다.

상담자: 검사 결과를 보니, 자신의 의사결정 능력에 대해서 자신이 없군요. 그러면 과거에 했던 결정 중에서 성공적이었던 결정을 한번 생각해 볼까요? 어떤 결정이었는지 말해 보겠어요?

수　지: 이 학교를 오기로 결정한 것은 잘한 것 같아요.

상담자: 왜 그렇게 생각하죠?

수　지: 학교로 통학할 수도 있고, 비용도 많이 들지 않고, 하던 아르바이트도 계속할 수 있어서 좋은 것 같아요. 이런 점이 지금 제게 모두 필요한 것이거든요.

상담자: 그러니까 결정의 결과가 좋았다는 것이군요. 그래

서 대학에서 학위도 받을 수 있게 되었고요. 그러면 이 학교를 선택할 때 어떤 과정을 거쳐서 결정을 했나요?

수 지: 먼저 제가 살고 있는 곳에서 약 80km 내에 있는 대학을 조사해서 목록을 만들어 보았어요. 그리고 비싼 등록금을 내야 하는 사립대학은 목록에서 제외했어요. 저의 성적보다 높은 성적을 요구하는 학교도 제외했죠. 그렇게 하다 보니 두 개의 대학만 남더라고요. 그러고 나서 두 대학을 방문해 보았고, 입학처 직원과도 이야기를 나누었고, 그 대학에 입학한 사람과도 이야기를 나누어 보았습니다. 그렇게 하니 선택이 쉽더라고요.

상담자: 너무 비싸지 않고 쉽게 운전해서 갈 수 있을 뿐 아니라 아르바이트도 계속할 수 있는 대학을 가고 싶었군요. 그리고 이 목표를 달성하기 위해서 적절한 조치를 취했네요. 정말 좋은 의사결정이었던 것 같네요. 그러면 동일한 의사결정 과정을 전공 선택에 적용할 수는 없을까요?

수 지: 할 수 있을 것 같은데요. 사람들과 함께 하는 일을 하고 싶다는 생각 외에 어떤 직업을 선택해야 할지 잘 모르겠어요.

상담자: 그런 직업 생활을 해 본 적이 있나요? 어떤 경험을 했나요?

수　지: 네. 해 본 적 있지요. 회사 안내원과 마트 점원으로 일한 적이 있었는데요. 거의 매일 사람들을 상대해야 했지요. 제가 고객에게 친절하게 하고 조금이라도 더 도와주려 하면 고객이 화가 나 있어도 결국에는 따뜻하게 대해 주고 고마워하더라고요. 그럴 때마다 기분이 좋았습니다. 그렇지만 사람들과 함께 일하면서도 돈을 더 받을 수 있는 곳에서 일하고 싶습니다. 그리고 다른 사람을 도와주면서 만족감을 느끼고 싶습니다.

상담자: 그런 직업으로 어떤 것이 있을지 생각해 보았나요?

수　지: 아니요. 상담을 받으면 이런 것에 대한 답을 얻을 수 있을 것이라 생각했습니다.

상담자: 다른 가능성을 탐색하려면 다른 어떤 직업이나 자원봉사 기회가 있으면 좋을까요?

수　지: 잘 모르겠습니다.

상담자: O*Net 온라인이라는 웹사이트가 있는데, 그곳에서 교육이나 건강 관리와 관련된 직업을 알아볼 수 있을 것입니다. 그 웹사이트는 이곳 센터에서도 들어가 볼 수 있고 집에서도 방문해 볼 수 있어요. 직업군을 하나 선택하면 그에 속한 직업의 종류를 알려 줍니다. 그리고 각 직업에 대한 자세한 설명도 나와 있어요. 예를 들어, 그 직업을 갖는 데 필요한 능력이나 기술, 일반적으로 직업에서 하게 되는 활동, 필요한

훈련, 가치와 같은 정보를 제공해 줍니다. 이 웹사이트는 결정에 대한 그림을 그려 볼 수 있도록 해 줄 거예요. 그리고 이 활동지는 웹사이트에서 메뉴를 선택하는 방법에 대해 단계별로 설명해 주고 있어요. 다음 주에 올 때 흥미가 있었던 직업에 대한 내용을 출력해서 가지고 오세요. 알고 있었던 직업뿐 아니라 전혀 들어보지 못했던 직업에 대해서도 꼭 찾아보세요. 사람들하고 일하는 것을 좋아하기는 하지만 그런 직업뿐 아니라 다른 종류의 직업에 대해서도 탐색해 보기 바랍니다.

수 지: 그러고 나면 어떤 것을 해야 하나요?

상담자: 목록을 함께 보면서 혹시 추가적으로 탐색해 볼만한 직업은 없을지 볼 것입니다. 그 후에는 당신이 우선순위에 놓았던 직업을 가지고 있는 사람을 적어도 두 명 정도 만나 볼 것입니다. 다음 학기에도 전공을 결정해야 하는 것은 아니니까 선택한 직업과 관련성이 높은 과목들을 수강해 볼 거예요. 그리고 지금까지와 다른 경험을 해 보도록 할 것입니다. 다음 학기에는 선택한 직업과 관련 있는 인턴십을 해 보면 좋은 경험이 될 거예요.

수 지: 좋아요. 무엇을 할 수 있을지 열심히 배우도록 하겠습니다. 그리고 다음 주도 약속을 잡고 싶어요. 할 수 있다는 자신감을 북돋워 주셔서 고맙습니다.

요 약

이 장에서는 세 가지의 전통적인 진로발달 이론과 하나의 최근 이론을 설명하였다. 그리고 각 이론이 어떻게 상담에 적용될 수 있을지 설명하기 위하여 가상적인 사례를 제시하였다.

대부분의 진로상담자는 내담자와 상황에 맞추어서 이론과 상담기술을 선택하는 절충적인 방법을 사용한다. 예를 들어, 홀랜드 이론은 실직 후에 자신이 가진 흥미나 기술을 사용할 수 있는 직업을 찾는 내담자에게 적용할 수 있을 것이다. 슈퍼 이론은 중학생을 위한 진로발달 프로그램을 설계할 때 이론적 틀로서 사용될 수 있을 것이다. 사비카스의 이론은 자유롭게 이야기할 수 있고 통찰력이 있는 사람에게 적용될 수 있을 것이다. 그리고 크럼볼츠 이론은 의사결정 기술을 학습하려고 하거나 실험적인 학습을 통해 도움을 받을 수 있는 내담자에게 사용될 수 있을 것이다.

또한 두 개 이상의 이론이 하나의 사례에도 적용할 수 있다. 만약에 앞에서 제시된 사례에서 여러 개의 이론으로 상담을 진행한다면 내담자가 직업과 전공을 찾도록 돕는 데 홀랜드 이론이 사용될 것이다. 그리고 크럼볼츠 이론은 자기개념을 강화하고 현실 검증을 돕는 데 사용될 수 있고, 슈퍼의 생애진로 무지개 나이와 관련된 검사는 미래의 생애 역할을 계획하는 데 사용될 수 있다. 구성주의자의 이야기적 접근은 가능한 직업의 목록을 줄이고 행동 계획을 세우는 데 도움이 될 것이다. 요약하자면, 각 이론은 서로 다른 렌즈를 가지고 진로 선택과 진로발달 현상을 바라보는 것이며, 다양한 패턴을 만들어 낸다. 실제로 이 모든 이론이 하나로 통합될 수 있으며, 하나의 이론보다 더 넓은 시각을 제공해 준다.

Chapter 3

맥락과 진로계획

이주마는 30세의 일본인 여성으로 결혼을 통해 미국 시민이 되었다. 남편과 함께 살기 위해 미국에 왔을 때, 그녀는 대학원에 들어가고자 했던 자신의 오래된 희망에 대해 말한 적이 있다. 그런데 자신의 진로 목표가 분명하지 않았고 무엇을 공부할지도 분명하지 않았기 때문에 대학 상담센터의 상담자를 찾아갔다.

이주마가 상담을 받으려는 이유에 대해서 이야기를 들은 후, 상담자는 첫 면접을 하면서 이주마의 의사결정에 영향을 줄 수 있는 외적 요인에 대한 정보를 수집하였다. 그 결과, 이주마는 외동딸로 아버지는 엔지니어이시고 어머니는 일본의 전통대로 직업을 한 번도 가져본 적이 없다는 것을 알게 되었다. 이주마는 아버지가 미국에 있는 혼다 자동차공장에 일하시게 되면서 4년씩 두 번 미국에서 살았다. 그래서 그녀는 영어도 잘했을 뿐 아니라 미국 문화에 대해서도 잘 알고 있었다. 이주마는 도쿄에 있는 큰 회사에서 행정보조로 일하고 있었는데, 부모님께서는 일을 그만두고 빨리 시집을 가라며 압력을 가하셨다. 반면 미국인인 남편이 될 사람은 이주마가 대학원에 가고 직장에 다니는 것에 대해서 지지하고 있었다.

상담자는 첫 면접 후에 쿠더 진로탐색검사(Kuder Career Search with Person Match)와 슈퍼 직업가치관검사(Super Work Values Inventory)를 인터넷으로 실시하였다. 흥미검사 결과 두 가지 영역에서 높은 점수가 나왔다. 사회적 영역에서는 95%의 점수를 보였고, 판매 및 경영 영역에서는 92%의 점수를 보였다. 이는 사람들과 함께 일하면서 그들을 돕고 관리하는 데 관심이 높다는 것을 보여 준다. 슈퍼 직업가치관 검사에서는 성취, 명예, 독립이라는 세 가지 가치에서 높은 점수를 보였다. 그런데 이주마는 판매 및 경영 영역에서 높은 흥미가 있고 이런 흥미 영역에서 중요하게 생각하는 가치가 있음에도 불구하고 이런 종류의 직업에 대해서 심각하게 고려해 보지 않았음을 알 수 있었다. 일본 문화에서 여성에게 기대하는 것은 수동적으로 다른 사람을 도와주고 섬기는 것이었기 때문이다.

상담자는 이주마가 사회적 영역의 흥미와 관련된 직업 중에서도 대학원 학위를 요구하는 직업으로 어떤 것이 있는지 찾도록 도와주었다. 이주마는 상담을 배우기 위해서 석사과정을 준비하기로 결정하였고, 상담 영역에서 경영을 하는 직업을 가짐으로써 명예, 성취, 독립과 같은 직업 가치를 얻기로 결정하였다.

이주마의 사례처럼, 진로발달 · 진로 선택 · 진로 변화는 항상 사람들이 속해 있는 맥락 속에서 일어나는 것이다. 이러한 맥락은 항상 진로를 결정하는 사람의 내적인 현실과 외적인 현실을 모두 포함하게 된다. 진로상담의 아버지인 파슨스(Parsons, 1909)는 그의 3단계 상담 과정에서 두 가지 맥락을 고려하도록 토대를 마련해 놓았다.

✻ 자신과 자신의 태도, 능력, 흥미, 야망, 자원의 한계와 같은 특성을 이해해야 한다.

✻ 성공을 위한 요건, 서로 다른 직업의 장점과 단점, 보상, 기회, 전망 등에 대한 지식을 쌓아야 한다.

✻ 이러한 두 종류의 사실 간의 관계를 추론해야 한다.

20세기 말 슈퍼(Super, 1990)는 이러한 개념을 그의 진로 결정의 아치(Archway of Determinants)에 잘 요약해 놓았다([그림 3-1] 참조). 이 그림은 진로발달 과정의 시각적 이미지로서 제시되었으며, 슈퍼가 죽기 전 진로발달 이론에 공헌한 마지막 업적이었다. 슈퍼는 이 그림에 그의 초기 업적인 진로발달 단계와 각 단계에서의 과제, 자기개념, 생애진로 무지개를 모두 연결시키고자 하였다.

우선 그림의 가장 위를 보자. 아치의 가장 위는 개인의 진로를 의미하며, 두 개의 기둥으로 표현된 내적 · 외적 변인의 상호작용에 의해서 지지되고 있다. 아치가 생애진로 무지개의 모양으로 되어 있다는 것을 주목하라(2장 참조). 아치를 구성하는 블록은 발달 단계와 생애 주기에서의 삶의 역할을 의미한다. 그리고 가장 가운데 블록은 진로 자기개념으로 표현되는 자기(self)이며, 진로 선택은 바로 자기개념의 실현이라는 슈퍼의 이론을 시각적으로 잘 표현해 주고 있다.

그림에서 바닥은 개인의 인생사와 지리적인 실제를 보여 준다. 슈퍼의 모델에서 인생사적인 측면은 개인이 살아오면서 겪었던 경험으로, 개인의 욕구나 가치, 흥미, 적성 등을 형성하는데 영향을 주었던 삶의 경험을 말한다. 그리고 개인의 성별, 인

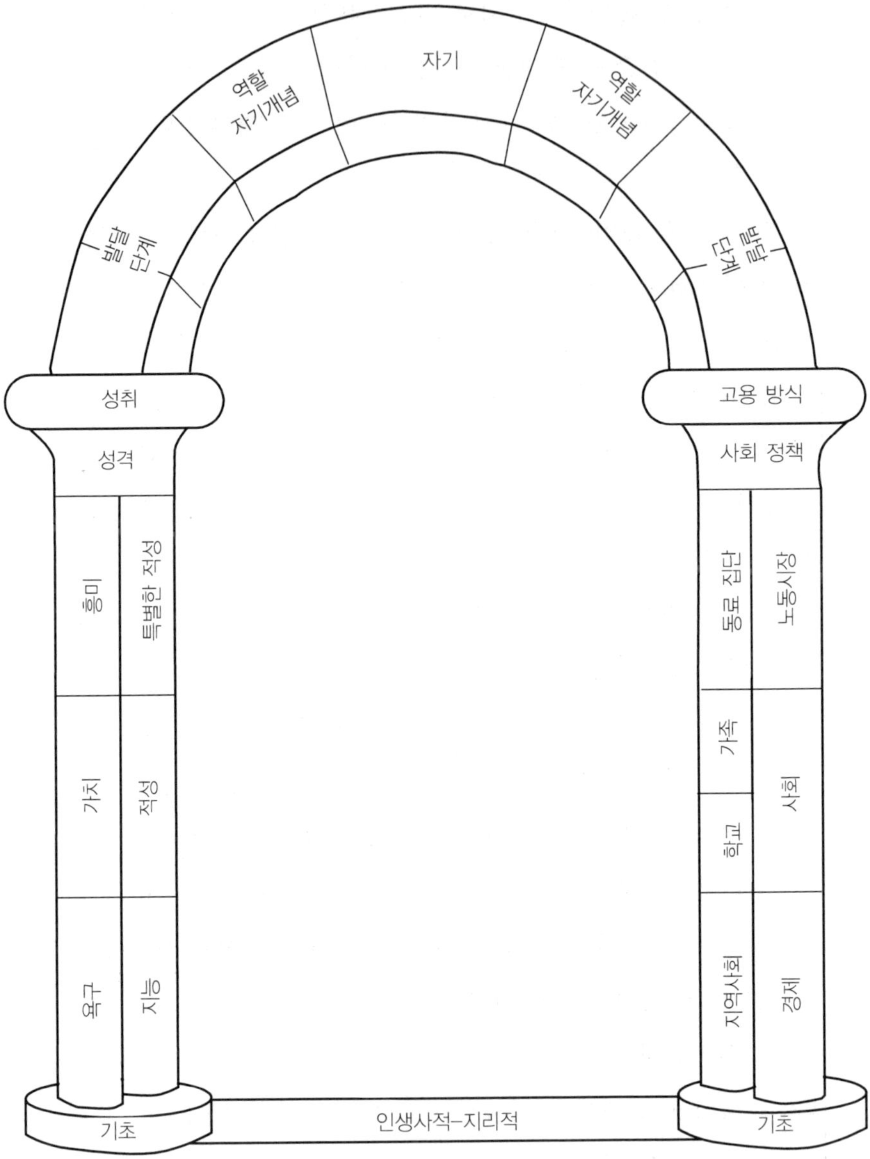

출처: *Carrer Choice and Development: Applying Contemporary Theories to Practice* (2nd ed.). Duane Brown, Linda Brooks, and Assoc. (Eds.). Copyright © 199, Jossey-Bass Inc. This material is used by permission of Jossey-Bass Inc. a suvsidiary of John Wiley & Sons, Inc.

[그림 3-1] 진로 결정의 아치

종, 사회경제적인 지위, 가족의 가치와 같은 것을 모두 포함한다.

지리적인 실제는 개인에게 영향을 주었던 문화적이고 민족적인 성격, 그리고 살아왔던 지역에서 직업에 대한 선택이 얼마나 많았는지 또는 그 직업을 얻을 수 있는 가능성이 얼마나 있었는지에 관한 것이다. 성별을 기준으로 놓고 보면, 서로 다른 문화는 남자와 여자의 역할에 대해서 서로 다른 기대를 하고 있다. 직업을 기준으로 놓고 보면, 어떤 문화에서는 청소년이 그의 부모와 동일한 직업을 선택해야 한다고 생각한다. 또한 어떤 문화에서는 직업에 대한 선택이 자유롭지만, 어떤 문화에서는 노동시장의 필요에 맞추어 직업을 선택하기를 기대한다. 어떤 문화에서는 한 회사에서 오랫동안 일할 것을 기대하지만, 어떤 문화에서는 진로를 자유롭게 전환하도록 하고 미래를 위해 계속해서 교육받을 것을 요구하기도 한다. 이러한 두 가지 종류의 요인이 이주마가 가진 진로에 대한 태도와 선택에 영향을 준 것이다. 개인이 진로를 선택하고 발전시켜 나가는 데 문화가 주된 요인으로 영향을 주고 있음이 분명하다. 문화는 진정으로 개인의 진로 선택과 발달에 영향을 주는 주된 요인이다.

이러한 두 가지 기초적인 개념은 개인의 진로 선택을 지탱해 주는 두 개 기둥, 즉 왼쪽 기둥인 내적 변인과 오른쪽 기둥인 외적 변인의 근간이 된다. 그리고 이 두 개의 기둥은 진로 선택이 이루어지는 맥락을 만들어 내는 중요한 요인인 것이다.

내적 변인

진로상담자는 일반적으로 진로상담을 할 때 외적인 변인보다는 개인의 내적인 변인에 더 초점을 둔다. 이러한 내적인 변인 중에서 아치에서 첫 번째로 제시하고 있는 것은 개인의 욕구다. 매슬로(Maslow, 1954)의 욕구위계 이론에 바탕을 두고 있는 로우(Roe, 1956)의 이론에 따르면, 심리적인 욕구는 어렸을 때 부모와의 관계에서 발달하게 된다. 예를 들면, 어떤 사물이나 기계를 다루는 직업을 갖기보다 사람들과 일할 수 있는 직업을 갖고자 하는 욕구를 갖게 되기도 한다. 로우는 어려서 부모와의 관계에서 형성되는 여덟 가지 흥미 영역 그리고 매슬로우의 욕구 위계와 상관관계가 높은 6단계의 교육 수준에 따라 직업을 구분하였다. 로우는 매슬로의 낮은 단계의 욕구(음식, 집, 옷, 안전 등)는 낮은 교육 수준으로 가질 수 있는 직업에 의해 만족될 수 있고, 높은 단계의 욕구(소속감, 자존감, 정보, 이해, 심미, 자기실현 등)는 대학교 이상의 교육을 받아야 가질 수 있는 직업에 의해 만족될 수 있다고 보았다.

이러한 로우의 이론이 경험적으로 연구된 바는 적지만, 사람들에게 다양한 욕구가 있고 그것이 모두 또는 부분적으로 직업을 통해서 충족될 수 있다는 사실은 진로발달 이론과 진로상담에서 일반적으로 받아들여지고 있다.

아치에서 제시하고 있는 두 번째 내적 변인은 지능이다. 각 개인은 유전을 통해 어느 정도 수준의 지능을 부모에게서 물려받는다. 일반적으로 이러한 지능은 우리가 받을 수 있는 교육의 종류와 수준에 영향을 주며, 우리가 추구할 수 있는 직업의 수준에도 영향을 준다. 경험적 연구를 통해 잘 검증된 로우의 분류체계는 이러한 점에서 유용하게 사용할 수 있다. 로우는 전문직·관리직 1, 전문직·관리직 2, 준전문직, 기술직, 준기술직, 비기술직 등 직업의 수준을 여섯 단계로 구분하였다. 모든 직업은 이러한 여섯 가지의 수준으로 정리될 수 있다. 최근 O*Net 데이터베이스(2007년 미국 노동부에서 개발한 직업 관련 데이터베이스)에서는 직업을 다섯 가지의 영역으로 구분하였고, 교육 수준을 고졸부터 대학원졸까지 구분하였다. 그러므로 교육을 받으려는 동기와 지능이 진로 선택에 영향을 줄 수 있는 것임을 알 수 있다. 또한 지능은 교육을 받으려는 동기 자체에도 중요한 영향을 미친다.

세 번째 내적 변인은 가치다. 홀랜드(1997)에 따르면, 각 개인은 성격 유형에 따라서 구분될 수 있으며, 자신의 성격 유형에 맞는 기술을 찾게 되고, 또한 성격 유형에 일치하는 가치를 찾게 된다. 브라운(Brown, 1996)은 개인이 일을 통해서 자신의 가치를 실현하고자 하며, 그렇기에 가치는 진로 선택의 중요한 동인이 된다고 하였다. 슈퍼(1980)도 가치는 진로 선택에 영향을 주는 중요한 요인이며, 어떤 삶의 역할을 해 왔느냐에 따라 달라질 수 있다고 하였다. 슈퍼는 그의 국제 직업가치 연구에서 문화에 공통적으로 적용될 수 있는 열두 가지의 가치를 발견하였다. 예를 들어, 다양성, 성취, 높은 수입, 안정감, 명예 등이다. 자신에게 가장 중요한 가치를 성취하는 것은 삶의 만족을 이루는 데 매우 중요하다. 이러한 가치의 중요성은 슈퍼 직업가치관검사를 통해서 측정할 수 있다(Kuder & Zytowski, 2007).

네 번째 내적 변인은 흥미다. 홀랜드(1997)에 따르면, 흥미는 부모님이나 다른 영향력 있는 어른이 제공해 준 여러 활동과 그로부터 얻은 긍정적인 강화 때문에 형성된다. 또한 사람들은 자신의 흥미를 활용할 수 있는 직업을 찾게 되고, 자신의 직업이 흥미와 일치할 때 만족하게 된다. 흥미는 중학교 시기부터 형성되기 시작하며, 그 후로 점점 안정되어 간다. 사람들의 흥미를 측정하는 검사 도구들은 많이 있으며, 흥미와 일치하는 직업의 종류도 제공해 준다. 흥미는 또한 구조화된 면접을 통해서도 알 수 있다.

다섯 번째 내적 변인은 적성이다. 적성은 특정한 기술, 예를 들어 언어 · 수학 · 공간 지각력 · 기계적 추론력 등을 학습하고 능숙하게 할 수 있는 경향성을 의미한다. 로우의 여덟 가지 범주나 홀랜드의 여섯 가지 성격에 의해서 구분된 직업을 보면 각각의 직업이 분명히 다른 종류의 기술, 즉 적성을 발달시켜서 얻을 수 있는 기술을 요구하고 있다는 것을 알 수 있다. 적성은 표준화된 검사 도구인 차별적 적성검사(Differential Aptitude Tests; Harcourt Assessment, 1990), O*Net 능력검사(O*Net Abilities Profiler; US Department of Labor, 1999) 등으로 측정할 수 있다. 적성을 조금 더 자세하게 구분해 놓은 기술은 자기 스스로 자신의 기술 수준을 측정해 보는 도구를 사용해서 측정할 수 있다. 예를 들어, 쿠더 기술검사(Kuder Skills Assessment; Kuder Inc., 2006)가 있으며, 조금 더 공식적인 검사인 ACT의 직업해설(WorkKeys; ACT Inc., 2007)도 활용할 수 있다.

욕구, 지능, 가치, 흥미, 적성 등과 같은 변인이 서로 조합을 이루어 개인의 독특한 성격을 이루게 되며, 개인은 이러한 독특한 성격의 맥락 속에서 진로를 선택하게 된다. 이러한 독특한 성격은 자기개념으로 나타나게 된다. 슈퍼에 따르면, 사람들은 자신의 일이나 역할을 통하여 자기개념을 실현하고자 한다. 앞서 언급한 것처럼, 사람들의 진로발달의 가장 중요한 초석이 되는 것은 자기개념인 것이다.

내적 변인의 측정

진로상담자는 내담자와 관련된 내적 변인을 찾기 위해서 다양한 기술을 활용할 수 있다. 이러한 기술에는 흥미검사나 욕구검사, 가치검사, 성격검사와 같은 표준화된 검사 도구를 활용하는 것이 있으며, 면접이나 체크리스트, 진로환상 기법, 인생 이야기 분석과 같은 비형식적인 검사를 활용하는 방법도 있다.

그리고 이러한 방법을 조합해서 내담자가 자기 자신에 대한 그림을 그려 볼 수 있도록 하며, 이러한 그림이 진로 선택에 이용될 수 있다. 슈퍼는 이렇게 자기 자신에 대해 그림을 그려 보는 것을 심리대화(psychtalk)라고 명명했고, 이를 직업에 연결시켜 보는 것을 직업대화(occtalk)라고 불렀다. 이러한 과정과 함께 상담자는 내담자가 자신의 생애진로 무지개를 그려 보도록 하며, 각 단계에서의 역할에 흥미나 가치, 기술을 연결시켜 보도록 한다.

외적 변인

아치의 오른쪽 기둥은 진로발달을 이루고 진로 선택을 하는 데 중요한 변인을 포함하고 있다. 이러한 변인은 지리적인 면에 뿌리를 두고 있으며, 인종이나 물리적인 위치 등과 관련되어 있다.

이러한 변인 중 첫 번째 외적 변인은 경제다. 경제가 활성화될 때는 그렇지 않을 때보다 더 많은 일에서 사람을 필요로 한다. 그래서 경기가 활성화되었을 때 일자리 찾기가 더 쉬워지고 유지하기도 쉬워진다. 군대나 정부와 같은 고용주는 충분한 수의 사람으로 일자리를 채우기 위해서 일반적인 기준보다 조금 더 낮은 채용 기준을 적용하게 될 것이다. 그리고 미국 이민국(US Immigration and Naturalization Services)은 직업을 찾아 미국에 들어오는 외국인의 수를 증가시킬 것이다. 그리고 불법 이민자나 직업을 찾기 어려웠던 사람도 직업을 찾을 수 있게 될 것이다. 어떤 경제 영역은 그 성장 속도가 매우 빨라서 비정상적으로 많은 수의 고용을 하게 될 것이고, 그래서 사람들은 일반적인 것보다 더 적은 양의 훈련만 받아도 더 높은 봉급을 받고 이러한 영역에서 일할 수 있게 되기도 한다.

두 번째 외적 변인은 가족을 포함한 지역사회다. 지역사회는 개인을 둘러싼 모든 사람을 의미하는 것일 수 있다. 이러한 정의대로라면 지역사회는 가족 구성원뿐 아니라 이웃, 직장 동료, 친구, 또는 아는 사람을 모두 포함하게 된다. 이미 우리가 잘 아는 대로 부모나 가족구성원은 진로 선택에 가장 중요한 영향을 미치는 사람들이다. 그래서 우리가 상담을 할 때는 교육과 직업 선택에 대해서 가족의 영향력이나 기대가 어떤지 이해하는 것이 매우 중요하다. 예를 들어, 대부분의 부모는 기능대학과 같은 기술학교에 가서 그 수준에 맞는 직업을 갖기보다 4년제 대학에 가서 4년제 대학 수준에 맞는 직업 선택해야 한다는 생각을 자녀에게 전달한다. 그리고 어떤 민족에서는 남자와 여자에게 서로 다른 역할을 할 것을 기대하고, 남녀 각각에게 특정한 종류의 직업을 선택하도록 요구하기도 한다. 이와 비슷하게, 어떤 소수민족은 그 사회의 주류 문화가 가진 가치관과는 다른 가치관이 있을 것이다. 예를 들어, 흑인이나 아시아인, 히스패닉은 개인의 복지보다는 가족의 복지에 도움이 될 수 있는 직업을 선택하는 데 가치를 두고 있다. 그리고 어떤 민족의 경우에는 가족과 많은 시간을 보내는 것을 중요하게 생각할 수도 있다. 자신이 어떤 민족에 속해 있다고 해서 반드시 그 민족의 가치를 따르는 것은 아니다. 그래서 진로상담자는 서로 다른 민족이 따르고 있는 가치가 그 사회의 주류 문화와 어떻게 다른지 이해해야만 한다. 그리고 내담자가 그 사회의 주류 문화에 얼마나 적응하고 동화되었는지 그 수준을 알아야 한다. 또한 역할 모델은 진로를 선택하는 데 매우 중요한 영향 요인이다. 그래서 지역사회의 영향력과 함께 이해해야 하는 요소다.

세 번째 외적 변인은 일반적인 사회다. 이것은 지역사회 이상의 전 인류를 의미하는 것이다. 예를 들어, 사회는 어떤 직업이 남성과 여성, 동성애자와 이성애자, 젊은이와 노인, 뚱뚱한 사람과 마른 사람, 다양한 민족의 사람에게 적합하다는 편견을 제시하고 있다. 또한 어떤 직업은 다른 직업보다 더 좋은 것이어서 더 높은 임금을 주어야 한다고 한다. 어떤 대학은 다른 대학보다 더 좋다는 메시지를 전달하기도 한다. 이 밖에도 사회는 장애인이나 범법자 그리고 가난한 사람이 어떤 직업을 선택할 수 있는지, 어떤 수준의 임금을 받아야 하는지 등을 규정하기도 한다. 그리고 이 똑같은 사회가 모든 종교의 신자를 평등하게 수용할 것인지 혹은 다른 것과 차별할 것인지를 결정한다.

특히 청소년에게 중요한 네 번째 외적 변인은 동료집단이다. 동료집단은 청소년이 직업이나 학교를 선택하는 데 강한 영향을 준다. 만약에 동료집단의 가치가 높은 수준의 수입을 선호하는 것이라면, 돈은 진로 선택을 해야 하는 청소년에게는 중요한 가치가 되어 버린다. 비슷하게 부모의 동료집단 또한 부모를 통하여 자녀에게 영향을 주기도 한다.

진로 선택에 영향을 주는 다섯 번째 외적 변인은 노동시장이다. 21세기가 되면서 노동시장에는 많은 변화가 있어 왔다. 새로운 기술이 사람이 하던 일을 대체하기 시작하면서 직업은 빠른 속도로 새로 생기기도 하고 없어지기도 하였다. 이러한 결과로 제조업은 계속해서 줄어들었다. 컴퓨터나 로봇이 인간이 하던 일을 더 효율적으로 대체하면서 제조업은 심각한 영향을 받게 된 것이다. 또한 소매상에서 일하는 사람의 수도 줄어들게 되었다. TV나 인터넷을 통한 판매나 거대한 창고형 판매점의 출현은 이러한 현상을 부추기게 되었다. 최근 미국 노동부의 예측에 따르면, 21세기 초에는 직업의 약 65%가 2년제 대학이나 고등학교 이상 수준의 교육을 요구하게 될 것이고, 단지 20%의 직업만이 학사 이상의 교육을 요구할 것이다. 이는 20세기의 양상과는 많이 달라진 것이다.

많지는 않지만, 어떤 직업을 쇠퇴하게 만들었던 기술이 새로운 직업이 생기기도 한다. 예를 들어, 인터넷의 등장은 우편배달부, 소매상, 점원과 같은 직종을 줄어들게 하였지만 웹마스터, 웹사이트 개발자, 프로그래머와 같은 직업이 생기게 했다. 또한 휴대폰 사용의 증가로 텔레마케터나 무선기기 설치사와 같은 직업이 출현하기도 하였다. 그렇지만 동시에 교환원이나 유선설치자, 유선기기 수리자와 같은 직업이 사라지게도 하였다.

위와 유사하게 새로운 기술이 업무 자체를 변화시키기도 하였다. 은행원, 비서, 교사, 회계사, 자동차 수리공이 10년 전과 달리 오늘날 어떻게 일하고 있는지 살펴볼 필요가 있다. 업무 성격의 급속한 변화와 직업의 짧은 수명 때문에 21세기의 직장인은 계속해서 자신의 기술을 개발해 갈 필요가 있을 것이다. 또한 직업을 선택하는 것보다는 자신의 기술을 어떻게 조합할 것인가를 더 강조하게 될 것이다. O*Net에서 직무뿐만 아니라 기술을 기준으로 직업을 설명하는 것처럼, 하나의 기술은 여러 직업에 적용될 수 있다.

노동시장이 변화하기 시작하면서 사람들이 일하는 장소도 달라질 것이다. 21세기에는 많은 사람이 집에서 일하면서 인터넷을 통해 직장 동료나 상사와 교류하게 될 것이다. 그리고 점점 더 많은 사람이 개인사업을 통해서 살아가게 될 텐데, 그 기반을 자신이 살고 있는 지역에 둘 수도 있고 가상세계에 둘 수도 있다.

노동시장의 영향은 직업의 변화를 불러올 뿐 아니라 고용 인원의 변화와 여섯 번째 외적 변인인 고용 실제의 변화 또한 일으킬 것이다. 20세기에는 피고용인이 좋은 부가급부를 받기 위해서 오랫동안 한 고용주만을 위해서 일하였다. 그러나 21세기에는 고용주의 생각이 많이 바뀌었기 때문에 피고용인은 훨씬 더 많이 직업을 바꾸고 있다. 고용주는 더 이상 자신의 직원을 끝까지 고용하려고 하기보다 자신의 조직에 필요한 기술이 있는 한에서만 고용하려고 하고 있다. 그리고 가능한 한 조직을 작게 유지하려 하고 있고 중간관리자의 수를 줄이고 있다. 리프킨(Rifkin, 1995)은 정보화 시대에 두 가지 종류의 조직이 있다고 하였다. 하나는 작지만 엘리트 지식 그룹으로 관리와 기계기술을 보유한 조직이며, 두 번째는 대체가 가능한 조립 라인 노동자라고 하였다. 고용주의 또 다른 생각은 좋은 월급이나 부가급부를 받는 정규직을 채용하기보다 계약직을 고용하고자 하는 것이다. 고용주는 반복되는 간단한 업무는 적은 비용으로 할 수 있는 저

개발 국가로 보내고 있다. 이러한 노동시장의 변화와 환경은 기술이 많지 않은 노동자나 교육을 적게 받은 사람 또는 장애가 있는 사람이 직업을 찾기 어렵게 하고 있다.

요 약

진로발달과 진로 선택은 다양한 내적·외적 변인의 상호작용에 의해서 나타나는 복잡한 현상이다. 개인이 탐색해 보아야 하는 내적 변인은 지능, 욕구, 가치관, 능력, 흥미, 민족적·문화적 배경, 종교, 신체적 조건 등이다. 이상적으로는 자신의 특성에 맞는 직업을 선택할 때 만족할 수 있게 되며 긍정적인 공헌을 하게 된다. 그러나 이런 체계적인 특성-요인 접근은 외적 요인의 중요성을 간과하는 것이다. 빠르게 변화하는 경제와 사회 정책, 직업 세계의 구조적 변화, 고용 방식의 변화 등은 각 개인의 진로 선택에 영향을 주게 될 것이다. 또한 가족이나 지역사회, 나아가 사회에도 영향을 미칠 것이다.

Chapter 4

진로상담 관계 협의하기

대부분의 진로상담 이론에서는 상담자와 내담자 간의 관계가 중요하다고 말한다. 그러한 관계를 얼마나 강조하느냐의 차이가 있을 뿐, 건강한 관계를 형성하는 것은 진로상담 과정에 중요한 부분이라는 것에 대해 모두 동의하고 있다(Tursi & Cochran, 2006). 내담자는 상담자와의 관계를 통해서 자신감을 얻게 되고, 자기 안에 있는 믿을 만한 힘을 발견하게 되며, 자신의 능력을 활용하게 된다(Bohart & Tallman, 1999).

이렇게 관계의 중요성에 대해서 모두 동의하지만 상담자가 내담자와 건강한 관계를 형성한다는 것이 무엇을 의미하는지에 대해서는 상당한 차이가 있다. 어떤 상황에서는 관계를 형성하는 데 한두 마디 말이면 충분할 때가 있다고 한다. 그러나 이러한 것은 시작에 불과한 것이고 관계를 형성한다는 것은 훨씬 더 많은 것과 관련되어 있다. 다양한 면에서 관계는 모든 것의 기초라고 할 수 있다. 단단한 기초가 없이는 이룰 수 있는 것이 많지 않다. 켈리(Kelly, 1997)는 관계를 상담의 인본주의적이고 기술적인 측면을 통합하는 개념으로 사용한다.

관계의 다양한 측면에 대해 논의할 때, 조력 과정에 적합한 관계를 설명하는 데 사용될 수 있는 다양한 이미지가 있다. 예를 들어, 발달의 '단계' 라는 이미지는 문제 해결로 나아가기 전에 무엇인가가 있어야 한다는 것을 말해 준다. 이러한 이미지가 도움이 되기는 하지만 우리가 생각하는 것보다 더 고정되어 있는 의미를 내포하기도 한다. 관계라는 것이 기초가 되는 것은 맞지만 그렇다고 해서 종착점에 다다른 것은 아니다. 관계는 진로상담 전 과정을 거쳐서 발달하게 된다. 나선형과 같아서 처음에는 어느 정도 수준의 관계가 형성되지만, 시간이 갈수록 관계는 깊어지게 되고 또 다른 단계로 나아가게 된다. 이러한 관계는 한 번 확립하고 다음으로 넘어가는 것이 아니라 진로상담의 모든 과정에서 한 부분을 담당하게 된다.

칼 로저스(Carl Rogers, 1951, 1961, 1989)는 다른 어떤 이론가보다도 상담관계형성에 대한 중요한 기초를 세워 왔다. 그는 상담에서의 기본 조건이 진정성, 무조건적 긍정적 존중, 공감적 이해라고 하였다. 이러한 내담자 중심적 관점에서 보면 상담자는 전문가가 아닌 촉진자가 되는 것이다. 이 밖에도 그는 상담 과정에서 인내심과 다른 사람의 경험을 이해하려는 노력을 강조하였다.

우리는 관계의 중요성에 대해서 이야기하려고 한다. 그리고 실제 상담에 적용할 때 관계의 중요성이 무엇을 의미하는지에 대해서 살펴볼 필요가 있다. 관계형성을 위해서는 행동과 태도가 필요하다. 그래서 이 장을 통해서 관계형성 과정을 촉진할 수 있는 방법을 제시하고자 한다.

메터링 분위기 조성

상담관계를 이해하는 또 다른 방법은 내담자가 자신이 얼마나 중요하다고 인식하는지 그 정도를 조사하는 것이다. 쉴로스버그, 린치와 치커링(Schlossberg, Lynch, & Chickering, 1989)은 메터링(mattering)에 대해 옳든 그르든 사람에게 있는 신념으로서 다른 사람에게 자신이 얼마나 중요하다고 생각하는지, 다른 사람의 관심의 대상이 되고 있는지, 또는 다른 사람이 자신을 인식하고 있는지 등과 같은 생각이라고 정의하였다. 조력관계에서 내담자가 자신이 중요한 사람이라고 느끼는 것은 중요한 요인이 된다.

쉴로스버그 등(Schlossberg et al., 1989)은 몇 가지 서로 다른 수준의 메터링이 있다고 하였다. 첫 번째 단계는 단순히 다른 사람의 눈에 띄는 것을 말한다. 다른 사람이 나를 인식하는 것의 중요성은 다른 사람에게 무시당할 때 더 느껴지게 된다. 어떤 사람은 다른 사람을 무시하는 방식으로 자신의 화를 표현하기도 한다. 가장 기초적인 수준에서 우리는 모두 다른 사람이 봐 주기를 바라게 된다. 직장을 잃었거나 직업을 찾고 있는 과정에서 경험하게 되는 것 중의 하나가 다른 사람 눈에 잘 띄지 않는다는 것이다. 구직자가 직업을 알아보기 위해 사무실에 들어갔을 때 많은 경우 무시당하는 것을 경험한다. 특히 구직자의 의도가 알려졌을 때는 더욱 그렇다. 사무실에 있던 사람은 바쁘게 일만 하고 구직자는 물끄러미 서 있게 된다.

내담자가 상담실에 들어갔을 때는 반드시 누군가 알아봐 주어야 한다. 내담자가 온 사실을 알고 있음을 내담자에게 표현하는 것은 상담자의 역할만이 아니다. 상담자 외에도 모든 상담실

직원이 내담자를 위하여 메터링 분위기를 조성해 주어야 한다. 메터링은 상담실 직원과 내담자가 처음 만날 때 시작된다. 그리고 이러한 분위기는 계속해서 상담관계의 중요한 요인으로서의 역할을 하게 된다.

상담실에 앉아 내담자가 상담실에 들어오면서 서비스받는 것을 관찰해 보라. '직원은 내담자에게 어떻게 대하는가?' '서비스를 받는 과정은 어떠한가?' '사무실을 둘러볼 때 공간 배치가 어떻게 되어 있는가?' 등에 집중해 보라. '대기실과 사무실은 어떻게 구성되어 있는가?' '벽에는 어떤 정보가 있는가?' 등을 관찰할 때 물리적인 구조가 내담자에게 어떤 메시지를 전달하고 있는지 비판적으로 생각해 보라.

두 번째 수준에서의 메터링은 단순히 내담자를 인식할 때뿐 아니라 내담자가 중요하다는 인식을 전달할 때 일어난다. 이 수준에 대해 조금 더 이해하기 위해서 여러분에게 중요한 사람이 방문했을 때 어떤 일이 일어나는지 생각해 보라. 중요한 사람이 오면 문에 들어오자마자 인사를 할 것이고, 편안한 의자로 안내할 것이고, 음료수도 제공할 것이고, 그 사람이 말할 때 귀 기울여서 들을 것이다. 일반적으로 상담실에서 내담자를 대하는 것과 이것은 어떻게 다른가? 상담자는 대인관계의 사회적 모델을 따르고 있는가? 아니면 관계형성을 위한 의학적 모델을 따르고 있는가? 의학모델은 일반적으로 이러한 메터링을 가능한 한 줄이려고 하고 분명한 위계적 관계를 형성하려고 한다. 그런데 우리는 대인관계에 대한 사회적 모델을 따름으로써 더 많은 것을 얻을 수 있을 것이라고 생각한다.

내담자의 중요성을 알려 주기 위해서는 시간적 여유를 두고 내담자의 이야기를 자세히 들어야 한다. 듣는 것은 진로상담에서 매우 중요한 부분이다. 그리고 내담자의 이야기를 듣기 위해 충분한 시간을 내는 것이 중요하다. 가끔 상담자는 내담자의 전체 이야기를 듣지 않고 먼저 앞서서 문제 해결을 하려는 경향이 있다. 이야기를 듣는 것은 정보를 수집하는 중요한 방법이기도 하지만 내담자가 중요한 사람이라는 메시지를 전달하는 좋은 방법이다.

메터링의 세 번째 수준은 내담자가 도움을 받을 뿐 아니라 도움을 줄 수 있는 기회를 갖는 것이다. 사람들은 일반적으로 무언가 가치 있는 공헌을 했다고 느낄 때 자신이 중요한 사람이라는 생각을 하게 된다. 다른 사람이 여러분의 도움을 정말로 필요로 한다고 생각해 보라. 누군가가 자신을 필요로 한다는 느낌은 강한 동기로 작용한다. 그러나 상담관계에서는 일방적인 도움만을 생각하게 된다. 내담자가 도움을 필요로 하고 있다는 것도 사실이지만 다른 사람을 도울 수 있을 때 또한 힘을 얻기도 한다. 따라서 진로상담자라면 내담자가 도움을 받을 뿐 아니라 도움을 줄 수 있는 방법도 찾아봐야 한다.

메터링의 가장 높은 수준은 내담자가 상담자와 개인적이고 전문적인 관계를 진실로 맺고 있다고 생각할 때 일어난다. 내담자는 상담자가 진실로 자신의 안녕에 관심을 가지고 있다고 믿게 되고, 이러한 관심이 단순히 전문적인 역할 이상의 것이라고 생각하게 된다. 그리고 상담이 종결된 후에도 내담자는 상담자가 자신에게 관심을 가지게 될 것이라고 생각하게 된다. 이러한 수준에서의 관심은 진로상담 회기 내에서 일반적으로 나타나는 것 이상의 것이다. 이러한 수준의 메터링이 가능하기 위해서 상담자는 더 많이 뛰어야 한다. 내담자가 어려운 상황에서 수술을 받기 위해 병원에 가게 되었고, 상담자는 전화를 걸어서 내담자의 건강을 확인했다면, 이 전화 한 통이 강한 메터링 관계를 형성하는 데 큰 영향을 미칠 것이다.

충분히 메터링을 표현하기 위해서는 행동뿐 아니라 의도도 중요하다. PLEASE라는 영어 단어의 머리글자가 메터링을 표현하는 방법을 잘 설명해 주고 있다.

- P-protecting(보호): 내담자가 안전하게 자신의 문제를 탐색할 수 있는 환경을 제공해 준다. 그리고 내담자에게 자신이 받을 수 있는 모든 도움을 받을 수 있음을 분명하게 해 준다.
- L-listening(듣기): 내담자의 모든 이야기를 듣기 위해 충분한 시간을 할애한다. 그리고 이야기 속에 담겨진 내담자의 감정을 이해한다.
- E-enquiring(질문하기): 질문을 하거나 명료화하는 과정을 통해서 내담자의 이야기에 대한 흥미를 표현한다. 내담자의 삶에 대해서 자연스럽게 호기심을 갖고 질문한다.
- A-acknowledging(인식): 다른 사람에 대해 알아차리고 언

어나 비언어로 인사를 전한다.

- S-supporting(지지): 격려하고 칭찬한다. 긍정적인 태도와 행동을 찾아주고 구체적인 피드백을 제공한다.
- E-exchanging(교환): 상담자 자신에 대한 정보를 나눈다. 자기 노출은 진실해야 하며 상황에 맞는 것이어야 한다.

메터링은 상담자와 내담자 사이에만 존재하는 것이 아니라 상담자와 상담센터 직원이나 경영인 사이에도 일어날 수 있는 느낌이다. 상담자가 조직 내에서 메터링을 느낄 때는 내담자에게 메터링을 표현하는 것이 훨씬 쉬워진다. 내담자가 메터링을 더 많이 느낄 수 있도록 하는 방법은 상담자가 일하는 분위기를 향상하는 것이다. 상담자가 자신과 직장에 대해서 긍정적인 생각을 가지게 되면 내담자에게도 메터링을 잘 전달하게 되는 것이다(Amundson, 1993). 메터링의 개념은 상담 관련 문헌에서 점점 더 많은 관심을 받고 있다(Corbierre & Amundson, 2007; Dixon Rayle, 2006; Elliott, Kao, & Grant, 2004). 상담 성과를 평가하는 데 관계가 중요한 기준이 되기 때문에, 상담자는 상담관계를 강화하는 데 더 많은 노력을 기울여야 한다.

다리 건설하기

관계형성에서 또 다른 중요한 측면은 상담자와 내담자 사이에 다리를 건설하는 것이다. 내담자는 자신의 이야기를 하고 싶어 한다. 그리고 상담자가 자신의 이야기를 이해하고 있는지 확인하고자 한다(Amundson, Westwood, & Prefontaine, 1995). 상담자는 기술적인 전문성으로 내담자의 삶에서 정말 어떤 일이 일어나고 있는지 이해할 수 있다. 그리고 상담자가 내담자의 말을 이해하고 있다는 것을 표현할 수 있는 방법은 평행선 같은 상담자와 내담자 사이의 관계에 연결 고리를 그려 보는 것이다. 이러한 것이 적절하게 이루어진다면, 이 연결 고리는 상담자와 내담자 사이의 관계를 강화할 수 있다.

개인적인 경험을 나누는 것은 제한된 범위 내에서 가능할 것이다. 어떤 상담자는 내담자의 문제를 듣고 "그건 문제도 아니죠. 제 문제를 한번 들어 보세요."라고 말하면서 지나치게 자기 개방을 하는 경우도 있다. 중요한 것은 내담자의 문제를 듣는 것과 상담자의 자기 개방 사이에 적절한 균형을 잡는 것이다.

서로 간의 연결 고리나 공통점을 찾으려면 내담자의 삶에 대해서 전반적으로 이해하고 있어야 한다. 결국 내담자의 문제에 대해서만 듣는 것이 아니라 그 이상에 대해서 질문하는 시간을 가져야 한다. 이것은 좋은 메터링 방법이기도 하다. 내담자는 진로상담을 받으러 올 때 종종 자신의 문제에 대해서 길게 설명하려고 한다. 이럴 때 상담자가 내담자의 말을 멈추게 하고, 문제로 들어가기 전에 서로에 대해서 알아 가는 시간을 가져 보자고 제안하는 것도 도움이 된다.

이런 초기 상호작용을 촉진할 수 있는 방법 중 하나는 내담자에게 빈 종이를 주고 자신이 즐기는 것 스무 가지를 쓰게 하는 것이다(Amundson, 2003a, 2003b). 내담자가 모두 다 작성하면 각각의 활동을 다음과 같은 측면에서 생각해 보도록 한다. ① 그 활동을 마지막으로 한 것이 언제인가? ② 그 활동을 하는 데 얼마만큼의 비용이 드는가? ③ 그 활동은 혼자 하는 것인가, 아니면 다른 사람과 함께 하는 것인가? ④ 그 활동은 마음 내킬 때 그냥 하는 것인가? 아니면 계획을 해야 하는 것인가? ⑤ 그러한 활동이 자신의 신체적 · 정신적 · 정서적 · 영적 필요에 잘 맞는가? 내담자가 이런 활동을 하게 되면 상담자는 내담자에게 추가 질문을 하거나 내담자와 추가 논의를 할 수 있다. 이렇게 활동에 대해 폭넓게 탐색하다 보면 보다 전체적인 탐색을 할 수 있게 된다. 그리고 내담자의 문제에만 초점을 두기보다 다른 영역도 탐색할 수 있게 된다. 이러한 광범위한 탐색은 내담자의 다른 흥미나 다른 장점을 찾는 데도 도움이 될 수 있다.

위에서 제시한 활동을 효과적으로 하려면, 먼저 상담자가 자신의 목록을 한번 작성해 보는 것이 필요하다. 자신의 목록을 작성해 보면 내담자와 이런 활동을 할 때 자신의 목록을 언급하게 되고 서로의 연결점을 찾게 된다. 예를 들어, 진로상담자는 연결 고리를 만들기 위해서 다음과 같은 말을 할 수가 있다.

상담자: 저의 목록을 작성할 때 저도 자전거 타기를 가장 좋아하는 것 중의 하나로 적었습니다. 어디에서 자전거를 타십니까?

내담자: 산에 있는 자전거 길에서 자전거를 탑니다.
상담자: 저는 주로 평지에서 탑니다. 산에서 자전거 타면서 경험했던 재미있는 일이 있었다면 말해 주세요.

이런 짧은 대화는 상담자와 내담자 사이의 관계를 강화할 수 있다.

상담자와 내담자가 서로 다른 문화나 나이 또는 성별, 장애, 교육 수준, 종교, 경제적 지위, 성적 지향을 가지고 있을 때 공통점을 찾는 것은 매우 중요하다(Weinrach & Thomas, 1996). 서로 다른 점이 있지만 공통점도 있다는 것을 인식해야 한다. 공통점과 차이점 모두에 초점을 맞추는 것이 중요하다. 이렇게 할 때 상담은 보다 인간적인 노력을 들이게 된다.

내담자와 다리를 건설해 갈 때는 전통적인 진로 관련 질문뿐 아니라 개인적인 질문을 할 필요가 있다. 제한된 질문만이 오가는 경우도 종종 있다. 진로상담자는 내담자가 원하는 것보다 질문을 하는 데 훨씬 더 보수적이기도 하다. 이러한 보수성은 내담자가 원하는 것이라기보다는 상담자가 가지고 있는 불안을 보여 주는 것이다. 논의를 보다 넓은 영역에 대해서 하게 되면 그러한 논의를 통해 내담자의 생각, 감정, 행동, 영적인 것에 대해서 이해하게 된다. 예상하다시피, 상담자가 주로 이야기하기 꺼리는 주제는 영적인 부분에 관한 것이다. 그런데 많은 내담자에게 영적인 것이 진로 문제의 핵심이 되기도 한다. 그래서 상담자는 내담자의 영적인 관점에 대해서 적절하게 물어보아야 한다. 이러한 다양한 영역에 대한 대화를 통해 내담자와 다리를 만들어 갈 수 있는 기회를 얻게 되는 것이다.

협력관계 협상하기

상담자와 내담자가 만나면 두 사람의 관계 내에서 해야 할 서로의 역할을 협상하고 설정해야 한다. 비밀보장의 문제도 있을 수 있고, 또한 과거의 경험 때문에 의심을 하게 되기도 한다. 시작이 어떻든 간에 처음부터 기대나 역할에 대해서 분명하고 정직한 논의를 하는 것이 중요하다. 이런 기초적인 과정이 분명해지면 관계의 다른 측면을 더 탐색하거나 다듬어 갈 여유가 생기는 것이다. 이와 같은 협의된 약속을 통해서 관계가 수립되고 협력관계가 형성된다.

협력관계의 중요한 측면은 내담자와 진로상담자의 목표를 정리하는 것이다. 내담자와 진로상담자는 모두 상담관계를 시작하면서 어떤 일이 일어날지에 대해 기대하게 된다. 대부분의 내담자는 상담자에게 자신의 문제를 해결해 줄 마법과 같은 기술이 있을 것이라고 기대한다. 아마도 특별한 심리검사나 숨겨진 지식이 자신의 문제에 대한 해답을 줄 것이라고 생각한다. 한편 진로상담자도 상담 과정과 상담 활동에 대해 기대한다. 내담자는 상담자가 자신의 문제를 해결하기 위해 모든 일을 할 것이라고 생각하지만, 일반적으로 상담자는 다른 생각을 하고 있다.

상담자와 내담자 간의 서로 다른 기대를 살펴볼 수 있도록 다음의 비유를 생각해 보기 바란다.

- 코치(지시하기, 지지하기, 가르치기)
- 정원사(가꾸기, 지지하기, 가지치기, 잡초 뽑기)
- 구조대원(관찰하기, 반응하기, 구하기)
- 재건축업자(창의적, 영향 주기, 행동하기)
- 산타클로스(긍정적, 선물 주기)
- 부모(양육하기, 안내하기, 지지하기)
- 의사(듣기, 분석하기, 처방하기)
- 장인(창의적, 실용적, 기술적)
- 관리자(조직하기, 정책을 실행하기, 지지하기)
- 팀 동료(연습하기, 조력하기, 경기하기)
- 판매원(영향 주기, 물건 팔기)
- 프로그래머(규칙 이해하기, 디자인하기)
- 로비스트(옹호하기, 영향력 미치기, 뒷선에서 움직이기)
- 분석가(평가하기, 퍼즐 풀기)
- 안전요원(점검하기, 규칙 적용하기)
- 여행사 직원(듣기, 판매하기, 목적지와 사람 연결하기)
- 대변인(옹호하기, 눈에 띄기, 대표하기)

이러한 역할 목록이나 다른 목록을 사용해서 진로상담에 대한 관점을 생각해 보라. 진로상담 장면에서 여러분은 어떤 역할을 하고 있는가? 여러분이 선택한 역할은 내담자의 기대와 어떻게 맞을 수 있을까? 진로상담의 역할에 대해서 서로 다른 생각을 하고 있다는 것을 논의하기 위해 이러한 역할 목록을 사용해 볼 수 있을 것이다.

진로상담을 하는 과정에서 효과적인 진로계획을 하는 데 얼마나 시간이 필요한지에 대해 오해를 하는 경우가 많다. 내담자는 일반적으로 시간이 적게 들 것이라고 생각한다. 이럴 때는 논의를 위해서 진로수레바퀴라는 그림을 활용해 보면 도움이 된다.

[그림 4-1]에 진로수레바퀴가 그려져 있다(Amundson & Poehnell, 1996). 진로 목표(진로수레바퀴의 중앙)를 세우는 것은

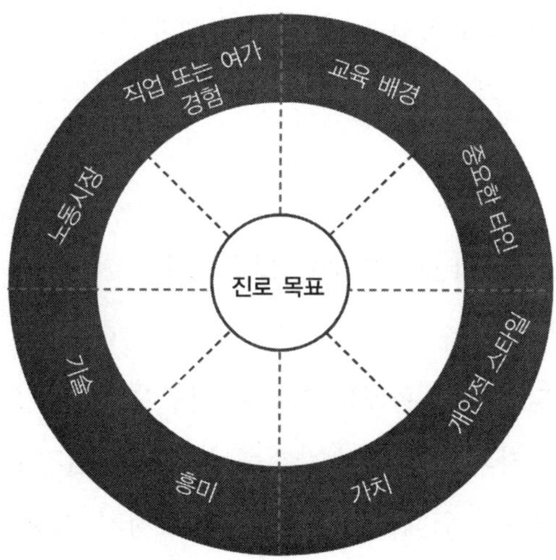

출처: Carrer Pathways, *by Norman Amundson and Gray Poehnell, Copyrihght © 1996, Ergon Communications. This material is used by permission of Ergon Communications.*

[그림 4-1] **진로수레바퀴**

수레바퀴의 각 영역에 달려 있다. 진로 선택은 복잡한 과정이며, 다양한 정보를 필요로 한다(6장과 7장에서는 수레바퀴의 각 요소에 대한 정보를 어떻게 얻을 수 있는지에 대해서 이야기할 것이다). 논의와 탐색을 위하여 수레바퀴를 사용하면, 내담자는 상담 과정에 보다 협조적으로 임하게 된다.

수레바퀴를 사용하는 예를 들어 보면 다음과 같다. 내담자가 진로상담자를 바라보고 있다고 생각해 보자. 내담자는 자신이 어떤 진로를 선택해야 하는지 진로상담자가 답을 줄 수 있을 것이라고 생각할 것이다. 이때 수레바퀴를 보여 주면서 상담 과정에 대해 설명한다. 그리고 수레바퀴의 모든 요소에 대한 탐색이 완료했을 때 내담자가 어디로 가야 하는지 의견을 말해 주겠다고 한다. 실제 우리의 경험에 따르면, 수레바퀴의 모든 요인이 완료되면 진로 방향에 대한 논의를 할 만한 좋은 기초가 마련된다.

내담자의 저항 다루기

어떤 내담자의 경우에는 억지로 진로상담을 받으러 온다. 이런 경우 내담자와 긍정적인 관계를 형성하기 쉽지 않다. 이런 어려움을 해결하기 위해, 우선적으로 내담자가 저항을 보이는 이유를 이해하려고 노력해 볼 수 있다. 내담자가 저항을 나타내는 일반적인 원인은 다음과 같다.

익숙하지 않은 것에 대한 두려움

어떤 내담자는 진로상담을 받는 것이 익숙하지 않기 때문에 저항을 보인다. 일반적으로 상담 과정에 대한 여러 가지 미신이 있다. 그렇기에 상담관계를 맺는 것에 대해서 내담자가 조심스러워하는 것은 당연하다. 어떤 사람은 진로상담자를 마법사와 같은 사람으로 생각하고 자신이 하는 모든 말을 분석하여 판결을 내릴 것이라고 생각한다. 다른 사람은 비밀보장에 대한 염려로 자신이 제공한 정보가 다른 사람에게 전해지지는 않을까 걱정한다.

내담자가 어떤 생각을 하고 있든 간에, 상담자는 내담자가 상담에 대해 어떤 생각과 기대를 하고 있는지 상담 초기에 물어보는 것이 좋다. 이때가 바로 진로상담 과정에서 하게 되는, 서로의 책임과 역할에 대해서 소개하고 의논하는 시간이 되는 것이다.

문제에 대한 책임 회피

일반적으로 우리 사회에는 사람들이 개인적인 문제를 겪는다는 것에 대해서 많은 오해를 하고 있다. 진로상담자를 만나면 그 사람은 약한 사람이라고 생각하는 것이다. 이런 관점 때문에 사람들은 자신의 문제를 숨기거나 정확하게 표현하지 않게 된다. 처음에는 문제가 없는 것처럼 허세를 부리거나 자신의 진짜 문제를 드러내려고 하지 않는다.

도움이 필요하다는 것을 인정하지 않으려는 사람을 도와줄 수는 없다. 종종 관계가 형성된 뒤에 돌파구가 나타나기도 한다. 때로는 그저 시간이 걸리기도 한다. 또한 경우에 따라 개인적 문제보다는 진로 문제로 문제의 틀을 잡는 것이 더 쉽다는 점이 진로상담의 장점 중 하나다.

실직과 구직으로 인한 소진

실직의 역동에 대한 연구에서는 실직자가 정서적으로 큰 변화를 경험하게 된다고 지적하고 있다(Borgen & Amundson, 1987). 이러한 정서적 혼란은 다양한 반응으로 나타난다. 처음에는 자신이 강한 사람이라고 느껴서 도움이 필요 없다고 생각하기도 한다. 시간이 지나면서 충격, 분노, 걱정, 불안 등의 상실감이나 좌절, 정체, 분노, 자포자기, 두려움 등으로 소진을 경험하기도 한다. 이렇게 감정의 변화를 겪는 동안 상담 과정에 대해 저항을 나타낼 수 있다.

이런 감정 변화의 소용돌이 속에 있다는 것은 내담자에게 위협적인 경험이 될 수 있다. 그래서 상담자는 이런 감정을 이해해야 하고, 내담자의 반응이 정상적임을 인식하도록 도와주어야 한다. 실직 기간을 어떻게 경험하느냐 하는 것은 사람마다 다르다. 그리고 자신이 경험하는 어려움이 정상적인 과정임을 인식하는 것만으로도 내담자에게는 도움이 된다.

시스템에 대한 저항

어떤 내담자는 이전 상담자와 부정적인 경험을 한 경우도 있다. 그래서 진로상담을 받으러 온다는 것이 이전의 부정적인 경험을 다시 생각나게 하는 것이 될 수도 있다. 이런 경험 때문에 상담자와 상담 과정에 대해 신중한 태도를 취할 수 있다.

이럴 경우 다른 상담자나 다른 상담기관에 대한 경험을 이야기해야 한다. 이러한 정보는 초기에 얻는 것이 좋다. 경험 간에는 비슷한 점도 있겠지만 다른 점도 있기에 이러한 다른 점에 대해 논의를 해야 한다.

간접적인 이득

어떤 경우에는 상담 과정에서 너무 솔직하게 이야기하면 실업급여, 사회적 지원, 지원금 등 재정적 도움을 받지 못하게 될지도 모른다고 생각하기도 한다. 반면 교육비나 생활비에 대해서 재정적 지원이 필요하다는 것을 정당화할 수 있는 방식으로 이야기함으로써 이득을 얻기도 한다. 이러한 상황으로 볼 때 내담자가 상담 과정에서 저항을 보이는 것은 당연한 것일 수 있다.

이러한 경우에도 보다 공개적으로 대화하는 것이 좋은 시작이 될 수 있다. 이러한 이슈를 숨긴 채 상담을 할 수는 없다. 그래서 적어도 내담자가 갖는 권리나 의무에 대해서 인식하고 논의하는 것이 필요하다.

강요된 상담

강제로 상담을 받아야 하는 경우도 많이 있다. 부모가 더 이상 참을 수 없어서 억지로 자녀를 상담에 데리고 오기도 한다. 보다 공식적인 경우로, 재정적 도움을 받기 위해 진로상담을 받아야만 하는 경우가 있다. 이러한 경우라면 내담자가 저항을 보이는 것은 전혀 이상한 것이 아니다. 그런데 놀라운 것은 이러한 저항이 그렇게 많이 나타나지는 않는다는 것이다. 우리의 경험에 따르면 상담 과정에서 내담자가 중요한 존재임(mattering)을 보여주고 솔직한 대화를 한다면 얼마든지 이런 내담자와 상담을 할 수 있다. 내담자가 강제로 오게 된 경우에는 힘이나 통제의 상황에서 상호 준비와 존중의 상황으로 바꾸어야 한다(Amundson & Borgen, 2000; Muscat, 2005). 때로는 다음과 같은 이야기가 관계를 시작하는 데 도움이 되기도 한다.

> 우리는 앞으로 3회기 동안 함께할 것입니다. 이 3회기 동안 중요한 것을 이룰 수 있을 것입니다. 그렇지만 시간을 어떻게 보내느냐 하는 것은 전적으로 당신에게 달려 있습니다. 어떻게 하는 것이 가장 좋을지 제게 알려 주십시오.

저항하는 내담자와 상담하는 데 필요한 원칙이 있다. 이런 원칙은 지금까지 설명하였던 모든 상황에 적용될 수 있다(Amundson & Borgen, 2000). 원칙은 다음과 같다.

- **첫째 원칙**(방어적으로 행동하지 말고 솔직하게 대화하기): 내담자가 자신의 이야기를 쏟아 놓는 시간이 어느 정도 필요하다. 그리고 솔직한 대화가 이루어지도록 격려해야 한다. 이러한 대화를 진행할 때는 내담자를 존중해야 하며, 지지해 주어야 하고, 서비스에 대해서 분명하게 설명하고, 여러 가지 문제가 있다면 내담자가 이야기할 문제를 선택하도록 해야 한다. 이러한 과정에서 반드시 기억해야 할 것이 있다. 그것은 비밀보장과 서로에 대한 존중이다(Carroll, 1997).
- **둘째 원칙**(공감하기): 저항을 나타내는 사람은 자신의 감정이 거세다는 것을 알게 된다. 따라서 내담자에게 공감받는 경험을 통해 이런 감정이 이상한 것이 아님을 알게 해야 한다(Miller & Rollnick, 2002). 상담자가 공감기술을 사용하게 되면 내담자는 이해받고 있다고 느끼게 된다(Abu Baker, 1999; Tretheway, 1997). 이런 공감기술을 사용할 때는 내담자를 존중해야 하며, 표현된 감정이 이상한 것이 아니라는 것을 알도록 해 주어야 한다.
- **세 번째 원칙**(역할과 책임): 대부분의 내담자는 다양한 조력 전문가와의 관계에서 자신의 역할과 책임을 잘 알지 못한다. 그러므로 상담에서의 역할을 분명히 하고 내담자에게 기대되는 것이 무엇인지 설명해 줄 필요가 있다(Newman, 1994; Maher et al., 1994). 상담 과정에서 내담자가 갖게 되는 권리와 의무가 있다. 이러한 정보를 알려 주고 잘못 알

고 있는 것은 고쳐 주는 것이 좋은 관계를 형성하는 데 중요한 역할을 한다.

- **네 번째 원칙**(함께 걷기): 상담자는 내담자에게 내담자를 돕고자 한다는 의사를 가능한 한 많이 전달해야 한다(Bischoff & Tracey, 1995). 상담 과정에서 상담자는 물론 '통제' 기능을 하기도 한다. 그러나 진로상담의 대부분은 내담자에 대한 지지와 격려를 제공하게 된다. 진로상담자는 내담자의 관점에서 상황을 이해하려고 한다는 것을 내담자에게 이야기할 수 있어야 한다.

억지로 온 내담자의 경우, 상담을 더 진행하기 전에 억지로 상담을 받고 있다는 주제 자체에 대해 이야기하고 논의해야 한다. 내담자가 상담에 참여하고자 하는 마음이 적다면 상담을 통해서 이룰 수 있는 것이 매우 적기 때문이다. 따라서 상담 초기에 관계형성과 관련해서 더 많은 시간을 보내야 한다.

요 약

이 장에서는 상담관계의 중요성에 대해서 언급하였다. 상담 초기에는 관계에 초점을 맞추는 것이 중요하며, 긍정적인 협력관계를 형성할 필요가 있다. 관계는 진로상담 전체 과정을 통해서 협의되고 지지되어야 한다.

상담관계를 형성하기 위해서는 내담자가 존중받고 있다는 느낌을 받도록 상담자가 행동하고 태도를 취해야 한다. 내담자는 자신이 중요한 사람이며, 가치 있는 사람이고, 성공적인 진로상담을 위해 반드시 필요한 사람이라고 느낄 필요가 있다. 상담관계는 반드시 진심을 가지고 돌보는 관계이어야 하며, 자신의 개인적인 이야기를 나눌 뿐 아니라 서로 공감할 수 있는 부분을 찾을 수 있는 관계이어야 한다.

상담관계를 형성하는 것은 쉬운 일이 아닐 수도 있다. 진로상담자는 내담자가 저항하는 이유를 이해해야 하고, 더 긍정적인 관계를 이어가도록 노력해야 한다. 이런 것이 가능해지려면 방어적이지 않고 개방적인 논의가 이루어져야 하며, 공감이 표현되어야 하고, 역할과 책임에 대한 정보가 제공되어야 한다. 그리고 격려하고 지지하는 분위기 속에서 내담자와 함께 걸어가야 한다.

Chapter 5

내담자의 진로 관심사 정의하기

초기 상담관계가 형성되면 문제를 다루는 일에 집중하게 된다. 대부분의 내담자는 이야기를 시작하는 것 이상의 것을 할 준비가 되어 있다. 격려가 필요한 상황에서는 다음과 같은 말이 도움이 된다. "그래서 오늘은 무엇에 초점을 두고 싶으신가요?" 이 질문은 논의를 관계형성보다 문제에 초점을 맞추기 위해 사용된다.

사람들은 문제에 대해서 언급하고자 할 때 자신의 상황을 설명하기 위해서 이야기를 사용하곤 한다. 그런데 이러한 이야기 속에 내담자가 말하고 싶어 하는 문제가 들어 있게 된다. 그러다 보니 진로상담자는 이야기 속에서 문제가 무엇인지를 분명하게 확인하는 데 어려움을 겪게 된다. 팻슐라(Patsula, 1992)는 진술된 문제를 명료화하는 방법으로 제한문(constraint statements)을 사용할 것을 제안하였다. 제한문에는 어려움에 대한 기술과 문제의 원인이 포함된다. 다음 목록은 제한문의 예다.

- 이력서를 써 본 적이 없어서 어떻게 써야 할지 모르겠어요.
- 흥미가 너무 많아서 결정을 내릴 수가 없기 때문에 어떤 프로그램이 제게 가장 좋을지 모르겠어요.
- 공장은 문을 닫았고 제가 일하는 영역에는 일자리가 없으니, 당장 일자리를 찾을 수가 없네요.

내담자가 자신의 문제를 이야기할 때 항상 상세하게 표현하는 것은 아니다. 진로상담자가 해야 할 일 중 하나는 문제에 대한 완전한 진술이 이루어지도록 탐색 과정을 촉진하는 것이다. 문제 진술은 내담자의 관점에서 이루어진다. 앞의 예 중 하나를 살펴보면, 직장을 찾지 못하는 것이 공장 폐업과 직접적으로 관련되어 있는지 알 수 없다. 어느 경우든 이것이 내담자가 어떻게 상황을 지각하고 있는가이고, 내담자의 눈으로 문제를 바라보는 것이 바로 출발점이 된다.

초점을 맞추어야 할 문제가 딱 하나만 존재하는 것은 아니다. 여러 가지 문제를 동시에 평가해야 하는 경우가 많다. 모든 것을 동시에 다루는 것은 불가능하기 때문에 취사선택을 해야 한다. 이럴 때 진로상담자는 내담자를 도와 다뤄야 할 문제의 우선순위를 정해야 한다. 대개는 한두 가지 문제에 초점을 두고 다른 것은 나중으로 미루는 것이 더 낫다. 체제적 관점에서 보면, 한 영역에서 바람직한 변화가 일어나면 체제 전체로의 변화로 이어질 때도 있다(McMahon, 2005). 실직자가 직장을 잡으면, 집에 돈만 가져오는 것이 아니라 그것이 가정 내의 의사소통 방식에도 영향을 미칠 수 있다. 직장이 안정되면서 많은 문제가 사라지게 된다.

다양한 문제를 다루다 보면 진로상담의 전문적 범위를 넘어서는 문제가 나타날 수도 있다. 해결해야 할 문제가 무엇인가에 대해 내담자 혼자 평가하는 것은 아니다. 진로상담자는 필요할 경우 다른 전문가에게 의뢰할 수 있도록 준비해야 하고, 동시에 자신이 집중하고자 하는 영역이 무엇인지를 내담자에게 알려야 한다.

진로상담 영역에서 전형적으로 다루는 몇 가지 문제 영역이 있다. 캐나다 인적자원개발부(Human Resources Development Canada)는 이러한 영역을 고용가능성(employability) 영역이라고 부르고 다음과 같이 쓰고 있다.

- 진로 탐색과 의사결정: 이 영역에서 문제를 가진 사람은 진로 선택에 확신이 없고 결정을 내리는 것을 어려워한다. 노동시장에 대한 정보가 부족하거나 기술, 가치, 흥미 및 개인적 스타일에 관한 자기 이해가 부족한 것과 관련된 문제일 수 있다. 가족이나 친구의 영향과 같은 맥락적인 변인과 관련된 문제일 수도 있다.
- 직업적 또는 일반적 기술 발달: 이 영역에 문제가 있는 사람은 구직 기회를 활용하는 기술의 훈련이 부족하다. 그래서 전문대학, 대학교 또는 직업훈련 기관을 통해 훈련을 받을 것을 고려할 필요가 있다. 현대사회에서 성공하려면 평생학습이 필수가 되었으며, 지속적으로 훈련을 받아야 한다. 이러한 훈련 중 어떤 것은 비공식적인 훈련기관에서 이루어지기도 하고, 어떤 것은 보다 공식적인 교육기관에서 이루어지기도 한다.
- 직업탐색 기술: 직업탐색 기술은 문화에 따라 다르고 시간에 따라 변화한다. 오랜 기간 동안 한 곳에 취업해 있던 사람은 이력서나 포트폴리오 작성, 노동시장 분석, 고용주에게 전화하기, 면접기술 등 직업 탐색에 필요한 기술이 부

족할 수 있다. 자기 사업을 하고자 하는 사람은 사업을 착수하고 운영하는 방법을 배울 필요가 있다.

- 직업유지 기술: 많은 사람이 취업을 어떻게 해야 하는지는 알면서도 그 자리를 유지하고 성공을 이뤄 내는 데서 어려움을 겪는다. 새로운 작업 환경에서는 공식적인 규율은 적지만 새로운 요구 사항이 등장한다. 동료, 고객, 상사와의 긍정적인 관계도 수립해야 하고, 승진과 경력 개발을 위한 전략도 배워야 한다.

이러한 일반적인 고용가능성 영역과 함께 다른 영역이 추가될 수 있다. 보겐과 애먼슨(Borgen & Amundson, 1996)은 음주, 약물 남용, 아동 보호와 같은 문제를 겪고 있는 사람을 초기에 구분할 수 있는 준비도를 하나의 영역으로 추가해야 한다고 하였다. 이 영역은 전통적인 취업상담 영역 밖에 있기는 하지만, 취업에 영향을 미치고 직업 선택과 가능성에 영향을 미치는 요인이다. 종종 이 영역에 대한 지역사회 참여와 의뢰가 포함되기도 한다. 진로상담은 더 넓은 지역사회 내에서 다른 서비스와 연계되어 있어야 한다. 이 밖에도 또 하나의 영역이 직업 유지 후에 추가될 수 있다. 직업을 유지하는 것이 매우 중요하기는 하지만, 많은 사람에게는 고용기술을 향상하고 계속 개발할 필요가 있다. 그리고 '성장'의 개념을, 일 자체를 다루는 문제에 추가할 수도 있다.

진로상담을 받으려는 사람은 하나 이상의 영역에서 문제를 경험하고 있다. 고용가능성 영역은 미래의 가능성을 찾아가도록 도와주는 지도라고 할 수 있으며, 사람들은 이러한 영역 중에서 하나 이상의 문제를 경험하고 있다. 이러한 영역은 길을 안내하는 지도라고 할 수 있으며, 요구분석의 출발점이라고 할 수 있다(Westwood, Amundson, & Borgen, 1994: 32). 지도에는 장애물과 체류지가 있다([그림 5-1] 참조). 체류지에서 사람들은 자신의 문제를 극복하기 위한 자원을 확보한다. 이들 자원에는 수업, 과제 활동, 훈련 프로그램 등이 포함될 수 있다.

문제 정의 과정의 요소를 설명하기 위해 다음의 예를 생각해 보자.

배 경

아만다는 미술과 컴퓨터를 복수전공하고 대학을 졸업했다. 독신이지만 남자친구가 있었고, 집에서 부모와 함께 생활하였다. 아만다는 자신의 미래 진로를 내다보고 있다

아만다: 한 친구가 센터를 찾아 제 진로계획에 대해 의논해 보라고 얘기했어요. 사실 졸업 후 어떤 일이 벌어질지 모르겠어요. 비유하여 설명하자면, 지금까지 저는 강가에서 카누의 노를 저으면서 조용하게 지냈는데, 이제 강에는 굴곡도 있고 급류가 앞에 놓여 있다는 것을 알아차렸어요. 미술과 컴퓨터에만 몰두했을 뿐,

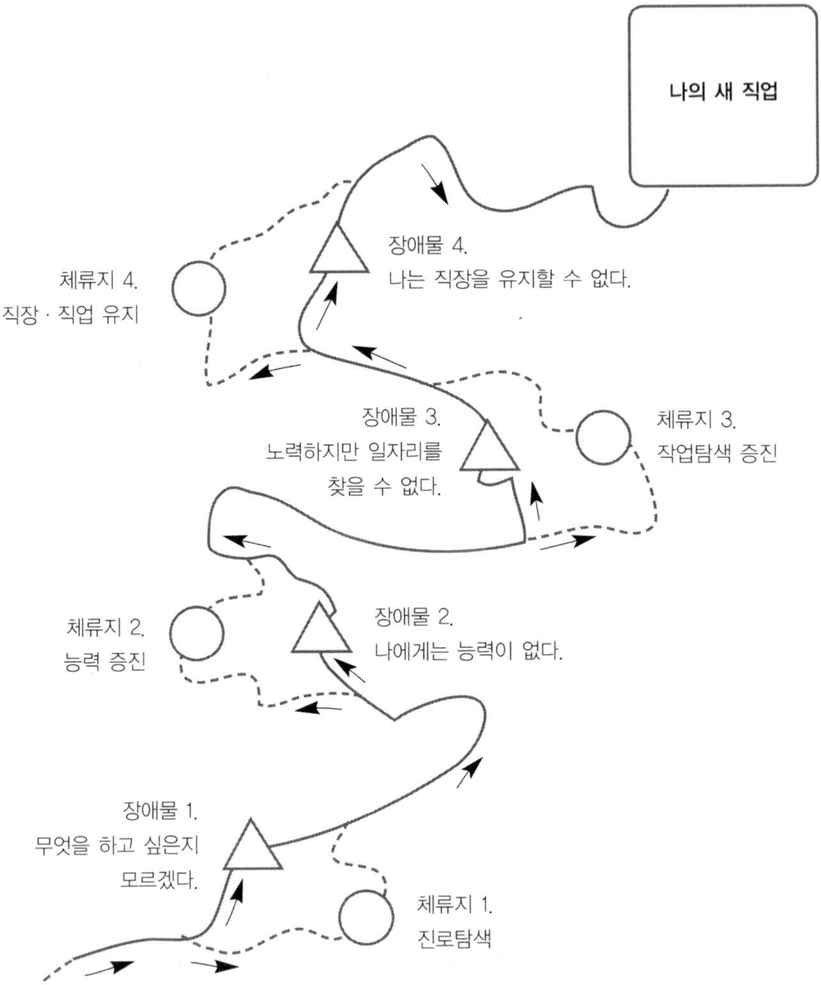

출처: *Starting Points: Finding Your Route to Employment*, by Marv Westwood, Norman Amundson, and William Borgen, Copyright © 1994, Human Resources Development Canada. This material is used by permission of Human Resources Development Canada.

[그림 5-1] **취업 로드맵**

무엇을 위해 그렇게 하고 있는지는 모르겠어요. 지금까지 항상 주어진 일만 해 와서 어떻게 일을 찾아야 하는지 잘 알지 못합니다. 지금은 레코드 회사에서 일하고 있지만 어디로 가고 있는지 알 수가 없어요. 제 남자친구는 대학을 졸업하고 일 년 동안 여행을 떠나자고 해요. 이것이 좋은 생각일까요? 제가 돌아오면 아마 할 일이 없을지도 모르죠. 게다가 정말 일 년 동안 여행할 자금이 있는지도 모르겠어요.

상담자: 당신의 인생에서 현재 많은 것이 일어나고 있는 것 같네요. 그것을 몇 가지로 정리해 봅시다. 먼저 당신은 졸업을 앞두고 있고, 어떤 직업을 가질 것인지 결정을 해야 하지요. 노동시장에 대한 경험이 없다 보니 어떤 일자리가 당신에게 맞을지 몰라서 걱정이고요. 또한 직업 탐색 경험이 부족해서 당신의 진로 방향을 설정해도 당신이 일자리를 확보하기 위한 직업 탐색 기술이 있는지 확신하지 못하고 있다는 것이고요. 그리고 남자친구와의 문제가 있는데, 일 년 동안 여행을 갈지에 대하여 결정해야 하는군요. 당신은 일 년 동안 자신을 직업시장 밖으로 빼내는 것에 대하여 걱정하고 있고, 긴 시간 동안 버틸 자금을 확보하는 것에 대하여 의문을 가지고 있어요. 이것이 당신이 진정 원하는 것인지에 대해서도 확신할 수가 없고요. 당신이 해결하고자 하는 문제를 제가 제대로 이해하

고 있나요?

아만다: 정말 요약을 잘해 주셨어요. 지금은 모든 것이 너무 혼란스러워요.

상담자: 이 문제를 몇 가지로 정리해서 혼란을 좀 덜고 더 명료하게 했으면 좋겠어요. 이 종이 위에 문제를 적는 것부터 시작해 봅시다. (문제를 종이에 적고, 상담자는 목록이 완성되는 것을 점검한다.)

아만다: 지금 생각해야 할 게 너무 많아요.

상담자: 동시에 모든 것과 씨름하는 것은 너무 힘든 일이에요. 출발점으로 어떤 문제가 현재 가장 큰 부담이 되는지를 생각해 보세요. 아마 우리는 걱정거리에 순위를 매길 수 있을 거예요.

(이 지점에서 상담자는 다양한 가능성 중 몇 가지를 나타내기 위해 로드맵을 사용할 수도 있다. 이 사례에서 아만다는 직업탐색 기술뿐 아니라 진로 탐색과 의사결정에도 관심이 있는 것 같다.)

아만다: 글쎄요. 처음으로 들여다봐야 할 것은 제가 졸업 후에 어떤 종류의 진로를 추구하고자 하는가에 대한 것이 아닐까요. 일단 그것이 명확해지면 남자친구와 함께 하는 여행에 대해서도 생각할 수 있어요.

상담자: 좋은 선택인 것 같아요. 아만다, 그리고 그것은 우리가 함께 작업할 수 있는 것이 분명해요.

문제 정교화하기

초기 단계에서는 문제를 더 깊이 정교화할 필요가 있다. 상황을 충분히 이해하기 위해 탐색해 볼 수 있는 몇 가지 요인이 있다. 먼저 상황이 어떻게 전개되었는지에 대한 세부적인 사항을 파악하는 것에서 출발할 수 있다. 앞의 예를 다시 볼 때, 아만다는 어떻게 미술과 컴퓨터에 관심을 갖게 되었는가? 축어록을 통해 다음 대화가 어떻게 진행되는지 지켜보자.

상담자: 미술과 컴퓨터에 대한 당신의 흥미가 처음에 어떻게 생겼는지 말해 줄 수 있나요?

아만다: 글쎄요. 저는 항상 미술에 관심이 있었고, 혼자 있을 땐 그림을 그리면서 시간을 보냈어요. 대학에 갈 때가 되었을 때는 그것이 제게 최선의 선택인 것 같았어요. 모든 수업이 재미있었고, 수업을 통해 실력도 많이 늘었어요.

상담자: 미술을 전공하게 된 계기는 그랬군요. 그러면 어떻게 해서 당신은 컴퓨터 복수전공을 하게 되었나요?

아만다: 취업에 대한 생각을 하면서 컴퓨터에 관심을 갖기 시작했어요. 보다 시장성 있는 어떤 것이 필요하다고 느낀데다, 모두가 컴퓨터에 대해 이야기했고요. 한번 해봤는데 생각보다 잘되었어요.

(이러한 기반 위에서 다른 질문이 생길 수 있다. 물론 친구나 가족과 같은 중요한 관계는 탐색해 보아야 할 영역일 것이다. 대화로 돌아가 본다.)

상담자: 지난 시간에 당신은 친구가 상담센터에 가 보라고 권했다고 말했어요. 또 지금은 '모두'가 컴퓨터에 대하여 이야기했다고 하는군요. 이런 일이 당신의 진로 선택에 영향을 미쳤어요. 당신이 진로 방향을 선택하는 데에 다른 사람이 어떤 영향을 미친다고 생각하세요?

아만다: 부모님과 남자친구는 매우 지지적이에요. 제가 원하는 대로 결정을 하라고 하죠. 과학을 전공하는 친한 친구가 있어요. 그 친구가 진로에 대해 좋은 조언을 많이 해 줍니다. 미술만으로는 직업을 얻지 못할 거라는 말도 그 친구가 해 주었고, 그 친구 말이 옳았다고 생각해요. 팔릴 수 있는 기술을 습득할 필요가 있는데, 컴퓨터가 취업으로 가는 티켓이 되기를 바랐던 것 같아요. 지금은 그렇게 확신이 들지는 않아요. 제가 컴퓨터 공부를 시작했을 때는 이미 '닷컴' 에 대한 열기가 뜨거웠어요. 그래서 그런 열기에 편승하고 싶었어요.

이렇게 몇 가지 질문을 통해 문제가 더 명료해지면서 새로운 정보도 얻게 된다. 관계에 초점을 맞춤으로써, 진로상담자는 아만다의 진로 선택과정에서 중요한 역할을 한 친한 친구에 대하여 알게 되었다. 친구에 관한 이야기는 상담 과정에서 다루어져야 하고, 최소한 그런 친구의 존재에 대해 알고 있어야 한다. 그리고 미술과 컴퓨터의 관계를 어떻게 지각하고 있는가가 또한 중요한 영역으로 나타났다. 이 대화를 통해 미술과 컴퓨터의 두 가지는 거의 관련성이 없다는 것을 확실하게 알 수 있다. 미술은 개인적 흥미로 보이고, 컴퓨터는 생계를 위한 수단으로 보인다. 아만다는 진로계획의 측면에서 조금의 노력을 기울인 것 같다. 아만다는 '닷컴' 유행에 편승하여 컴퓨터 분야에 쉽게 취업하기를 바랐다. 그러나 경제 상황이 달라지면서 예상치 못한 어려움에 봉착하게 되었다.

상황에 대한 전반적인 그림이 그려졌지만, 아만다가 진로상담에 오게 된 '계기' 로 작용한 것이 무엇인지에 대해 보다 구체적인 정보를 탐색해야 한다(Amundson, 1995). 확실히 '닷컴' 문제는 과거 몇 년 동안 큰 파장을 일으켜 왔다. 그러나 아만다는 무엇 때문에 상담을 결심하게 되었을까? 여기에서 아만다의 친구가 모종의 역할을 했음이 분명하지만, 보다 세부적인 정보를 알아보아야 한다. 대화가 계속된다.

상담자: '닷컴' 회사의 문제는 지난 몇 년간 더 커졌지요. 당신이 상담을 받아야겠다고 생각한 결정적인 계기는 무엇인가요?

아만다: 미래에 대해 생각하기를 좋아하지 않는데다 제 상황이 점점 더 나빠지는 것 같았어요. 친구는 저를 진정으로 걱정하기 시작했고, 제게 이 문제에 대해 도움이 필요하다고 말했어요. 그래서 예약을 하기로 마음을 먹었고, 지금 이 자리에 있는 것입니다.

이제 진로상담에 대한 아만다의 기대를 탐색하는 것이 도움이 될 것이다. 아만다가 '닷컴' 물살을 타고 싶어 했다면, 이미 진로계획을 위하여 어느 정도 시간과 노력을 기울일 준비가 된 것이 아닌가? 효과적인 진로계획을 위해 무엇이 필요한지에 대해 보다 면밀히 논의할 필요가 있을 수 있다.

상담자: 우리가 함께 상담을 하면서 무엇을 이루고 싶은가요?

아만다: 제 친구가 말하길 여기에 오면 다른 진로 가능성을 보여 줄 수 있는 몇 가지 검사가 있다고 했어요. 지금 전 계속 계획대로 풀리지 않아서 꽉 막혀 있는 느낌이에요. 제가 할 수 있는 어떤 것이 분명 있을 거예요.

상담자: 모든 문제를 풀어 줄 수 있는 기적의 검사가 있으면 좋겠지만 그런 검사는 없거든요. 자신의 개인적인 특성과 장점을 검토하고 노동시장을 탐색하는 것은 정말 힘든 일이고 의지가 필요해요. 이 과정에 뛰어들

준비가 되어 있나요?

(이전 장에서 소개한 '진로수레바퀴' ([그림 4-1] 참조)를 소개하기에 좋은 시점이다.)

문제를 은유적 렌즈로 바라보기

여기까지의 논의에서는 다양한 탐색적 질문과 토의를 사용했다. 또 다른 요소는 시각적 이미지다. 은유는 새로운 틀을 통해 문제를 시각화할 수 있는데, 보다 익숙한 상황에서 도출되는 경우가 종종 있다. 시각적 이미지는 곁가지와 혼란을 감소시키고 모든 것을 하나로 모으도록 돕는다. 시각적 이미지는 불안을 줄이고 창의성과 자기효능감을 증진하는 잠재력을 가지고 있다 (Combs & Freedman, 1990; Inkson & Amundson, 2002). 이 장에서 다루어 온 아만다의 이야기 속에서 다음의 은유를 포함시켜 이야기를 풀어 나갈 수 있다.

지금까지 저는 강가에서 카누의 노를 저으면서 조용하게 지냈는데, 이제 강에는 굴곡도 있고 급류가 앞에 놓여 있다는 것을 알아차렸어요.

이것은 이야기의 중요한 요소이고, 좀 더 탐색할 필요가 있다. 대화를 계속 살펴보자.

상담자: 당신의 어려움을 카누를 타고 가면서 방향이 바뀌고 급류를 만났다고 표현한 것에 흥미를 느꼈어요. 그 이미지를 좀 더 설명해 줄래요? 아마 당신은 그것을 보고 있는 것처럼 여기 도화지에 그릴 수 있을 거예요.

아만다: (아만다는 그림을 그린다.) 이 그림은 정말 여러 가지 감정을 포함하고 있어요. 한편으로 지난 몇 년 간 지내온 평온함이 있지요. 수업이 마냥 즐거웠고, 미래에 대하여 별로 많이 생각하지 않았어요. 앞만 보면서 한 발짝씩 나아갔죠. 여기에서 마치 계속 노를 젓는 것처럼요. 그러다가 모르고 있던 어떤 것이 다가오고, 갑자기 새로운 방향으로 가게 될 텐데 급류는 무엇보다 큰 어려움으로 다가오죠. 한꺼번에 감당하기에 벅차요.

상담자: 당신의 그림을 보면서 지금은 모든 것이 매우 조용해 보이지만 거대한 문제의 그림자가 드리워 있다는 느낌을 받았어요. 당신에게 물살은 항상 그렇게 평온했나요?

아만다: 제 생각에 지난 2년은 그랬지만 그 전에는 어려움도 많았어요. 고등학교에서 대학으로 올 때 어려움을 겪었고, 그 시간이 이제 지나갔다는 게 마음이 놓여요.

상담자: 그래요. 당신은 이미 한 차례의 급류를 통과했군요.

이제 당신은 또 하나의 도전을 만난 거고요. (과거의 성취에 주의를 집중시킴으로써 도전을 극복할 수 있는 아만다의 능력에 초점을 맞춘다.)

아만다: 그렇게 생각할 수도 있겠네요. 그래요, 전 이미 급류를 이겨 낸 적이 있어요.

상담자: 그림에서 당신은 혼자서 카누를 타고 앞으로 나아가고 있어요. 당신의 친구나 가족은 어디에 그려 넣을 수 있을까요? (7장에서 이 부분을 더 다룸)

아만다: 글쎄요. 남자친구는 제가 따라와 주기를 바라면서 앞서 가고 있는 것 같고, 다른 방향으로 갈 것 같아요. 그리고 친구는 제가 계속 나아가도록 도와주면서 제 옆에서 노를 젓고 있는 것 같고요. 그림을 좀 고칠 수 있을까요? 실제로 나아가면서 강은 두 갈래로 갈라질 거예요. 한쪽은 급류를 넘어가야 하고, 다른 한쪽은 새로운 방향으로 바꾸고 있어요. 그곳에 제 남자친구가 있어요. (내담자는 그림을 고친다.)

상담자: 그림에 저는 없네요. 여기에서 제 역할은 무엇이라고 생각해요?

아만다: 글쎄요. 선생님은 카누의 다른 쪽에 있어요. (내담자는 그림에 새로운 인물을 추가한다.) 앞에 놓은 거친 부분을 통과하라고 절 코치하고 있어요.

은유에 대해서 더 많은 설명을 하도록 함으로써 내담자가 지각하고 있는 도전과 내담자가 과거에 성취하였던 것에 대한 새로운 정보를 얻을 수 있다. 그리고 사람마다 자신과 문제를 서로 다르게 연결하는 것을 보는 것 또한 흥미롭다. 그리고 은유에 대해서 설명할 때 시간에 따라서 이야기가 어떻게 전개되어 가는지, 사람들이 어떻게 관여하고 있는지에 대해서 질문하게 되면 내담자의 문제에 대해서 훨씬 폭넓은 이해를 하게 된다. 그림 속에 진로상담자를 그려 보게 하면 내담자가 진로상담자의 역할에 대해서 어떻게 지각하고 있는지를 알게 된다.

이런 방식으로 진로상담자는 그림의 일부를 더하거나 변화시킴으로써 내담자의 문제와 역할기대에 대응할 수 있게 된다. 문제에 대하여 말만 하는 것을 넘어, 상담자는 지각된 그림에 적응하면서 작업할 수 있다. 이 사례에서 보았듯이 그림을 그릴 수 있는 도화지를 가까이 두어야 함에 주의하기 바란다. 도화지를 바로 가까이에 둠으로써 상담 과정에 방해받지 않고 바로 그림 그리기의 과정을 상담에 포함시킬 수 있다. 만일 이 방법을 적용하려면, 가까이에 필요한 도구를 갖추고 있는 것 또한 중요하다.

물론 모든 내담자가 그들의 은유에 대한 그림을 그리려고 하지는 않을 수 있다. 그림이 유용하기도 하지만, 이 기법을 사용하는 것이 필수적인 것은 아니다. 때때로 심상에 대하여 그림을 그리지 않고 단지 이야기하는 것만으로 충분할 수도 있다. 또 어떤 경우에는, 진로상담자가 직접 그림을 그리고 싶을 수도 있다. 그리고 상담자나 내담자가 그림을 잘 그리지 못한다면 그림은 잊고 다른 접근을 사용할 수도 있다. 은유가 마술처럼 문제를 해결해 주는 것은 아니지만 유용한 진로상담 자원이 될 수 있다. 많은 사람은 시각적 성향이 강하지만 진로상담 상황에서 몇몇 사람은 이 역량을 충분히 사용할 기회를 얻지 못한다.

방향 바꾸기

확인된 문제는 진로상담에서 좋은 출발점이 될 수 있지만 이야기가 진행되면서 다른 문제가 나타날 수 있다. 이미 상담 초기 동안 문제의 확인에 초점을 두었지만, 이야기가 진행되면서 방향에 변화가 일어나는 것은 드문 일이 아니다. 초점의 변화는 내담자에게 새로운 인식이 될 수도 있고, 상담자에 대한 신뢰가 증진된 결과일 수도 있다. 이전의 대화를 계속하면서 변화가 어떻게 일어나는지 보자.

상담자: 이 그림에서 보면, 당신은 급류로 향하고 있지만, 새로운 방향으로는 남자친구를 향해 가게 하네요.

아만다: 예, 맞아요. 제가 함께 가고 싶지 않다는 것을 남자친구에게 어떻게 말해야 할지 모르겠어요. 제가 함께 가지 않으면 그에게 정말 상처를 줄 것 같아요. 그 압박감이 정말 끔찍해요.

상담자: 우리에게 두 가지 문제가 떠오르는 것으로 들려요. 한편에는 다가오는 급류가 있고, 다른 한편에는 당신

의 소망을 남자친구에게 어떻게 말할지에 관한 문제 예요.

아만다: 예, 그것이 지금 당장 해야 할 일이에요. 남자친구와 의 관계에 대하여 더 이야기해야 해요. 우리의 관계를 분명히 할 때까지는 다른 문제에 대하여 정말 생각할 수가 없어요.

상담자: 제가 당신이 관계의 몇 가지 측면을 탐색하도록 도울 수 있을 거예요. 그다음에 빠르게 다가오는 급류의 문제로 다시 돌아갈 수 있을 거예요.

이 내용은 진로상담과 개인 상담 사이에 중첩된 부분이 있음을 나타낸다. 이 지점에서 상담자는 아만다와 남자친구의 관계를 이야기하는 데 시간을 보내기로 동의했다. 물론 남자친구와의 관계에 대한 이야기가 진로상담자의 능력 수준을 넘어서는 다른 개인적인 영역으로 진전해야 한다면 의뢰를 고려하는 것이 필요할 것이다.

진로상담이 진행되는 동안, 상담자는 융통성이 있어야 하고 필요할 경우 문제 정의로 다시 돌아갈 준비가 되어 있어야 한다. 진로상담 과정은 선형적이지 않다. '그 문제'가 여전히 '그 문제'인지를 다양한 관점에서 검토해 보는 것이 도움이 될 수 있다.

요 약

문제의 구체화는 진로상담의 중요한 단계다. 사람들은 진로 문제뿐 아니라 다양한 개인적 문제를 가지고 상담을 찾아온다. 진로상담자는 너무 많은 것을 하려고 하기보다 내담자가 한 시점에서 하나의 문제에 초점을 두도록 도와야 한다. 문제 사이의 우선순위를 정하고 선택하는 것은 진로상담 과정에서의 첫 번째 과제다.

어떤 진로 문제에 대해서 상담할지를 합의할 때는 그 문제에 대한 정보를 더 얻을 필요가 있다. 그 문제가 어떻게 진전되었고 사람이 어떻게 맥락에 관여되는지에 관한 질문은 좋은 출발점으로서의 역할을 할 수 있다. 이런 내용을 직접적으로 물어볼 수도 있고, 은유적 질문을 통해 접근할 수도 있다. 은유를 사용할 때는 문제의 다양한 측면을 나타내기 위해 그림을 활용할 수도 있다.

정보가 더 모아지면서 문제가 변화하기 시작하는 때가 종종 있다. 이럴 때 진로상담자는 융통성이 있어야 하고 어떤 문제를 더 다룰 것인지에 대해 명료화를 시도해야 한다. 진로상담은 선형적인 과정이 아니고, 어떤 상황에서는 상담 중인 문제에 중요한 변화가 있을 수도 있다. 진로상담자는 필요할 경우 방향을 바꿀 수 있는 준비가 되어 있어야 하고, 상황이 주어진 일과 개인적 능력 수준을 넘어서게 되기까지 확대된다면 의뢰를 해야 할 필요에 대해서도 고려해야 한다.

Chapter 6

문제 탐색하기: 자기 이해

관계가 수립되고 문제가 확인되면 심층적으로 탐색해야 할 부분이 나타난다. 2장에서 밝혔듯이, 탐색은 개인이 자신을 더 잘 이해하도록 개인에게 초점을 두기도 하고 환경과 노동시장의 대안을 더 잘 이해하도록 맥락에 초점을 두기도 한다. 탐색에 걸리는 시간은 상황에 따라 다르다. 탐색 단계에서는 내담자가 진로상담자와 협조적으로 작업해야 하고 탐색 과제 활동을 상담 회기 밖에서 수행할 수도 있어야 한다. 이 장에서는 자기 이해에 초점을 두고 자기 탐색 과정이 진행될 수 있도록 하는 몇 가지 방법을 검토해 보고자 한다.

사람들이 진로 방향을 수립할 때는, 기술 · 흥미 · 가치 · 성격유형에 대해 이해를 하는 것이 중요하다. [그림 4-1]의 진로수레바퀴 그림으로 돌아가 보면, 이러한 개인적 기술과 속성은 바퀴 하단부에 나타나 있다. 진로상담에서 주된 초점은 바퀴의 부분을 탐색하는 것과 이 정보를 전체적으로 일관성 있게 조직하는 것이다. 탐색 과정을 수행하는 데는 많은 방법이 있다. 심도 깊은 질문, 이야기하기, 은유, 표준화 및 비표준화 검사 등을 활용할 수 있다.

질문하기와 이야기하기

몰입과 수월성 탐색

첫 번째 주제는 열정과 몰입감을 느끼는 활동에 참여할 때 발견하는 기쁨과 수월성을 강조하는 것이다. 참여에서 오는 성취감과 칙센트미하이(Csikszentmihalyi, 1990)가 '몰입(flow)' 이라고 기술한 느낌도 있을 수 있다. 이 경험은 직업과 개인 생활의 측면에서 나올 수 있다. 이 주제 영역에 맞는 몇 가지 전형적인 질문은 다음과 같다.

- 당신의 인생에서 개인적으로 보람 있는 성취를 했던 경험을 얘기해 보세요.
- 학교에서 어떤 과목이 재미있었나요?
- 어떤 취미나 흥미가 있나요?
- 몰두했던 아동기 활동에 대하여 얘기해 보세요.
- 당신이 정말 활력을 느꼈던 상황을 얘기해 보세요.

이런 질문을 통해 부정적인 면을 보는 데도 도움을 받을 수 있다. 예를 들어, 상담자는 그 사람이 좋아했던 과목뿐 아니라 좋아하지 않았던 과목도 물어볼 수 있다. 때로는 이런 부정적인 예가 더 새로운 통찰을 제공할 수도 있다.

이런 유형의 질문에 답하면서, 어떤 사람은 상세한 대답을 하고, 어떤 사람은 짧은 대답을 하기도 한다. 제공된 정보를 확장시키는 보충 질문을 추가하는 것이 중요하다. 때로는 당신이 자세히 들여다봐야만 이해가 되기도 한다. 예를 들어, 어떤 사람이 과학을 좋아했다고 한다면, 무엇이 과학 수업을 그렇게 특별하게 했는지 질문을 더 해 보자. 어떤 사람은 구체적인 내용 때문일 수도 있고, 어떤 사람은 수업을 함께 들었던 사람이나 교사 때문일 수도 있다. 또는 실험실 과제의 유형 때문일 수도 있다. 어떤 경우든 그 사람이 처음에 했던 대답을 더 자세히 설명할 수 있는 기회를 주도록 한다.

이렇게 이야기를 보다 자세하게 설명하도록 하는 구체적인 예시가 '유형확인 연습(Pattern Identification Exercise)' (Amundson, 2003)이다. 이 연습에서 출발점은 흥미 영역을 확인하고, 그 영역에서 일이 잘되었을 때와 도전감을 느꼈을 때를 구체적으로 기술하는 것이다. 사례를 통해 그 과정을 살펴보자.

배경

제임스는 20대 중반이고, 다양한 직업을 전전하였다. 그는 예술대학을 졸업했지만 현실적인 진로 방향이 없다. 최근에 자동차 판매 일을 했으며 실적이 부진하여 그만두었다.

상담 과정

제임스는 확실히 좋은 사교기술이 있으며, 비교적 관계도 잘 맺는다. 그는 자신의 주요 진로상담 문제가 진로 방향성의 부족이라는 것을 확인하였다. 탐색 과정의 일부로 '유형확인 연습' 을 실시하였다. 흥미 영역에 대하여 물었을 때, 그가 정말 즐기는 것은 테니스라는 것을 확인할 수 있었다. 다음은 대화의 일부다.

상담자: 테니스를 할 때, 언제가 정말 즐거웠고 언제가 덜 그랬는지 구체적으로 생각해 보세요.

제임스: 연습할 때와 친교로 할 때는 정말 테니스를 즐겨요.

상담자: 좀 더 구체적으로 이야기해 볼까요? 테니스가 잘될 때와 그렇지 않을 때에 대하여 구체적으로 생각해 보세요. 어떤 것이 생각납니까?

(침묵)

제임스: 네. 그러지요.

(구체적인 사례를 고집하는 것이 중요하다. 때때로 사람들은 너무 일반적인 대답을 한다.)

상담자: 긍정적인 예로 시작할 수도 있고, 부정적인 예로 시작할 수도 있어요. 우리가 정보를 이해할 수 있도록 당신이 말하는 것을 이 차트에 적을 수만 있다면 괜

찮아요.

제임스: 그래요. 해 볼게요. 먼저 긍정적인 상황으로 시작해 보죠.

(내담자의 용어를 사용하여 상담자가 기술하고 요약하여 목록을 만든다.)

✻ 테니스 게임의 긍정적인 측면

- 더 잘하는 선수와 토너먼트로 게임을 한다.
- 게임이 실제로 진행되고 있다.
- 백핸드를 위엄 있게 쳐서 샷을 날렸다.
- 계속해서 집중할 수 있었다.
- 내 마음대로 경기가 되고 있다고 느낀다.
- 그도 좋은 샷을 치고 있고, 나도 진정한 도전을 받는다.
- 내가 이기지 못해도 내가 어떻게 했고 무엇을 배웠느냐에 대해 만족을 느낀다.

✻ 테니스 게임의 부정적인 측면

- 또 한 명의 적과 함께 토너먼트 게임을 한다.
- 이 시간에는 내가 어떤 것도 제대로 하지 못할 것 같다.
- 그가 나를 진지하게 대하지 않는다.
- 그는 빅서브 한 방으로 나를 이길 수 있다.

상담자: 이 정보를 보면 어떤 패턴이 보이나요?

제임스: 글쎄요. 잘하고 싶고 진지하게 대접받고 싶은가 봅니다. 도전받고 싶고 새로운 것을 배우고 싶어요. 배울게 있다면 지느냐 이기느냐는 정말 중요하지 않습니다.

상담자: 당신은 통제권을 가지고 싶다고 말했는데요. 그에 대해 더 말해 줄 수 있어요?

제임스: 저는 정말 정신적으로 자극받고 싶고, 작은 세부사항도 정확히 하는 데 관심을 두고 싶어요. 볼을 잘 때리고 싶고, 제가 원하는 곳에 놓고 싶기도 해요.

상담자: 이기거나 지는 것이 중요한 게 아니라 '당신이 게임을 어떻게 하느냐'가 중요하네요.

제임스: 그래요. 제겐 그게 중요해요.

이 대화에 이어서 이야기의 초점을 이 패턴이 그의 현재 상황에 얼마나 잘 들어맞는지, 장차 어디로 나가고 싶은지에 대하여 고려하는 것으로 옮긴다. 제임스는 배우기를 좋아하고 정신적인 자극을 원하며, 각각의 상황에 충분히 몰두하고자 하는 욕구가 있다는 점을 이해할 수 있었다.

제임스는 자동차 영업에 싫증이 났고, 계약을 체결하는 단계에서 어려움이 많았다. 그는 고객이 모든 선택지를 보았다고 확신하고 싶었고, 때로 너무 늦게 진행되는 바람에 결국 계약을 하지 못했다. 상담자가 그의 상황을 더 탐색하자, 제임스는 그가 진정으로 원하는 것은 성인교육 쪽의 진로를 추구하는 것이라는 결론에 도달하였다. 성인교육자로서 그는 자신의 학습을 자극할 것 같은 사람과 함께 일할 수 있게 될 것이다. 이 부정적인 예로, 대학에서 겪었던 이전의 몇 가지 좌절을 떠올렸는데 강사가 그를 존중해 주지 않았다. 이런 일이 생길 때, 그는 자신의 학습을 저해하는 방식으로 반응하였다는 것을 발견하였다. 진로상담에서 배운 몇 가지는 그가 상황에 구애받지 않고 '자신의 게임' 을 할 수 있다는 확신이 들도록 해 주었다.

다음으로 주목해야 할 것은 유형확인 연습을 하는 동안 진로상담자의 주된 역할은 촉진이라는 점이다. 내담자는 상황을 기술하고 상담자는 이를 빠짐없이 잘 기록해야 한다. 분석 단계에서 내담자는 몇 가지 예비적인 관찰을 한다. 상담자는 심층 질문과 잠정적인 관찰 결과를 제시할 수 있다. 그러나 항상 내담자가 실시한 분석에 초점을 두어야 한다. 상담자가 보다 적극적인 역할을 해야 할 필요가 있는 상황도 있다. 그러나 대부분의 상황에서 상담자는 내담자로 하여금 가능한 한 많이 자기 자신을 분석하고 적용하도록 해야 한다.

타인의 몰입과 수월성 탐색

두 번째 부분은 첫 번째의 부분집합이다. 개인적인 성취나 자질을 검토하기보다 타인의 경탄할 만한 자질과 행동에 초점을 둔다. 사람은 자신이 가치를 두는 자질과 강점을 발휘하는 사람을 인정하는 경향이 있다. 이를 탐색하기 위해 다음의 질문을 활용할 수 있다.

* 당신이 존경하는 사람의 목록을 만들고 각각에 대하여 존경할 만한 이유를 써 보세요.
* 책에서 읽은 인물이라면 어떤 등장인물이 존경할 만했고, 그 인물이 어떻게 했나요?

존경할 만한 특성이 확인되면 가치, 흥미, 성격, 강점의 측면에서 이러한 찬사가 무엇을 의미하는지로 초점을 옮겨 간다. 다른 사람의 어떤 자질을 존경할 때는 우리 자신의 삶에 어떤 의미를 시사하는 경우가 많다. 예를 들어, 당신의 내담자인 에밀리가 테레사 수녀를 진정으로 존경받을 만한 사람이라고 말했다고 가정해 보자. 심층 탐색에서 에밀리는 테레사 수녀의 매우 현실적인 도전에 대한 용기, 열정, 헌신을 진정으로 존경한다고 말할 수 있다. 이 지점에서 당신은 몇 가지 방향으로 진행할 수 있다.

하나의 가능성은 에밀리에게 현재 인생에서 직면하고 있는 도전에 대하여 묻고 테레사 수녀의 자질 중 어떤 것이 이 어려운 상황을 다루는 방법의 일부가 되는지를 검토할 수 있다. 아마 현재의 문제를 직면할 에밀리의 무언가를 이끌어 낼 수 있을지도 모른다.

타인과의 관계를 고려하는 또 하나의 방법은 한 개인이 남에게 어떻게 보이기를 원하는지에 초점을 두는 것이다. 어떤 유산을 만들어 가며, 어떤 것을 바라고 있는가? 그리고 어떤 사람으로 기억되고 싶어 하는가? 이런 방식으로 다른 사람과의 관계를 바라봄으로써 과거, 현재, 미래를 탐색해 볼 수 있다. 유산이라는 말의 개념은 개인의 행동이 현재 다른 사람에게 어떻게 보이는가와 동시에 다른 사람에게 어떻게 보이고 싶어 하는가에 직접적인 영향을 미친다는 의미를 내포하고 있다.

걱정 마 친구

호주 사람은 모든 것이 잘되고 있음을 나타낼 때 '걱정 마, 친구(no worries mate).' 라는 구절을 사용한다. 이것을 진로상담에 적용하여, 모든 문제를 제쳐 놓았을 때 인생이 어떨지 생각해 볼 수 있다. 아마 금전상의 걱정이나 부모와 친구 같은 다른 사람의 반응에 대한 걱정이 있을 수 있다. 상황에 상관없이 이러한 일상적인 제약이 없어진다면 어떤 일이 일어날지 상상해 보는 것은 도움이 될 수 있다. 이런 틀에 맞는 몇 가지 질문은 다음과 같다.

- 당신이 엄청나게 많은 돈을 번다면 인생이 어떻게 변할까요?
- 다른 사람이 생각하거나 말하는 것에 대하여 걱정할 필요가 없다면 무엇을 할 건가요?
- 당신이 원하는 직업이라면 무엇이든 가질 수 있다면 어떤 직업을 선택할래요?
- 세세한 부분은 신경 쓰지 말고 그냥 문제가 해결되었다고

상상해 보세요. 당신이 취한 해결방법은 무엇일까요?

이 질문 목록에서 마지막 질문은 '기적질문' 이라 불리는 상담 기법의 일부로서 해결 중심 상담자가 사용하는 것이다(De Shazer, 1985; O'Hanlon & Weiner-Davis, 1989; Friedman, 1993). 기적이 일어나서 문제가 해결되었다고 상상해 보라고 한다. 그러고 나서 해결된 상황에서 문제를 되돌아보라고 한다. 일반적으로 사람들은 문제에서 출발하여 해결을 향해 나아간다. 그러나 기적질문 기법의 경우에는 진행 방향이 반대다. 기적질문 기법을 사용할 때, 내담자의 입장이 변화되었음을 보다 실감할 수 있도록 앉아 있던 자리에서 일어나 방의 다른 쪽이나 복도로 이동해 보라고 할 수도 있다. 해결에서 시작하게 되면 사람들은 더 좋은 시각을 가지게 되며 힘을 얻게 된다. 이러한 시각의 변화는 현실을 검증하는 데 도움이 된다. 사람들이 무엇을 했어야 하는지를 되돌아보면, 그들이 현재 적절한 위치에 있지 않다는 것을 알게 된다.

꿈은 시간에 따라 바뀔 수 있고, '꿈의 흐름' 을 탐색하는 것도 또 다른 대안이 될 수 있다. 어떤 직업을 가질 수 있을까에 대해 처음 해 봤던 생각이 무엇이었으며, 시간이 흐름에 따라 그것이 어떻게 변화했는가? 또한 타인, 상황, 또는 그 외의 무엇이 이러한 변화를 설명하는가? 그리고 지금 당신이 미래를 바라보면서 추구하고 싶은 다른 꿈은 무엇인가? 이런 식으로 꿈을 탐색하는 것은 자기 이해를 증진하고 새로운 가능성을 여는 데 도움이 된다.

다른 상황에서의 강점

내담자는 자신의 문제를 얘기할 때 자신이 할 수 없는 것에 지나치게 주목한 나머지 지금 잘되어 가고 있는 것이 무엇인지, 그리고 다른 상황에서 어떻게 문제를 잘 해결해 왔는지를 보지 못하는 경우가 종종 있다. 관점을 전환하여 내담자가 자신의 다른 강점을 볼 수 있게 하는 것이 도움이 된다. 다음의 질문은 이런 내담자의 관점 변화를 촉진하는 데 도움이 된다.

- 우리는 잘 안 되는 것이 무엇인지 얘기하면서 상당한 시간을 보냈습니다. 면접에서 잘할 수 없는 것 등에 대해서 말이지요. 이젠 당신이 적절하게 반응했던 순간에 대하여 이야기해 주었으면 좋겠어요.
- 이것은 당신이 인생에서 직면했던 문제 중 처음은 아닙니다. 당신이 그동안 어려움을 극복할 수 있었고 잘 해결할 수 있었던 순간에 대해 듣고 싶어요. (이런 유형의 질문은 5장에서 아만다가 평온한 물결을 발견하기 전에 급류를 성공적으로 통과했던 것에 대해 이야기했을 때 사용되었다.)

이런 유형의 질문을 사용한다면 내담자가 문제를 보다 균형 잡히고 긍정적인 관점으로 보도록 격려할 수 있다. 부정적인 것에만 초점을 두기보다는 일이 잘되어 갈 때를 생각하라고 촉진한다. 또한 성공적으로 이겨낸 문제 상황에 대하여 생각하도록 격려할 수 있다. 이전에 사용되었던 문제 해결 기술은 새로운 상황에도 적용될 수 있다.

은 유

5장에서는 은유가 문제를 이해하는 데 유용한 방법임을 제안하였다. 문제에 대한 관점을 바꾸도록 돕기 위해서 은유적 언어를 사용할 수도 있다. 이 과정을 설명하기 위해서 5장에 나왔던 아만다와의 대화를 계속하고자 한다.

배 경

아만다는 그림을 다시 그렸는데, 그녀가 중간에 있고 한편에는 친구, 다른 한편에는 진로상담자가 있다. 아만다는 급류를 향해 나아가고 있다. 남자친구는 저편에서 아만다가 자신이 있는 방향으로 오기를 바라지만, 아만다는 잠시 그를 무시하였다. 그녀는 이미 급류를 통과하였고, 물은 잔잔해졌다.

상담자: 급류에 대한 당신의 이전 경험에 대해서 더 듣고 싶네요.

아만다: 얼마 동안은 정말 거칠었어요. 친구도 아무도 없고, 완전히 새로운 상황이었어요. 그렇지만 전 거기에

매달렸고 최선을 다했어요. 마침내 몇 명의 사람을 만났고, 그 시스템을 이해하기 시작했어요.

상담자: 그 급류의 분명한 특징 중 하나는 함께 여행할 사람이 당신 주변에 많이 없다는 점인 것 같아요.

아만다: 그것 참 흥미롭네요. 네, 상황이 바뀌면 선생님이나 데니스가 지금처럼 제 곁에 없을 거라고 생각해요. 저 혼자 모든 일을 처리할 준비가 필요할 거예요.

상담자: 당신은 최근의 급류를 잘 관리했어요.

아만다: 예, 제 생각도 그래요. 그러나 이번 건 더 무시무시해요.

상담자: 자, 다시 이 그림을 가지고 작업하면서 다른 대안을 생각해 내도록 하지요. 당신에게 더 많은 힘을 주기 위해 그림을 어떻게 바꿀 수 있을까요?

브레인스토밍 결과

- ✲ 더 큰 배
- ✲ 급류 주위에서 또 하나의 길 발견
- ✲ 새로운 기술을 배움
- ✲ 급류와 다가올 상황에 대하여 더 알게 됨

상담자: 꽤 흥미 있는 아이디어 같은데, 우리가 이 아이디어를 어떻게 당신의 상황에 적용할 수 있을지 생각해

봅시다.

이 시나리오에서 상담자는 내담자의 그림에 머물면서 브레인스토밍 활동을 통해 문제 해결에 초점을 두었다. 이를 기초로 하여 이전의 경험에서 전이할 수 있는 기술을 사용하는 것, 현재의 환경에 대하여 더 배우는 것, 새로운 기술을 익히는 것 등에 대한 심층 토론이 이어졌다.

은유를 사용하여 진행하는 또 하나의 방법은 내담자가 그 상황에 대하여 다른 은유를 생각해 보도록 하는 것이다. 콤즈와 프리드먼(Combs & Freedman, 1990: 32)은 다양한 은유를 통해 창의성과 융통성이 증진된다며 다음과 같이 주장하였다.

> 하나의 은유는 세상의 특정한 부분에 대한 특정한 생각이다. 사람들이 하나의 상황에 대하여 하나의 은유만 있다고 생각한다면 그들의 창의성은 제한을 받는다. 주어진 상황에 대하여 선택할 수 있는 은유가 많이 있을수록 사람들은 상황을 조정하는 방법에 대하여 더 많은 대안을 세우고 융통성을 기를 수 있게 된다. 여러 가지 은유를 발견하는 것은 창의성의 영역을 확장시킨다.

진로를 표현할 수 있는 은유는 매우 다양하다. 잉크슨(Inkson, 2007), 잉크슨과 애먼슨(Inkson & Amundson, 2007)은 다음과 같이 다양하게 표현할 수 있다고 하였다.

- ✽ 여행: 진로 경로를 통해 목적지를 향해 나아가는 것을 진로라고 봄
- ✽ 유산: 진로에 참여하는 것은 대물림되는 농장이나 사업처럼 세대 간에 전수되는 것
- ✽ 어울림: 직업 세계와 사람은 각각 특정한 모양이 있어서 각각의 모양을 맞추는 것
- ✽ 계절 또는 순환: 인생의 계절처럼 일련의 구분되는 단계로서의 진로
- ✽ 성장: 진로를 지속적인 발달과 학습이 일어나는 유기체로 보는 것
- ✽ 창의적인 작업: 디자인되고 만들어지는 예술 작업으로서의 진로
- ✽ 네트워크: 집단적인 관점에서 볼 때 진로는 집단의 준거와 기대에 맞추어지는 것
- ✽ 자원: 경제와 기획과의 연결성을 반영하기 위해 '인적자원관리' 와 같은 용어를 사용함
- ✽ 이야기: 이야기를 통해 삶의 의미를 창조하는 것에 강조점을 두는 관점
- ✽ 문화적 산물: 진로가 문화적 환경을 반영한다고 봄

이러한 은유적 이미지는 진로에 대한 다양한 관점을 보여 줄 수 있다. 아만다의 경우에 '여행' 의 은유를 따르고 있지만, 아만다의 상황을 '성장' 의 측면에서 볼 수도 있다. 이 관점에서 변화

는 자연스러운 것이고 두려워하거나 피해야 할 것은 없다. 예를 들어, 누에고치 속에 있는 애벌레의 이미지를 사용한다면, 변화는 새로운 발생이라는 흥분되는 과정이다. 그 과정 동안 날개가 생기고 증진된 에너지와 가능성을 가지고 세상을 탐색한다.

은유와 질문 모두에는 역동적인 특징이 있다. 진로상담자는 직관을 사용하도록 준비되어 있어야 하고, 이야기가 발달해 나가는 여정을 따라가야 한다. 질문과 은유는 탐색을 위한 출발점이 되고, 내담자의 이야기를 촉진하기도 한다. 다음 절에서는 보다 구조적인 접근이 소개될 것이고, 탐색의 초점이 보다 분명해질 것이다.

구조화된 평가

다양한 유형의 구조화된 평가가 있다. 아마도 가장 흔한 형태는 광범위한 측면에서 표준화된 질문에 내담자가 반응하는 상황이다. 표준화된 질문지를 사용하는 것의 이점은 다른 사람과의 비교가 가능하다는 것이다. 물론 이러한 평가 형태는 약간의 전문 지식이 필요한데, 특히 결과의 해석을 위해서는 특별한 훈련을 받아야 한다. 평가 가능 영역에 대해 충분히 알고 신뢰도와 타당도 관련 문제를 이해하기 위해서는 평가와 관련된 수업을 이수해야 한다. 그렇지 않다면 훈련된 진로상담 전문가에게 의뢰할 필요가 있다.

평가에는 세 가지 상이한 목적이 있을 수 있다(Niles & Harris-Bowlsbey, 2002). 평가의 첫 번째 형태는 진로성숙도, 비합리적 신념, 또는 의사결정 능력과 같이 내담자 요구에 초점을 두는 것이다. 다음 목록은 이 영역에 해당하는 대표적인 평가 도구다.

* 진로성숙도검사(Career Maturity Inventory: CMI): 학령기 학생의 진로 결정 준비도를 점검한다. 6~12학년 학생에게 적절하다(Crites & Savickas, 1995).
* 진로사고검사(Career Thought Inventory: CTI): 진로를 결정할 때 사람들을 후퇴하게 할 수도 있는 비합리적인 생각을 확인한다. 고등학생과 성인에게 적절한 검사다(Sampson, Peterson, Lenz, Reardon, & Saunders, 1996).
* 진로발달검사(Career Development Inventory: CDI): 진로 의사결정을 할 만한 준비도를 평가하기 위해 개발된 검사다. 고등학생과 대학생에게 적합하다(Super, Thompson, Lindeman, Jordan & Myers, 1984).
* 진로의사결정검사(Career Decision Scale: CDS): 우유부단함이 좋은 결정을 내리지 못하도록 얼마나 방해하는지를 평가하기 위한 검사다. 고등학생과 성인에게 적합하다(Osipow, Carney, Winer, Yanico, & Koschier, 1997).
* 진로신념검사(The Career Belief Inventory): 진로 의사결정을 방해하는 자기개념과 세계관을 검토하는 검사다. 고등학생과 성인에게 적합하다(Krumboltz, 1991).

이들 검사는 내담자의 진로발달과정을 지원하거나 방해하는 문제에 초점을 둔다.

평가의 또 다른 목적은 내담자와 진로상담자가 자기에 대하여 더 알도록 돕고 진전이나 변화를 측정하기 위한 방법을 제공하는 것이다. 이에 초점을 두는 몇 가지 상용화된 검사는 다음과 같다.

- **홀랜드의 적성탐색검사**(Self-Directed Search: SDS): 6개의 상이한 직업 집단에 해당하는 성격 유형과 흥미를 측정하기 위한 검사다. 이 검사는 혼자 실시하고, 채점하고, 해석도 찾아보는 것이 가능하다. 고등학생, 대학생, 성인을 위해 사용할 수 있다(Holland, 1994).
- **스트롱 흥미검사**(The Strong Interest Inventory: SII): 이 검사는 홀랜드 유형(RIASEC)을 사용하며, 기본흥미척도, 일반직업분류, 개인특성척도, 직업척도를 제공한다. 피검자의 프로파일과 다양한 직업에 종사하는 근로자의 프로파일 사이의 비교 결과를 제공한다. 후기 청소년과 성인에게 가장 적합하다(Campbell, Strong, & Hansen, 1991).
- **잭슨 직업흥미검사**(Jackson Vocational Interest Survey: JVIS): 교육과 진로계획 흥미 검사(34개 척도)로서 고등학생, 대학생, 성인에게 적합하다(Jackson, 1991).
- **해링턴-오셰어의 진로의사결정체계**(Harrington-O' Shea Career Decision Making System: CDMS): 홀랜드 흥미 유형과 유사한 구조를 사용하여 진로 흥미와 의사결정을 측정하는 검사다.

고등학생과 성인에게 적합하다(Harrington & O'Shea, 1992).

✲ 쿠더 진로탐색검사(Kuder Career Search with Person Match: Kuder): 10개 범주의 활동과 6개 직업군에 대한 흥미를 측정한다. 제공되는 데이터베이스를 이용하여 피검자가 자신의 결과와 비교하고, 자신의 프로파일과 가장 유사한 직업에 대한 정보를 얻는다. 고등학생, 대학생, 성인에게 적합하다(Zytowski & Kuder, 1999).

✲ 진로직업선호도조사(Career Occupational Preference Survey: COPS): 8개 진로 군집에 대한 흥미를 평가하는 조사 도구다. 그중 5개는 전문적 기술적 수준으로 구분될 수 있다. 중·고등학생, 대학생, 성인에게 적합하다(Knapp & Knapp, 1992).

✲ 진로계획검사(The Career Planning Survey: CPS): 능력과 흥미를 평가하는 검사다. 홀랜드 흥미 유형을 사용하며, 직업세계지도(World-of-Work Map)와 연결되어 있다. 고등학생, 대학생, 성인에게 적합하다(ACT, 1997).

✲ 일반적성검사 배터리(The General Aptitude Test Battery: GATB): 9개의 직업 적성을 측정하며, 미국 고용서비스(U.S. Employment Service) 흥미검사와 연계하여 사용할 수 있다. 고등학생, 대학생, 성인에게 적합하다(U.S. Employment Service, 1982).

✲ MBTI(Myers-Briggs Type Indicator): 이 성격검사는 칼 융(Carl Jung)의 유형에 근거한 것이며, 네 개의 척도에 대한 점수를

제공한다. 결과는 특정 직업에 종사하는 사람의 전형적인 프로파일과 관련지어지며, 아울러 일터에서 보다 나은 의사소통을 촉진하도록 하는 데 초점을 두고 있다. 고등학생, 대학생, 성인에게 적합하다(Myers & Briggs, 1993).

이러한 검사 도구는 개인의 특징에 초점을 두며, 사람에게 정보를 주어서 자신의 개인적 특징과 직업환경이 요구하는 기술을 비교할 수 있게 해 준다.

앞에 정리한 검사 도구 외에도, DISCOVER나 SIGI와 같은 온라인 평가 도구도 고려해 볼 수 있다. 온라인을 활용한 평가에 대해서는 8장에서 진로상담을 위한 웹사이트 사용에 대해 소개할 때 다시 설명할 것이다.

탐색에 보다 초점을 두는 구조화된 평가방법도 있다. 이 과정은 내담자가 미리 기술된 질문에 반응한다는 점에서 유사하다. 차이가 있다면 구체적인 비교 분석 없이 반응을 해석한다는 것이다. 이 검사는 대개 동일한 수준의 평가 배경과 훈련을 요구하지는 않는다.

또 하나의 구조화된 평가는 직업카드 분류다. 직업카드분류를 하면서 카드를 지시문에 따라 나누고, 또 다른 방식으로 다시 나눠 본다(Gysbers & Moore, 1987). 예를 들어, 일련의 가치관 목록을 만들어 각 카드에 가치관 하나씩을 적고, 내담자에게 가장 잘 맞는 가치를 선택하라고 요청하는 것이다. 같은 방식으로 흥미 목록, 성격, 기술, 직업환경의 특성, 또는 직업적 대안에 대하여 실시할 수 있다. 대개는 '매우 잘 맞다.' '전혀 맞지 않다.' '잘 모르겠다.'의 세 가지 범주가 있다. 이 세 가지 범주로 카드를 분류한 후에는 가장 잘 맞는다고 분류한 카드의 순위를 부여해 보라고 함으로써 심화된 정교화 작업을 할 수도 있다.

직업카드 분류의 유형도 다양하다. 어떤 것은 상담자 개인이 만들어 사용한다. 어떤 것은 이미 만들어져 있어 구입해서 사용하면 된다. ICCS(Intelligent Career Card Sort, www.intelligentcareer.net)와 같은 몇몇 직업카드는 다른 검사 도구와 마찬가지 방식으로 전문적인 훈련을 제공하기도 한다. ICCS는 몇몇 부가적인 진로 탐색 과정을 포함하고 있고, 비교 분석도 할 수 있게 되어 있다.

한계점

1장에서 언급한 것처럼, 많은 내담자는 그들이 추구해야 할 진로 방향이 정확히 무엇인지를 말해 줄 강력한 검사를 받을 수 있을 것이라는 기대를 하면서 진로상담자에게 온다. 그러나 이러한 검사 도구는 존재하지 않는다. 그러기에는 우리 사회가 너무나 역동적으로 변화하고 있다. 구조화된 평가방법은 탐색 과정에서 중요한 역할을 수행하지만, 그 한계는 알고 있어야 한다. 그래서 이러한 도구를 평가하거나 사용할 때 적절한 훈련을 받는 것이 매우 중요하다.

진로 탐색을 촉진할 때 고려되어야 할 또 하나의 사항은 문화,

인종, 성, 사회경제적 지위, 연령 등 상담의 다양한 맥락에서도 특정 검사를 적용할 수 있느냐 하는 것이다. 개방형 질문이나 이야기하기에는 개인차가 드러날 여지가 있다. 은유를 사용할 때도 마찬가지다. 이러한 방법은 개방적이고 무비판적인 과정에 적합하다. 보다 구조화된 기법을 적용할수록 더 많은 주의가 필요하다. 다른 사람과의 비교를 통해서 검사 결과를 해석하려면, 어떤 사람이 검사 규준을 수립할 때 대상이 되었는지 검토해야 한다. 또한 특정한 검사 문항의 관련성과 적용 가능성을 평가할 필요가 있다. 구조화된 기법은 비교를 하는 데 이점이 있을 수 있는 반면, 그 검사 결과는 검사 목적과 표준화 범위를 벗어나서는 사용될 수 없다.

요 약

이 장에서는 특히 자기에 초점을 둔 탐색 과정을 강조하였다. 이러한 자기 탐색은 수많은 방법을 통해 할 수 있다. 이 과정을 심화시키기 위해 사용할 수 있는 몇 가지 질문도 소개했다. 이러한 질문은 개인의 강점, 성취, 그리고 일반적인 '몰입' 감이 있는 시간에 초점을 둘 수 있다. 이런 긍정적인 순간은 문제와 직접 관련되거나 개인의 삶 중 다른 관련 영역에서 나온 것일 수 있다. 긍정적인 순간은 또한 우리가 타인에게서 보고 감탄하는 강점일 수도 있다. 또 하나의 접근은 사람들이 과거에 경험하였던 장벽에서 최종 목표로 이동하도록 돕기 위해 상상과 시각화를 사용하는 것이다. 이 새로운 관점은 문제와 진로 방향을 재평가하는 기회를 제공해 준다.

은유 또한 문제에 대한 새로운 관점을 발견하기 위한 수단으로 탐색된다. 이런 접근은 은유를 적용하고 변화시켜서 새로운 이미지를 만들어 내려는 것이다. 다양한 은유를 갖는 것은 창의성과 융통성을 기르는 데 유용하다. 관점을 변화시키는 방법을 배우면 문제를 풀고 새로운 대안을 생성하는 능력이 신장된다.

마지막 진로 탐색 부분은 보다 구조화된 평가방법에 초점을 둔다. 여기에 소개된 검사는 개인적 특성과 능력을 검토하는 데 유용하다. 진로성숙도, 비합리적 신념, 의사결정 능력과 같은 다른 영역에 적용될 수 있다. 대부분의 구조화된 평가는 전통적인 검사를 사용하는 반면, 그 정보를 조직하기 위한 다른 방법도 있다. 예를 들어, 직업카드분류는 보다 시각적이고 운동감각적인 요소를 상담 과정으로 포함시키는 방법이 될 수 있다.

진로탐색 방법을 사용할 때 알아야 할 몇 가지 제한점도 있다. 내담자는 종종 전통적인 검사를 사용할 때 지나치게 기대를 하는데, 이러한 기대는 좀 명료화될 필요가 있다. 진로상담자는 그들이 사용하는 검사의 규준에 대하여 알고 있어야만 하며, 그것을 적절하게 적용해야 한다. 다문화와 관련된 이슈는 검사 결과를 다른 사람의 검사 결과와 비교할 때 특히 중요하다.

다음 장도 계속해서 탐색에 초점을 두되, 개인에게 초점을 두기보다 노동시장의 역동을 포함하는 광범위한 사회문화적 맥락으로 초점을 옮긴다. 진로발달은 개인에 대한 이해와 넓은 환경적 이슈에 대한 인식에 의해 촉진될 필요가 있다.

Chapter 7

문제 탐색하기:
환경과 노동시장 선택

일단 자기를 이해했다는 감이 생기면 광범위한 환경적 요인과 노동시장 선택에 집중할 필요가 있다(3장과 6장 참조). 이 요인은 슈퍼의 아치와 4장에 기술된 진로수레바퀴의 상단 부분에 나와 있다. 사람은 항상 세상과 함께 대화하며 살아가고, 자기와 외적 세계를 함께 고려하는 통합적인 관점이 필요하다.

사회적 환경

북아메리카에 사는 미국인은 사회적 환경의 중요성을 축소하고 개인의 중요성은 과대평가하는 경향이 있다. 반면에 다른 문화권에서는 집단 정체성에 더 큰 중요성을 부여한다(Hampden-Turner & Trompenaars, 2000; Hofstede, 1997; McCormick & Amundson, 1997). 진로상담에서 상담자는 개인적 정체성과 집단 정체성을 동시에 고려할 필요가 있다.

지금까지의 전통적인 진로상담 방법을 현실에 맞게 변화시켜야 할 필요가 있는지에 대한 예시로서, 잘 알려진 쿠퍼(Cooper, 2001)의 책 『나와 다른 90%(*The other 90%*)』에서 제기한 질문을 고려해 보자. 대부분의 사람은 자신의 재능과 능력의 일부만을 사용한다고 주장한다. 사람들의 관점을 넓히도록 돕기 위해 다음의 두 가지를 질문한다.

✻ 금주에 당신이 한 가장 예외적인 일은 무엇입니까?
✻ 당신이 다음 주에 할 가장 예외적인 일은 무엇입니까?

'예외적' 이라는 단어의 뜻을 그대로 적용하면, 한 주 동안 했던 것 중 특별한 것을 언급할 수 있다는 것이다. 중요한 사건일 필요도 없고, 단지 평소와 다른 특별한 것이면 된다. 더 진행하기 전에 한 순간을 포착하여 이 질문에 대해 생각해 보자.

'예외적' 인 순간에 초점을 맞춘다는 생각은 새로운 것이 아니며, 6장에 제시한 몇 가지 예와 꽤 일치한다. 이 관점은 자기의 행동을 매우 강조한다. 만일 우리가 이 질문을 바꾸어서 집단에 더 강하게 초점을 둔다면 어떤 일이 일어날까? 예를 들어, 다음과 같은 질문이 있다.

✻ 당신이 이번 주에 집단의 일원으로서 행한 가장 예외적인 일은 무엇입니까?
✻ 당신이 다음 주에 집단의 일원으로서 행할 가장 예외적인 일은 무엇입니까?

이러한 부가적인 질문에 답하면서 당신의 관점이 어떻게 변화하는지 주목해 보자. '내게는 예외적이야.' 라고 생각하기보다 초점을 팀의 일원으로서의 존재로 옮겨 보자. '집단 정체성' 이 의미하는 바가 그것이다. 내담자는 두 가지 질문 중 어느 하나를 더 중요하게 여길 수 있지만 두 가지 질문을 모두 해야 한다.

사회집단에 중요성을 두게 되면, 내담자가 진로계획을 할 때 다른 사람이 그에게 부여하는 의미에 대해 질문해야 한다. 이 과정은 그들에게 가까운 사람의 목록을 만들면서 구조화된 방법으로 진행할 수 있다. 아마 가족 구성원이나 친구 집단을 포함하여 그들에게 가까운 사람의 목록을 친숙함의 수준에 따라서 분류할 수 있을 것이다. 일단 모두를 포함하는 목록이 만들어지면, 각각의 사람이 어떤 유형의 직업을 가지고 있는지, 어떤 방법으로 지지를 제공하는지, 그리고 진로에 대한 조언을 했다면 어떤 조언을 받았는지를 써 보라고 한다. 이 정보에서 출발하여 진로에 대한 보다 깊은 이야기로 나아갈 수 있다. 예를 들어, '진로에 대하여 어떤 유형의 지지를 받았는가?' 라고 물어볼 수 있다. 지지는 다양한 방법으로 제공될 수 있다. 어떤 경우에는 돈이나 물건 같은 물질적 자원이 포함되기도 하고, 어떤 경우에는 정보나 정서적 지지일 수도 있다. 이런 다양한 유형의 지지는 서로 중첩되기도 하고, 시간에 따라 변화할 수도 있다. 다음으로 진로와 관련된 조언의 문제를 살펴볼 수 있다. 내담자가 자신이 들었던 조언을 고려할 때, '이 조언에 대해 어떻게 반응해 왔는가?' '조언에 대해서 어떠한 반응을 했는가' 에 따라 진로라는 여정이 달라질 수 있다.

주변의 중요한 사람에게서 정보를 수합하는 것도 여러 가지 다른 방법으로 행해질 수 있다. 사회적 환경에 대한 몇 가지 질문에 더하여, 중요 타인 질문지(Significant Other Questionnaire; Amundson, 2003)를 사용하여 다른 사람에게서 직접적인 이야기를 들을 수도 있다. 이 질문지에는 다음과 같은 지시 사항과 문항이 포함되어 있다.

질문지

다음 질문지를 완성해 주세요. 당신의 의견은 (조언의 대상자 이름)이/가 장래 진로계획을 세우는 데 중요합니다. 그러므로 정직하게 응답해 주시면 감사하겠습니다.

1. 당신은 이 사람이 무엇을 잘한다고 말해 주시겠습니까? 이 사람이 보여 주었던 능력으로는 어떤 것이 있었습니까?
2. 당신은 이 사람의 주요 흥미 영역이 무엇이라고 생각하십니까?
3. 당신은 이 사람의 개인적 특징이 무엇이라고 설명하시겠습니까?
4. 이 사람을 지켜보면서 당신이 목격한 긍정적인 변화는 무엇입니까? 특히 일 또는 구직 행동과 관련하여 말씀해 주십시오.
5. 이 사람은 어떤 방향으로 계속 성장할 수 있을까요?
6. 당신은 이 사람에게 어떤 긍정적인 능력과 특성의 잠재력이 있다고 보십니까?
7. 당신이 이 사람을 위해서 이상적인 직업이나 진로 전망을 제안한다면 무엇을 제안하시겠습니까? (Amundson, 2003: 196)

이 질문지를 누구에게 부탁하는 것이 최선일지에 대해 먼저 의논해야 한다. 또한 정보가 수집된 후에는 함께 정리해 보아야 한다.

아만다의 사례를 다시 생각해 보자. 아만다의 상황에서 중요한 역할을 하고 있는 사람을 꼽자면 친구인 데니스, 남자친구, 부모가 될 것이다. 대화는 다음과 같이 전개될 것이다.

상담자: 당신의 장래 진로에 대해서 의견을 줄 수 있을 만한 사람이 몇 명 있네요. 데니스, 남자친구, 부모님이요. 이 질문지를 사용해서 몇 가지 정보를 더 모아 보면 어떨까요?

아만다: 좋을 것 같아요. 저는 데니스와 남자친구에게 부탁하고 싶어요. 하지만 부모님에게도 드리는 것이 좋을지는 잘 모르겠어요. 부모님은 제가 무엇을 해야 할지에 대하여 아무런 말씀도 안 하세요.

상담자: 이 질문지를 사용하는 또 다른 이유는 그것이 조언을 해 주는 사람에게 일정한 틀을 제공해 준다는 것입니다.

아만다: 예, 그들 모두에게 질문지를 주는 것이 나쁘지 않을 것 같네요.

(그 후)

상담자: 오늘 중요 타인 질문지를 해 왔네요.

아만다: 예, 모두가 바로 답해 주었어요. 그들에게 이것을 부탁하는 게 좀 낯설게 느껴졌지만 재미있는 경험이었어요.

상담자: 무엇을 배우게 되었나요?

아만다: 데니스와 남자친구가 무슨 말을 할지는 꽤 잘 알고

있었어요. 하지만 종이 위에 쓰인 것을 보니까 더 좋았어요. 그들은 정말 저를 많이 신뢰하고 있어요. 부모님이 써 주신 것을 보고 정말 놀랐어요. 부모님은 그들이 관여해서는 안 된다는 생각도 어느 정도 하고 있었지만 좋은 말을 많이 해 주셨어요.

상담자: 이 정보를 조금 더 꼼꼼히 검토해 보면 좋을 것 같아요.

아만다: 저도 그렇게 생각해요.

이 질문지를 실시함으로써 새로운 정보를 얻을 수도 있다. 내담자의 장래 방향 설정에 대한 중요 타인의 관점과 제안을 검토해 볼 수 있는 구조화된 방법이다.

내담자에게 중요한 사람이 내담자의 진로 문제 해결 과정에 참여하도록 하기 위한 보다 직접적인 방법은 내담자의 동의하에 그들을 진로상담 회기에 초대하는 것이다. 내담자가 동의한다면 그 사람들을 진로상담 회기에 초대하라. 어쨌든 그들이 내담자의 상담에 대하여 이야기를 나눌 기회가 될 것이고, 그러면 여러분은 내담자에게 중요한 사람도 직접적으로 다룰 수 있을 것이다. 그들이 모든 회기에 올 필요는 없지만, 이러한 시도는 하나의 대안이 될 수 있다.

부모가 상담에 참여하게 될 경우, 부모가 주로 관찰자의 역할을 하여 접근을 사용하는 것이 바람직할 수 있다(Amundson & Penner, 1998). 그렇지 않으면 부모가 진로상담의 주도권을 잡을 위험이 있다. 이것은 부모가 도움을 줄 수 있는 기회를 주지 말자는 의미는 아니다. 요점은 자녀가 부모 때문에 압도되지 않도록 하기 위한 형식적인 구조가 있어야 한다는 것이다.

중요 타인이 진로상담 과정에 더 개입되면 중요한 환경적 정보를 제공할 수도 있다. 그러면 그 중요 타인이 내담자와 상호작용하는 방식을 볼 수 있는 좋은 기회도 된다.

교육과 직업 및 여가 환경

사람들이 노동시장에서 자신의 일자리를 찾으려고 할 때, 교육과 직업 및 여가 경험을 참고해야 한다. 이 변인은 진로 기회를 정의하는 데 중요한 역할을 한다. 예를 들어, 아만다는 미술과 컴퓨터를 복수전공하였다. 이 교육적 배경은 아만다에게 가능한 기회로 어떤 것이 있는지 말해 줄 것이다.

많은 사람은 자신의 교육과 직업 및 여가 경험이 노동시장과 어떻게 연결되는지에 대하여 어느 정도 이해하고 있다. 그러나 이러한 이해는 꽤 제한적일 때가 많다. 아만다의 상황으로 돌아가서 이러한 이해가 어떻게 넓어질 수 있는지 알아보자.

상담자: 미술과 컴퓨터를 복수전공했다고 했는데요. 이러한 교육이 직업을 탐색하는 데 어떻게 사용되기를 바라나요?

아만다: 글쎄요. 미술이 많은 도움이 되지는 않겠지요. 전 컴퓨터로 일하고 싶어요. 불행하게도 현실적으로는 모든 것이 하락기예요.

상담자: 당신이 학위를 최대한 활용하지 않으려고 하는 것은 아닌지 궁금해요. 미술과 컴퓨터를 조합하는 방법이 있지 않을까요?

아만다: 그 둘은 정말 완전히 다른 세상이에요. 조합이 그다지 잘될 것 같지 않아요.

상담자: 아마 당신이 간과한 것이 있을 거예요. 진로도서관에서 두 가지를 함께 조합하는 방법이 있는지 찾아보면 어떨까요? 진로도서관은 직업 목록을 자세히 살펴보는 데 도움이 될 거예요.

(그 후)

아만다: 뭔가 찾은 것 같아요. 저는 이 진로를 그래픽디자인으로 부른다는 것을 알게 되었어요. 사람들은 컴퓨터로만 일하는 것 같지만, 한편으로는 재미있는 이미지를 떠올리기 위해 창의력도 사용해요.

상담자: 그래픽디자인에 대해서 더 배우고 싶으면 그 직업에 종사하는 사람을 만나 면담해 보는 것이 도움이 될 거예요.

아만다: 면담이 어떤 건가요?

상담자: 실제로 그 분야에서 일하고 있는 사람을 만나보는 거예요. 일자리를 부탁하는 것이 아니고요. 얼마 간의

> 시간 동안 그들이 자신의 직업을 어떻게 생각하는지 들을 수 있는 기회를 요청하는 거예요. 어떻게 면담할 사람을 찾고 연락을 취할 수 있을지 생각해 보고, 또 어떤 질문을 할 수 있을지 같이 의논해 봅시다.

아만다의 상황에서 미술과 컴퓨터를 연결시킬 필요가 있었다. 다른 사람에게는 다른 종류의 확장이 필요할 수 있다. 예전에 간호사 훈련을 받고 있는 내담자와 작업하면서 그녀의 시야를 넓히고자 한 적이 있었다(Amundson & Poehnell, 1996). 그 상황에서 종이 중심에 '간호사'라는 단어를 놓고, 다른 대안을 생각해 냈다. 그때 만들어진 연결 고리는 다음 목록과 같다.

- 영양사
- 치과위생사
- 조산원
- 다이어트 전문가
- 방사선 전문의
- 임상병리사
- 제약보조원
- 의료소송 사정인
- 간호학 강사
- 산업보건

이런 식의 확장은 사람들로 하여금 그들이 가진 기술이 다른 영역으로 어느 정도 전이될 수 있다는 것을 알게 해 준다. 훈련을 더 받아야 할 수도 있지만, 이미 가지고 있는 교육 경험이 새로운 상황에 적용될 수도 있다.

시야를 넓히는 것은 일과 여가 경험에도 적용할 수 있다. 사람들은 종종 자신이 가진 기술을 과소평가한다. 새로 이주한 이민자와 직업에 재진입한 여성의 경우 특히 그렇다. 이런 상황에서는 경험에 내재하는 여러 기술을 제대로 알아보지 못할 수 있다. 이런 장벽에 직면한 내담자가 다양한 곳에 적용할 수 있는 자신의 기술을 알아보는 것은 쉽지 않은 일이다. 진로상담자는 내담자가 그들의 경험과 노동시장 사이의 연관성을 이해하도록 돕는 데 핵심적인 역할을 할 수 있다. 이 점에서 유용한 도구는 캐나다 위원회(Conference Board of Canada, http://www.conferenceboard.ca/nbec)에서 개발한 기술, 태도, 행동 목록이다. 이 목록은 고용주의 의견을 바탕으로 개발되었으며, 직장에서 성공하는 데 필요한 고용 가능성에 초점을 두고 있다. 고용 가능성에는 다음의 기술이 포함된다.

- 의사소통 능력
- 문제 해결 능력
- 긍정적인 태도와 행동
- 적응성
- 타인과 협동하는 능력

✻ 과학, 공학, 수학적인 능력

내담자가 이 목록을 보면 이전의 경험이 새로운 환경에 얼마나 적용될 수 있는지를 더 잘 인식하게 된다.

시야를 넓히는 것에 더하여, 다양한 측면의 교육과 직업 및 여가 경험을 세부적으로 탐색하는 것도 중요하다. 예를 들어, 회계사로 일하고 있는 내담자가 직업을 바꾸고 싶어 하였다. 자신의 일에서 실패를 맛보았고, 다른 진로 대안을 찾고자 하였다. 진로상담자가 직장에서 겪은 좌절을 탐색하도록 도와줄 때, 내담자는 몇 가지 사회적인 상황이 자신의 어려움에 영향을 미치고 있음을 알게 되었다. 그녀는 한 주 동안에 여러 다른 회사를 방문하는 직장에서 일을 하고 있었다. 여기에서 관계를 맺는 데 어려움을 경험하였고, 대부분의 점심시간과 휴식시간을 혼자서 보냈다. 계속 탐색해 보니 내담자는 회계 일은 정말 좋아하지만 직장에서 대인관계가 부족한 것이 주된 문제라는 것을 알게 되었다. 이렇게 새롭게 이해를 하게 되자, 내담자는 한 사무실에 머무르면서 일할 수 있는 새 직장을 찾기 시작하였다. 마침내 그녀는 새로운 직장에 들어가게 되었고, 새로운 환경 덕분에 그녀의 불만은 사라졌다. 그녀에게는 진로 전환이 필요했던 것이 아니라 일터의 변화가 필요했던 것이다.

노동시장 선택(개인적 관점)

노동시장은 다양한 방법으로 바라볼 수 있다. 많은 내담자가 미래에 대해 무언가 확실한 것을 얻기 위해 진로상담에 온다. 그들은 훈련이 끝날 때 직업을 보장해 줄 만한 무엇인가를 알고 싶어 한다. 분명히 일반적인 경향성은 있고(Herr, 1999; Storey, 2000), 다음과 같은 것이 포함된다.

- 높은 수준의 교육과 훈련에 대한 요구
- 세계화(다국적 기업)
- 의사소통과 정보화 기술(IT) 이용의 증가
- 공공부문의 민영화
- 인구학적 변화와 노동시장의 변화(연령, 성, 인종 성분의 변화)
- 조직 형태와 구조의 변화(중간관리자 감원, 다운사이징)
- 유연한 고용 패턴(임시직과 파트타임직, 근무시간 자유선택제, 자기 고용)
- 가치관 변화(생활과 일의 균형에 초점, 환경적 관심, 맞벌이 가족)
- 암묵적인 심리적 계약의 변화(조직에 대한 충성 저하, 프로젝트 기반의 작업 방식)
- 직업 불안정성의 심화(정년보장과 연공서열에 대한 신뢰 저하, 계약제 작업 방식 증가, 실업 기간)

이러한 추세는 몇 가지 일반적인 지침을 제공하기는 하지만 넓은 고용 상황의 한 부분일 뿐이다. 일반적인 지침에 더하여, 사람들은 자신의 특별한 흥미와 기술 그리고 '개인적 노동시장' 에 대하여 인식할 필요가 있다. '개인적 노동시장' 은 개인적인 관계와 활동에 따라 존재하는 기회와 대안을 말한다.

많은 사람은 개인적 노동시장을 확인하고, 충분히 확장시키며 활용하는 데 실패한다. 그들은 모든 사람이 자신의 개인적 노동시장의 일부가 될 수 있음을 깨닫지 못한다. 때때로 필요한 것은 단지 친구와 '친구의 친구' 에 대한 목록이 전부일 수도 있다. 우리가 이런 네트워크를 정말로 확장한다면, 대개 도움의 손길을 빌릴 수 있는 누군가가 있다.

또 직접적으로 서로 관계가 있는 사람은 아니지만 도움을 줄 수 있는 누군가를 알고 있을 수도 있다. 다른 사람과 관심사를 공유하면 새로운 관계가 출현할 수 있는 상황이 조성되기도 하는데, 정말 예상 밖의 방식으로 조성되기도 한다. 여기에서 강조하고자 하는 것은 개방성과 의사소통이다. 사람들이 다른 사람에게 내게 무엇이 필요한지 표현하면, 그것이 바로 도움을 발견할 수 있는 기회가 될 수 있다.

접촉할 수 있는 인맥이 존재한다는 것은 진로발달의 시작점일 뿐이다. 이러한 '인맥'은 사람들과 새로운 접촉을 시도해 보거나 직업에 대한 정보를 얻기 위해서 사람들과 면담해 봄으로써 확장될 수도 있다. 앞의 사례에서 아만다에게 그래픽디자이너와 면담을 하라고 제안한 적이 있다. 이러한 면담은 직장에 대한 많은 질문을 포함하고 대개 다음과 같은 질문으로 끝난다. “혹시 제가 면담을 해 볼 만한 사람을 알고 계신가요?” 이런 방식으로 만나 볼 사람의 명단이 계속 늘어난다. 또한 누군가의 직접적인 추천이 있으면 그 사람과 연락을 취하는 것이 더 쉬워진다.

노동시장에서 대안을 찾는 또 하나의 방법은, 직업 기회를 만들려면 개인의 책임이 크다는 것을 가정하는 것이다. 직업 탐색 과정은 본질적으로는 수동적인 측면이 많다. 직장의 특성이 변하고 있기 때문에 보다 주도적인 입장을 취할 필요가 있다. 비소넷(Bissonnette, 1994)은 직업 탐색자는 이력서를 작성하는 것뿐 아니라 계획서를 만드는 것도 배워야 한다고 제안한다. 그녀는 이 과정을 다음과 같이 묘사하였다.

- 자신의 기술과 능력을 바탕으로, 공헌할 수 있는 일로 어떤 것이 있는지 확인한다.
- 자신이 공헌할 수 있는 일을 필요로 하는 직업을 확인한다. 이러한 것을 필요로 하는 직업이 바로 지원자에게 잠재적 직업시장이 되는 것이다.
- 잠재적인 고용인에게 자신이 공헌할 수 있는 일을 설명해 주고 자신을 고용했을 때 얻을 수 있는 가치와 혜택을 보여 준다.

비소넷(2000)은 일자리를 찾는 데 어려움을 겪는 베트남 출신의 나이 든 옷 수선사를 예로 들었다. 그는 자신이 살고 있는 지역에 몇 개의 병원이 있음을 알았다. 병원에는 단체복을 입고 일하는 사람이 많고, 옷을 수선하러 보내야 할 일이 계속 있을 것이다. 해야 할 일이 상당히 있기는 하지만, 대개 정규직 전일제 일을 할 만큼 일감이 충분하지 않다. 내담자는 제안서를 가지고 몇몇 병원에 접근해서 개별 병원의 일을 함께 엮어 전일제로 일할 만큼 충분한 일감을 모았다. 제안서를 가지고 적극적이고 주도적으로 병원에 접근함으로써, 재단사는 자신의 필요를 충족할 수 있었다.

노동시장에서 능동적으로 움직임으로써 사업가가 되어 갈 가능성도 탐색해 보게 된다. 사업가적인 특징은 다음과 같다. "모험심이 강하고, 자신감 있고, 끈기 있고, 조직적이고, 융통성 있고, 독립적이고, 정열적이고, 긍정적이고, 성실하고, 위험을 감수하고, 개방적이고, 친절하고, 성취도가 높다." (Bird, 1989) 사업가라는 대안은 많은 사람에게 어울린다. 그것은 전통적인 직업 기회가 거의 없는 지역에서 사람들이 추구할 수 있는 방향이기도 하다.

요 약

이 장에서는 환경적인 이슈와 개인의 노동시장에 초점을 두었다. 이 요인은 6장에서 시작한 탐색 과정의 연속이다. 광범위한 탐색을 수행하기 위해 자신과 외부 세계 모두를 보아야 하고 양

쪽의 관점에서 정보를 통합해야 한다. 계속해서 탐색을 해 나갈 때 새로운 문제가 등장하는 것은 이상한 일이 아니다. 변화에 적응해 나가야 한다. 진로상담의 과정은 직선적인 것이 아니기 때문에 변화가 일어나는 것은 꽤 흔한 일이다.

다음 장에서는 진로상담에서 웹사이트를 어떻게 활용할 것인지에 대해 알아볼 것이다. 이제 우리는 사이버 세상에 살고 있고, 진로상담도 점점 이런 새로운 현실의 일부가 되어 가고 있다. 진로 탐색을 위한 새로운 도구가 나오고 있고, 웹 기반 학습을 전통적인 진로상담 과정에 통합할 수 있는 흥미로운 방법이 소개되고 있다. 이런 새로운 방법이 개발될수록 그에 따른 주의 사항과 윤리적 문제를 검토해 보아야 한다. 10장에서는 행동계획 수립에 초점을 둔 상담의 과정으로 다시 돌아갈 것이다.

Chapter 8

웹사이트를 활용한 진로상담

1960년대 후반부터 컴퓨터는 진로상담 분야에 중요한 기술적 도구가 되었다. 몇몇 개발자(Super, Tiedeman, Katz, Harris-Bowlsbey 등)는 정상적인 발달과정에서 일어나는 직업의 선택, 직업에 대한 세부적인 학습, 그리고 그와 관련된 교육 경로 선택을 돕기 위하여 진로지도 컴퓨터 시스템을 개발해 냈다(Super, 1970). 이 시스템은 온라인 검사, 데이터베이스 검색, 광범위한 직업 및 교육 데이터베이스, 학생의 인적사항과 시스템 이용 기록을 저장하는 사용자별 개인 기록 등을 제공하였다. 이 기록은 학생으로 하여금 이전 사용에서 얻은 자료를 보관해 둘 수 있게 하였고, 학생이 시스템을 이용한 후에 상담자가 학생과 함께 마무리할 수 있도록 상담자에게 보고서를 제공하였다. 최초의 컴퓨터 시스템은 고등학생을 위해 개발되었고, 이어서 중학생, 대학생, 일반인의 독특한 발달적 욕구를 충족하기 위한 컴퓨터 시스템을 개발하는 데 노력을 기울였다. 1970년대에는 국립직업정보조직위원회(National Occupational Information Coordinating Committee: NOICC)라는 연방정부 기관이 각 주에 예산을 지원하여 진로 정보 시스템 개발을 촉구했다. 이전에 개발된 진로지도 컴퓨터 시스템과 유사한 형태였으나, 임금이나 직업 전망과 같은 각 주(州)의 노동시장 정보를 제공한다는 점에서 달랐다. 대부분이 사용자의 정보를 저장하지도 않았고, 진로 문제에 대한 처방을 제공하지도 않았다. 주로 직업 및 교육적 정보의 질, 포괄성, 지역성에 초점을 두었고, 초기 진로지도 컴퓨터 시스템에서 제공했던 온라인 검사를 제공하는 경우는 거의 없었다.

이들 시스템은 모두 독립형 단말기나 컴퓨터 연결망에 탑재되는 컴퓨터 소프트웨어로 개발되었다. 처음에는 거대 중앙처리장치에, 그다음에는 소형 컴퓨터에, 그리고 1980년대에는 초소형 컴퓨터에 탑재되었다. 1990년대에는 인터넷을 전달 매체로서 이용할 수 있게 되면서 인터넷에서 사용 가능한 컴퓨터 기반 서비스 시대가 열렸다. 인터넷을 통해 활용할 수 있는 자원은 세 집단으로 나눌 수 있다.

- **통합 시스템**: 사용자 기록, 온라인 평가, 탐색, 데이터베이스, 의사결정을 도울 수 있는 전략을 모두 포함하고 있다. 쿠더 진로계획 시스템(Kuder Career Planning System)과 DISCOVER가 그 대표적 예인데, 진로지도 컴퓨터 시스템에 대하여 앞서 설명했던 특성과 내용을 가지고 있다. 사용자 기록이라는 용어는 포트폴리오(portfolio)라는 용어로 바뀌었고, 쿠더 진로계획 시스템의 경우 적어도 포트폴리오는 전 생애적인 것이며, 고유의 사용자 ID에 의해 안전한 서버에 저장되고, 인터넷에 접속할 수 있는 곳이면 어디서나 사용자가 접근할 수 있도록 되어 있다. 최근의 기술 발달로 오디오, 비디오, 애니메이션, 흥미로운 그래픽과 아바타(해당 스크린의 기능을 설명하거나 점수 보고와 같은 것을 설명하기 위해 사용되는 안내자) 등이 가미되었다. 이러한 특징

으로, 특히 초등학생을 위한 재미있는 내용 개발이 가능해졌다.

- ✻ 부분 시스템: 사용자 기록(진로 포트폴리오), 온라인 검사, 데이터베이스 등을 포함하지만 지속적인 진로지도를 위해 필요한 요소를 모두 포함하지는 않는다. 이러한 시스템의 예로는 Career Key(www.careerkey.org)와 같이 온라인 검사에 직업 목록과 설명을 덧붙인 것이 대표적이다. 다른 예는 중등교육 기관과 그에 대한 설명을 찾아보는 Peterson's Publishing(www.petersons.com)일 것이다. 또 다른 예로는 이력서와 직업 탐색을 하게 해 주는 MonsterBoard(www.monster.com)나 유치원부터 고등학교까지의 학생에게 진로 정보를 제공해 주는 노동부 사이트(http://www.bls.gov/k12/index.htm) 등이 있다.
- ✻ 웹사이트: 진로계획 과정에서 중요한 요소를 제공해 주지만 해당 사용자를 위한 전체적 진로설계 과정과는 연결되지 않는 웹사이트도 있다. 예를 들어, O*Net 직업 데이터베이스(http://online.onetcenter.org)와 같은 직업에 대한 설명을 제공해 주는 웹사이트, 국립교육통계청(http://nces.ed.gov/ipeds)과 같이 대학과 관련된 정보를 제공해 주는 웹사이트가 대표적이다.

여러 해에 걸친 연구(Taber & Luzzo, 1999)를 통해 상담자의 조력과 정보화 기술을 함께 제공하는 것이 내담자에게 가장 효과적이라는 증거가 꾸준히 제시되고 있다. 가장 많은 내용을 포괄하고 있는 컴퓨터 시스템이라고 해도 그에 대해 잘 알고 있는 상담자의 도움 없이 사용된다면 큰 효과가 나타나지 않을 수 있다. 연구 결과와 함께 논리적으로 추론해 보면, 덜 통합되고 덜 포괄적인 시스템일수록 진로상담자의 도움이 더 필요하다.

현재의 발전된 인터넷 전달 체계와 사이트를 고려하여, 이 장에서는 진로상담자가 기술기반 개입을 어떻게 사용할지를 결정하고, 어떤 시스템을 선택하며, 내담자와 학생이 시스템을 잘 활용할 수 있도록 어떻게 도울 것인지에 관하여 몇 가지 지침을 제공할 것이다.

기술기반 개입 사용 여부 결정하기

기술기반 개입을 사용할 것인지를 결정하는 데는 적어도 두 가지의 효과적인 준거가 있다. 내담자의 호소 문제와 내담자의 준비도가 그것이다. 5장에서 '상담관계에서 다뤄야 하는 내담자의 요구'와 '구체적인 목표를 확인하기 위해 내담자와 함께 작업하는 과정'을 논의하였다. 내담자의 요구와 목표가 결정되면, 진로상담자는 기술기반 개입이 적절한지에 대하여 판단을 할 수 있다. 웹 기반 시스템과 사이트는 세 가지 영역에서 효과적인 서비스를 제공한다. 첫째, 흥미 · 기술 · 직업 가치 · 성격 유형 등이 진로 선택과 관련되어 있을 때 온라인 검사를 실시한다. 둘째, 가능한 대안을 확인하기 위해 광범위한 데이터베이스를 탐색한다. 셋째, 진로 선택 및 계획과 관련된 다양한 대안과 주제에 대한 정보를 탐색한다. 나아가 장기적인 진로 포트폴리오는 진로탐색 및 계획의 많은 측면을 통합하고, 각각의 부분을 잠재적 고용주 또는 입학담당자와 공유할 수 있는 기회를 제공한다.

내담자가 진로 선택과 관련된 자신의 특성을 평가하고 싶어 한다면 적어도 두 가지 개입이 있을 수 있는데, 비공식적 평가와 공식적 평가가 그것이다. 5장에 살펴본 바와 같이, 비공식적 평가에는 구조화된 면담, 체크리스트, 직업카드 분류, 유도된 심상 등이 있다. 공식적 평가는 과학적으로 엄격하게 개발된 도구를 통해 지필검사지, 컴퓨터, 웹 기반 형식으로 실시할 수 있다. 컴퓨터나 웹 기반 실시는 상담자가 검사를 실시하는 데 드는 시간이 따로 들지 않고, 채점 오류나 반응 누락을 없애 주며, 내담자에게 즉각적인 피드백을 준다는 장점이 있다. 반면 컴퓨터 기반 실시에는 컴퓨터가 무한한 힘을 가졌다는 생각 때문에 내담자가 평가 결과를 맹신하도록 이끄는 단점이 있다.

흥미, 기술, 능력, 가치, 성격 유형 검사의 범위는 매우 넓다. 과학적으로 엄격하게 개발된 거의 모든 평가 도구에는 비용이 청구된다. 물론 O*Net 흥미 프로파일(O*Net Interest Profiler), O*Net 직업가치척도(O*Net Work Importance Locator), ASVAB 흥미검사(ASVAB Interest Finder) 등의 예외도 있다. O*Net 검사에 필요한 프로그램은 사이트(http://online.onetcenter.org)에서 비용 없이 다운받아 사용할 수 있다. 또한 무료 ASVAB(Armed

Services Vocational Aptitude Battery) 검사는 ASVAB 웹사이트(http:// www.asvabprogram.com)에서 지필검사로 실시한 내용을 직접 입력하면 어떤 직업이 잘 맞는지에 대한 결과를 확인할 수 있다.

내담자가 바라는 특징을 가지고 있는 항목, 예를 들어 직업 및 기술학교, 대학, 또는 직업 등을 확인하려고 대규모 데이터베이스를 탐색할 필요가 있다면, 출판물을 활용하거나 진로상담자에게 찾아가는 것보다 기술기반 개입을 활용하는 것이 훨씬 효과적이다. O*Net 직업 데이터베이스는 미국에 있는 모든 직업을 상세히 설명하고 있으며, 미국 노동부가 꾸준히 최신 자료를 보완하며 관리하고 있다. 이 데이터베이스는 산업별로도 검색되고 키워드로도 검색된다. 관련 노동부 사이트인 CareerInfoNet(www.acinet.org)에서는 교육 수준, 진입 요건, 소득별로도 검색할 수 있다. 마찬가지로 국립교육통계센터의 승인을 받은 대학 전체 목록을 사이트(http://nces.ed.gov/collegenavigator)에서 볼 수 있고, 여러 가지 기준으로 전체 데이터베이스를 검색할 수 있다.

만일에 내담자가 교육과 진로계획과 관련된 정보를 필요로 한다면, 신중하게 선택된 웹사이트가 좋은 정보원이 될 수 있다. 이러한 정보에는 재정 지원을 받을 수 있는 기관, 고용주, 이력서 작성법, 취업면접 등이 포함될 수 있다. 물론 이러한 정보는 인쇄물로도 제공되지만, 인터넷은 지속적인 업데이트, 영상 사용 그리고 다른 웹사이트와의 연결을 가능하게 해 준다. 기술기반 개입을 사용할 것인지를 결정하는 첫 단계는 내담자의 요구를 확인하는 것이다. 기술기반 개입으로는 좋은 서비스를 제공하기 어려운 영역이기 때문에 진로상담자가 다루어야 하는 주제가 있다.

- 자신의 진로를 어떻게 관리해야 하는지 배우기
- 동료나 상사와 어떻게 관계 맺는지 배우기
- 직업의 요구와 다른 생애 역할의 요구 간에 균형을 어떻게 맞추어야 하는지 결정하기
- 확인된 대안에 대하여 어떻게 우선순위를 부여하고 결정을 내리는지 배우기
- 자기개념을 명료화하고 강화하기

이와 같은 내담자의 요구와 문제는 정보화 기술보다는 상담자의 직접적인 개입 전략으로 가장 잘 다룰 수 있다.

내담자의 관심사가 검사, 데이터베이스 검색, 정보 수집 등에 있다고 가정해 보자. 상담자가 더 고려해야 할 것은 무엇인가? 크럼볼츠(Krumboltz, 1991), 샘슨, 피터슨, 렌즈, 리어든과 선더스(Sampson, Peterson, Lenz, Reardon, & Saunders, 1996)는 내담자가 비합리적인 신념을 가지고 있을 경우, 자기에 대한 정보와 다른 종류의 정보를 사용할 능력이 없거나 또는 이런 정보를 사용할 준비가 안 되어 있을 수 있다고 한다. 크럼볼츠는 내담자의 현재 진로 상황, 행복에 꼭 필요한 것, 의사결정에 영향을 미치는 요인, 시도될 만한 노력 등과 관련된 비합리적 신념을 확인하였다. 샘

슨 등은 절대적으로 확실하지 않으면 진로와 관련된 행동을 할 수 없다거나 한번 한 진로 결정은 일생 동안 유지되어야 한다는 생각과 같은 비합리적 신념을 확인하였다. 5장에서 다루었던 것처럼, 상담자는 초기 면접에서 이러한 장벽을 확인할 수 있는 진로신념검사(Career Beliefs Inventory; Krumboltz, 1991)나 진로사고검사(Career Thoughts Inventory; Sampson et al., 1996)와 같은 검사를 실시할 수도 있다. 어떤 매체를 활용하든 검사의 실시, 데이터베이스 검색 그리고 정보 수집의 과정은 진로 장벽이 되는 비합리적 신념이 제거될 때 더욱 증진될 것이다.

상담에서 고려해야 할 두 번째로 중요한 내담자 특징은 학습유형이다. 어떤 사람은 기술기반 개입이 주어질 때 학습을 잘 하는데, 기술기반 개입을 통해서 주어지는 정보를 읽는 것을 통해서 학습을 하게 되고 그림, 오디오, 비디오 등이 학습을 더욱 향상하도록 돕는다. 반면에 어떤 사람은 사회적 접촉을 통한 학습을 선호할 수 있는데, 이런 내담자는 집단 상담, 교실학습, 개인 상담, 직업 체험, 정보면접 등의 개입방법에서 더 많은 도움을 받을 수 있다.

미국 진로발달학회(National Career Development Association: NCDA), 미국 상담학회(American Counseling Association: ACA), 미국 상담자국가자격위원회(National Board for Certified Counselors: NBCC)와 같은 몇몇 전문가 조직은 웹 기반 개입을 사용하기 위한 윤리 지침을 수립하였다. 이 지침 중 하나는 (따르기 어려운 것이기는 하지만) 상담자는 내담자에게 이익이 된다는 확신이 있을 때

기술기반 개입을 활용해야 한다는 것이다. 이러한 지침을 충족하기 위해서는 ① 내담자의 문제와 시스템 및 사이트 내용이 잘 맞아야 하고, ② 정보를 효과적으로 이용할 수 있을 만큼 내담자가 준비되어 있어야 하며, ③ 컴퓨터를 통해서 학습을 할 수 있고 이런 학습방법이 내담자에게 어렵지 않아야 한다. 만약 기술기반 개입 사용에 대한 상담자의 결정이 이 세 가지 원칙에 따라 이루어진다면, 사용된 시스템과 사이트가 다른 윤리적 기준을 충족한다는 가정하에 윤리적 기준이 충족되는 것이라고 할 수 있다. 이러한 기준을 적용했는데도 내담자가 기술기반 개입을 사용하여 이득을 얻지 못한다면 또 다른 지침을 적용해야 한다. 예를 들어, 상담자는 전략을 변화시키는데 면 대 면 진로상담이나 다른 인간적 접근을 통해 진로 문제를 다루어야 한다.

컴퓨터 시스템과 웹사이트 선택하기

진로에 대한 도움이나 정보를 제공하는 웹사이트가 무수히 많은데, 상담자는 어떤 웹사이트를 활용해야 할지를 어떻게 알 수 있을까? 이 질문에 대한 최선의 답은 다음의 절차를 따르는 것이다.

첫째, 내담자들과의 경험과 그들이 제공했던 피드백에 근거하여 내담자의 요구와 필요로 하는 정보의 목록을 만든다. 이 목록에는 다음의 내용이 포함될 것이다.

* 나의 흥미는 무엇인가?
* 나의 능력은 무엇인가?
* 이 능력을 다른 직업에서 어떻게 활용할 수 있을까?
* 좋은 이력서를 어떻게 쓸 수 있을까?
* 일자리를 어떻게 찾을 수 있을까?
* 직장에 대하여 어떻게 알 수 있을까?
* 학교를 어떻게 찾을 수 있을까?
* 재정 지원은 어떻게 받을 수 있을까?
* 타인과 네트워크를 어떻게 형성할 수 있을까?
* GRE 또는 다른 검사에 대한 정보를 어떻게 구할 수 있을까?
* 직업에 관한 상세한 정보는 어떻게 알아낼 수 있을까?

둘째, 위의 질문에 대한 해답을 제공해 줄 수 있는 웹사이트나 컴퓨터 시스템을 찾기 위해서 진로발달 분야의 전문가가 쓴 참고도서를 활용한다. 다음과 같은 책이 도움이 될 수 있다.

* Harris-Bowlsbey, J., Riley Dikel, M., & Sampson, J. P. Jr. (2002). *The Internet: A Tool for Career Planning* (2nd ed.), Tulsa, OK: National Career Development Asssociation.
* Riley Dikel, M., & Roehm, F. (2006). *The Guide to Internet Job Searching: 2006-2007*. Chicago, IL: VGM Career Horizons.

또 미국 진로발달학회의 웹사이트(www.ncda.org)를 찾아보면 학회의 검증을 받은 최신 웹사이트 목록이 있다. 찾고자 하는 주제를 참고도서에서 발견할 수 없었다면, 메타크롤러(www.metacrawler.com)라는 검색 엔진을 사용하여 찾아볼 수 있다. 찾고자 하는 주제와 관련된 2~3개의 검색어를 입력하면 찾아볼 만한 사이트 목록이 제공될 것이다.

셋째, 확인한 컴퓨터 시스템과 웹사이트를 직접 사용해 보면서 다음과 같은 질문을 제기해 본다.

- 사이트가 진로발달 전문가가 인정하는 개인이나 기관에 의해서 개발되었는가? 사이트에서는 개발자가 누구인지를 밝히고 있는가?
- 검사를 제공하는 사이트라면 검사 도구는 그 분야에서 알려진 전문가가 개발한 것인가? 신뢰도, 타당도, 그리고 다양한 대상을 위한 활용도 정보가 있는가?
- 사이트가 업데이트되면서 관리되고 있는가? 자료를 제공하고 있다면 언제 자료를 업데이트했는지 밝히고 있는가? 정기적으로 사이트에 변화와 개선이 이루어지고 있는가?
- 사용자 친화적인가? 탐색하기가 편리한가? 보기에 매력적인가? 요구되는 읽기 수준이 사용자에게 적절한가? 사이트는 색깔, 그림, 비디오 또는 다른 시각적 자료를 효과적으로 사용하는가?
- 사용자 기록이 있다면 사용자에 대한 어떤 정보가 얼마 동

안 어느 정도의 안전성을 가지고 수집되는가? (이 질문에 대한 해답을 찾기 어려울 경우 고객서비스센터로 이메일을 보내거나 전화를 해야 할 수도 있다)

✲ 검사나 서비스를 받는 데 비용이 드는가? 그렇다면 얼마인가? 더 적은 금액으로 사용할 수 있도록 사이트 개발자와 협상할 수 있는가?

넷째, 활용할 사이트를 몇 가지 결정하여 목록을 작성하고 선택한 사이트에 대해서 숙지하도록 한다. 사이트는 자주 바뀌기 때문에 주기적으로 점검할 필요가 있다.

다섯째, 각 사이트에서 홈페이지나 메뉴를 출력해서 내담자와 함께 사용할 수 있도록 복사해 놓아야 한다. 내담자에게 컴퓨터 시스템이나 사이트를 이용하라고 권유할 때는 매우 구체적인 과제를 주어야 한다. 출력을 해서 내담자가 찾아보아야 할 구체적인 대안에 형광펜으로 표시해 주는 것이 좋다.

여섯째, 컴퓨터 시스템이나 사이트를 사용한 후에는 내담자와 함께 후속 작업을 해야 한다. 온라인 진로검사를 실시했다면 결과 출력물로 내담자와 함께 그 의미에 대해 이야기를 나눠야 한다. 데이터베이스를 검색하라는 과제를 주었다면 직업이나 학교 또는 재정지원 자료의 목록을 만들기 위해 사용한 검색어에 대해 얘기해야 한다. 이런 특정한 검색어를 선택한 이유와 그로부터 얻은 결과 목록에 대한 내담자의 반응을 나눈다. 내담자가 그동안 만든 목록을 줄여 보고, 남아 있는 대안의 우선순위를 정하기 위한 준거를 만들 수 있도록 도와야 한다. 직업, 학교, 또는 다른 주제에 대한 정보를 수집하는 것이 과제였다면 내담자와 함께 정보를 검토하고 개인적인 진로 선택을 할 때 그 정보가 어떤 의미를 갖는지 이해하도록 돕는다.

예 시

고등학교 2학년인 크리스는 직업에 관한 정보를 얻고 가능한 대안을 선택하는 데 도움을 받기 위해 자신의 학교에 있는 상담자를 찾았다. 접수면접 동안에 상담자는 그 학생의 가족, 진로에 영향을 미친 일, 성적, 일 경험에 대하여 질문했다. 그리고 상담자는 홀랜드 성격 유형과 직업이 6개 유형으로 분류될 수 있다는 내용을 담은 인쇄물을 가지고 간단한 설명을 해 주었다. 마지막으로 내담자에게 다음 상담 전까지 미주리 대학교 웹사이트(http://career.missouri.edu/students/explore/thecareerinterestsgame.php)를 이용해 보라고 했다. 웹사이트의 주소, 6개 유형에 대한 설명 읽기, 자신에게 가장 맞는 2개 코드 결정하기, 그에 해당하는 직업 목록과 그에 대한 설명을 보고 출력하기 등의 방법이 적혀 있는 짧은 설명서를 주었다. 상담자는 크리스에게 다음 상담에 올 때 그 출력물을 가져와서 함께 보자고 하였다.

두 번째 회기를 시작할 때, 상담자는 크리스에게 O*Net 사이트(www.onetcenter.org/WIP.html)에서 다운받아 출력한 직업가치카드로 O*Net 직업가치검사(O*Net Work Importance Profiler)를 해 보자고 하였다. 크리스는 약 8분 동안 직업가치 카드를 분류하였고, 그에게 가장 높은 직업 가치는 성취와 독립이라는 것을 확인하였다. 크리스와 상담자는 크리스가 선택한 홀랜드의 탐구형 환경(제1코드)과 실재형 환경(제2코드)에서 선택한 6개 직업명과 그에 대한 설명을 검토하였다. 이 6개 직업 중 2개가 다른 것보다 성취와 독립이라는 가치를 훨씬 더 잘 충족할 가능성이 있음을 확인할 수 있었다. 상담자는 크리스에게 다음 회기를 준비할 때, 이 2개 직업을 더 철저하게 연구하라고 요청하면서 2개의 웹사이트를 활용하라는 지시를 주었다. 모두 미국 노동부가 운영하고 있는 사이트로서 하나는 직업전망 핸드북(Occupational Outlook Handbook, www.bls.gov/oco)이고, 하나는 CareerInfoNet (www.acinet.org)이다. 둘 다 직업에 대한 정확한 최신 정보를 제공한다. 더 나아가 상담자는 크리스가 이들 직업에 종사하면서 지역 라이언스 클럽에 나오는 두 사람을 찾도록 도와주었고, 두 사람을 각각 만나기 위한 약속을 잡도록 격려하였다. 상담자는 또한 크리스에게 그 두 사람과 인터뷰를 하는 동안 물어볼 수 있는 질문 목록을 주었고, 정보를 모두 모아서 2주 후에 다시 오라고 하였다.

2주 후의 세 번째 회기에서 크리스와 상담자는 두 직업에 관하여 수집한 모든 정보를 검토하였다. 상담자는 크리스를 도와서 각 직업이 그의 흥미와 어떻게 관련되는지, 직업을 갖는 데 필요한 학력 수준은 어떠한지, 크리스의 가치를 충족할 가능성은 어느 정도인지 등을 검토하였다. 그 결과, 크리스는 두 직업 중에서 우선순위를 결정할 수 있었다. 또한 크리스와 상담자는 두 직업과 관련된 대학의 전공과 이들 전공 모두를 개설하고 있는 학교를 확인하기 시작하였다. 다음 회기를 준비하면서 상담자는 크리스에게 목표 대학의 웹사이트, 특히 필수 과목, 각 과목에 대한 설명, 그리고 지난 5년간 각 전공 분야 졸업생의 취업에 대한 추수 자료를 포함한 전공 설명을 찾아보라고 했다. 덧붙여서 대학에 개설된 두 전공의 학과장과 약속을 잡으라고 조언하면서 물어볼 만한 질문 목록을 주었다.

네 번째 회기에서 크리스는 두 전공에 대한 많은 정보를 가지고 왔다. 나아가 크리스는 주립대학에 입학할 계획을 이미 세웠고, 두 분야 중 하나를 전공으로 정하여 선택 과목은 나머지 하나와 관련된 학과에서 수강하기로 했다. 또한 크리스는 자신의 결정에 확신을 느낀다고 말했다.

요 약

웹 기반 진로지도 시스템과 웹사이트 사용은 정보를 다룰 준비가 되어 있고, 정보화 매체로부터 학습할 능력이 있으며, 온라인 검사, 데이터베이스 검색, 정보 수집에 대한 욕구를 가진 내담자에게 매우 유익할 수 있다. 그러나 효과를 최대화하기 위해서 상담자는 컴퓨터 시스템과 웹사이트를 매우 잘 알고 있어야 하며, 학생이 사이트를 사용하는 과정에 꾸준히 참여해야 한다. 학생에게 주는 과제는 구체적이어야 하고 그의 욕구에 초점을 맞춘 것이어야 한다. 나아가 내담자가 웹사이트를 통해 찾은 자료를 의사결정에 도움이 되는 유의미한 정보로 전환할 수 있도록 지속적으로 지원하는 것이 중요하다.

Chapter 9

가상 진로센터 만들고 활용하기

8장에서는 웹 기반 소프트웨어와 사이트에 대해 알아보고 그 특징과 강점을 확인하였다. 그리고 학생이나 내담자가 언제 웹사이트를 유용하게 사용할 수 있는지와 상담자가 개인 상담이나 집단 상담에서 어떻게 그것을 활용할 수 있을지 결정하는 데 필요한 몇 가지 지침을 제공하였다. 이 장에서는 정보기술기반 상담을 포함하는 웹사이트의 통합 시스템인 포털을 통해 진로상담을 어떻게 한 단계 높일 수 있는지에 대해 다룬다.

가상 진로센터는 내담자를 돕기 위한 21세기의 새로운 도구다. 가상 진로센터는 실재하는 진로센터처럼 진로설계에 필요한 정보에 접근할 수 있게 해 주고 도움을 제공해 주는 사이트 또는 포털로 정의할 수 있다. 이런 가상 진로센터의 구조는 이용자가 쉽게 이해할 수 있도록 조직해야 한다. 샘슨 등(Sampson et al., 2001)은 사이트의 내용이 자원 기반 또는 요구 기반이어야 한다고 제안한다. 이 장의 후반부에서 이 두 가지 조직 방식에 대해 알아볼 것이다.

우선 종합적 가상 진로센터를 세우는 것의 장단점을 검토해 보자. 첫 번째 장점은 그것에 접속하는 내담자는 인터넷에 연결된 시스템을 통해 언제 어디서나 사용할 수 있다는 것이다. 두 번째 장점은 '물리적 공간'도 필요하지 않고, 실제 '책' '비디오' '소프트웨어가 내장된 컴퓨터'와 같은 자원도 필요 없고, 센터를 운영할 직원도 필요로 하지 않는다는 것이다. 세 번째 장점은 이

사이트는 정보원을 통해서 사용자를 안내하고 분석을 통해 사용자를 도울 수 있도록 설계되었다는 것이다. 네 번째 장점은 어떤 내담자는 진로상담자나 진로센터 직원에게 말을 하는 것보다 기술기반의 정보원에 접근하는 것을 더 편안하게 느낀다는 것이다.

물론 가상 진로센터가 갖는 단점도 있다. 어떤 내담자는 개인적 관심과 상호작용을 더 좋아하고 그로부터 거기에서 더 도움을 받는다. 실재하는 진로센터는 전문가에게 면 대 면으로 질문할 수 있고, 그 사람이 적용하는 촉진적인 기술로부터 혜택받을 수 있는 기회를 제공할 수 있다. 나아가 실재하는 진로센터는 학생이 취업하고자 하는 기업의 고용주나 진학하고자 하는 학교의 대표를 포함하여 실제적인 연사를 초청할 수 있는 가능성과 시설을 제공한다. 이러한 센터는 또한 이력서 작성이나 면접과 같은 주제에 대한 강의와 소집단 작업을 할 수 있는 물리적인 공간 및 기회를 제공하기도 한다.

가상 진로센터의 구성 요소

모든 것이 갖춰진 가상 진로센터에는 네 가지 구성 요소가 있는데, 이는 기존 웹사이트와의 링크, 지역에서 개발된 진로 정보, 웹 상담에의 접근, 전체적인 검토 기능이다. 먼저 기존의 웹사이트와의 링크에 대해서 설명하고자 한다. 진로설계 과정은 적어도 진로 선택 관련 개인 변인의 평가, 직업 탐색과 정보, 교육 탐색과 정보, 일자리 탐색과 정보의 네 가지 광범위한 주제를 다룬다. 그래서 가상 진로센터의 한 부분은 각각의 주제와 관련된 사이트 중 설계자가 철저하게 선별한 하나 이상의 사이트와의 링크를 제공해야 하고 이에 대한 간단한 설명도 제시하여야 한다. 현재 네브래스카, 미주리, 사우스캐롤라이나, 캔자스, 테네시, 알칸사스 등 점점 많은 주(州)에서 현재 학교, 기관, 시민에게 무료로 종합 진로지도 웹사이트를 제공하고 있다. 일반적으로 개발비와 유지비는 주정부의 교육분과가 노동부의 고용개발과와 함께 지불한다. 이들 주에서는 학교와 기관에서 이미 위의 네 가지 주제 모두에 실질적인 도움이 되는 핵심적 웹 기반 서비스를 풍부하게 사용하고 있다. 시스템 중 온라인 검사 부분은 해당 주에 거주하지 않는 사람에게 무료로 서비스하지 않겠지만, 이들 사이트는 가상 진로센터로 통합될 수 있다.

자기 이해를 위한 평가 구성 요인을 위해 여러 가지 무료 또는 유료 사이트를 연결할 수 있다. 예를 들어, 미주리 대학교 진로센터 웹사이트에서 제공하는 진로 흥미 게임(http://career.missouri.edu/students/explore/thecareerinterestgame.php)은 무료이며, 쿠더 진로설계 시스템(www.kuder.com) 사이트에서는 흥미, 기술, 가치관 검사를 제공하고, 자기 진로탐색 사이트(www.self-directed-search.com)에서는 흥미검사과 해석을 유료로 제공하고 있다. 그 외에도 『인터넷: 진로상담을 위한 도구(*Internet: A Tool for Career Counseling*)』(Harris-Bowlsbey et al., 2002)라는 책과 함께, 최신 정보를 계속해서 업데이트하고 있는 미국 진로발달학회(www.ncda.

org) 사이트에도 검사를 제공하는 많은 사이트가 소개되고 있다. 이런 사이트를 가상 진로센터에 포함시키고자 한다면, 상담자는 온라인 검사 사용에 대한 윤리적 지침을 잘 준수할 책임이 생기고 검사 제공자에게 사용과 관련된 지침을 요구해야 한다. 유료 사이트를 링크할 경우 그 사이트에서 개인에게 받던 비용보다는 싸게 제공해 줄 것을 협상할 수 있을 것이다.

검사를 제공하는 대부분의 사이트는 온라인 검사를 실시한 후에 생각해 볼 만한 직업 목록을 제공해 준다. 또한 이러한 사이트는 사용자에게 주어진 직업의 종류와 그 해설을 연결시켜 준다. 이러한 해설은 대부분 온라인 직업전망 핸드북(Occupational Outlook Handbook, www.bls.gov/oco)이나 다른 직업 정보원에서 제공된다. 직업전망 핸드북은 미국 노동부의 출판물로, 대략 250개 직업에 대하여 포괄적인 설명을 하고 있다. 노동부에서 두 번째로 유용한 사이트는 CareerInfoNet(www.acinet.org)이다. 이 사이트는 고용 전망, 주와 국가 임금 수준, 요구하는 지식, 기술, 능력, 과업과 활동, 교육과 훈련 기회 연계, 기타 직업 관련 정보를 위한 온라인 자원을 포함하여 수백 개의 직업에 대한 정보를 제공하고 있다. 개별 직업에 대한 짧은 비디오, 지역별 임금 수준, 직업 수요 정보를 제공한다는 점과 다양한 검사에서 나온 점수를 입력하면 탐색해 볼 만한 직업 목록을 만들어 준다는 점이 가장 큰 특징이다. 직업 정보를 제공하는 웹 기반 정보원 중 가장 많은 정보를 포괄하고 있는 것은 미국 노동부의 O*Net 데이터베이스로 Onecenter(http://online.onetcenter.org)에서 제공되고 있다.

많은 학생과 성인이 어떤 특정한 전문성을 키우기 위해 교육이나 훈련을 받을 수 있는 교육기관에 대한 정보를 찾고 있다. 이런 이유로, 가상 진로센터는 국가교육통계센터의 IPEDS(http://nces.ed.gov/ipeds/org), RWM 직업학교 데이터베이스(www.rwm.org/rwm), 대학원 데이터베이스를 포함하는 피터슨(Peterson)의 사이트(www.petersons.com) 등과 같은 종합적 교육기관 탐색 사이트와 링크를 걸어 놓는다. 많은 학생이 재정적인 도움을 필요로 하기 때문에, 가상 진로센터는 연방정부의 모든 학생지원 프로그램과 지원 절차를 기술한 미국 교육부 공식 사이트(http://studentaid.ed.gov/PORTALSWebApp/students/english/ index.jsp)와 연결되어 있어야 한다. 이 사이트에는 '연방학생 원조를 위한 온라인 무료 지원서(FAFSA)' 도 있는데, 영어와 스페인어로 제공되며, 학생이 재정 지원을 받기 위해 지원할 때 필요하다.

내담자가 직업탐색 기술을 학습하고 직업 진입을 위해 광대한 데이터베이스를 찾도록 돕는 사이트는 수백 개가 있다. 사이트의 질은 다양하고, 어떤 것은 이력서를 올리고 데이터베이스를 사용하는 데 요금을 부과하기도 한다. 직업 탐색 과정에 대한 광범위한 정보를 제공하는 한 사이트는 www.jobhuntersbible.com이며, 『당신의 낙하산은 무슨 색깔입니까(*What Color is Your Parachute?*)』의 저자인 리처드 볼스(Richard Bolles)가 관리하고 있다. 볼스의 사이트는 직장을 구하기 위해 인터넷을 사용하는 방법, 검사 결과를 사용하는 방법, 관련 온라인 기사, 기타 등의 주제를 포함한다. 많은 일반적 직업 탐색 정보, 특히 대학원 신입생을 위한 정보를 포함하고 있는 또 하나의 사이트는 www.jobweb.com으로, 대학과 고용주 국립협회(National Association of Colleges and Employers)가 관리하고 있다. 이 사이트에는 이력서 작성, 면접, 인턴 고용주 등의 주제와 대학원생의 관심을 끌 수 있는 수백 개의 기사가 연결되어 있다. 직업 탐색자에게 매우 유용한 다른 사이트는 마거릿 릴리 디켈(Margaret Riley Dikel)이 운영하고 있는 릴리지침서(http://www.rileyguide.com)다. 이 사이트는 상당히 최신화되어 있으며 인터넷 직업은행 사이트와 직업 탐색, 이력서 작성, 면접, 연봉 협상, 그리고 직업 탐색과 관련된 다른 많은 주제를 포괄적으로 가지고 있는 자원이다. 직업 탐색을 위한 가장 탁월한 사이트는 Monster.com(www.monster.com), CareerBuilder(www.careerbuilder.com), College Grad Job Hunter(www.collegegrad.com) 등이다. 대부분의 주는 노동부의 지원을 받는 직업은행이 있으며, 그곳에서 고용주가 매일 직업 목록을 제시하고 구직자는 이력서를 제출할 수 있다. Indeed(http://www.indeed.com)와 같은 사이트는 다양한 사이트를 탐색하여 발견한 결과를 하나의 목록으로 묶어 주는 강력한 컴퓨터 프로그램이다.

앞의 사이트는 가상 진로센터 사용자가 이용하기에 바람직한 사이트의 예다. NCDA 웹사이트(www.ncda.org)의 주 메뉴인 진로설계를 위한 인터넷 사이트(Internet Sites for Career Planning)의 하위 메뉴인 '자원(Resources)'에는 수백 개의 사이트 목록이 있다. 포괄적인 진로 관련 사이트 목록이 있는 다른 사이트로는 미국 고용안전부의 CareerInforNet(www.acinet.org)과 볼스 사이트

(www.jobhuntersbible.com)가 있는데, 둘 다 앞에서 언급된바 있다. 가상 진로센터를 설계하는 상담자는 이들 사이트에 대하여 알아야 하고, 최근 윤리 지침을 위반하고 있지는 않은지 검토해야 하며(www.nbcc.org와 www.ncda.org에서 지침을 제공하고 있음), 그들의 고객을 위해 질 높은 내용을 보유하고 있는 사이트를 선택해야 한다. 사이트가 내용과 탐색 과정을 꾸준히 업데이트하는 것은 시간이 들면서도 필수적인 일이기 때문에, 몇 개를 선택해서 선택한 것만으로 일을 잘하는 것이 모든 사이트를 포함시키는 것보다 더 낫다.

가상 진로센터 일부로서의 지역 정보

웹사이트는 개발자가 지역 정보와 특정 이용 대상의 요구에 맞는 정보를 첨부할 수 있게 해 준다. 가상 진로센터에는 다음과 같은 지역 정보를 포함할 수 있다.

- 직업 알선이나 상담센터에 관한 정보로서, 서비스 내용, 위치, 직원, 작업시간 등
- 이력서 작성이나 면접과 같은 워크숍에 대한 정보 또는 진로설계에 도움이 될 수 있는 다른 서비스
- 흥미검사에서 사용하는 분류 체계에 따라 조직되어 있고, 직업 분류와도 일치되는 전공에 대한 설명(예를 들어, 온라

인 흥미검사가 사용자에게 홀랜드 코드를 제공한다면 교육기관의 전공에 관한 정보를 홀랜드 코드로 조직된 사이트의 지역 정보에서 찾을 수 있어야 한다. 이 정보는 또한 학생에게 부가적인 정보를 줄 수 있는 지도교수나 교수의 이메일 주소로 연결될 수도 있어야 한다)

- 졸업생을 고용하거나 또는 고용을 위해서 면접을 하러 올지도 모르는 직장에 대한 정보
- 이메일 멘토로 봉사할 의향이 있거나 온라인을 통해 연결될 수 있는 역량이 있는 졸업생에 대한 정보

웹 상담에 접근하기

상담자국가자격위원회(National Board for Certified Counselors: NBCC)에서 제안하는 윤리 규준은 웹 상담을 "먼 지역에 떨어져 있는 내담자와 상담자 사이에 행해지는 전문적인 상담과 정보 전달을 의미하는 것으로, 인터넷을 통하여 대화하기 위하여 전자 매체를 사용하는 것" 으로 정의한다(NBCC, 2007). 오늘날의 기술을 통해 이러한 의사소통이 일어나는 데는 세 가지 방법이 있다. 첫째, 비실시간 이메일, 실시간 이메일 그리고 화상회의다. 비실시간 이메일 의사소통에서 상담자와 내담자는 읽는 시간과 응답하는 시간이 서로 다른 이메일 메시지를 교환한다. 실시간 이메일 의사소통에서 상담자와 내담자는 각각의 컴퓨터 앞에 동시에 앉

아서 실시간으로 의사소통한다. 화상회의에서는 상담자와 내담자 모두의 기계가 그들이 의사교환을 하는 동안 서로 볼 수 있고 들을 수 있는 하드웨어와 소프트웨어를 갖추고 있다. 물론 상담자와 내담자의 상호작용은 컴퓨터가 아닌 전화로도 이루어진다.

윤리 규준은 웹 상담에 대하여 엄격한 지침을 제시한다. 다음은 서로 다른 세 지침서에서 나온 것으로, 상담자의 책무성을 제시하고 있는 몇 가지 예시다.

- ✻ 잠재적인 내담자가 온라인 상담이 자신의 요구에 적절한지 결정할 수 있도록 적절한 접수 절차를 수립한다(ACA, 1999).
- ✻ 내담자에게 응답 가능한 시간을 포함하여 온라인 상담 서비스를 이용할 수 있는 시간을 제시한다. 비상사태가 발생했을 때를 포함하여 다른 시간에 전문가와 접촉할 수 있는 대안적인 수단을 제공한다.
- ✻ 인터넷으로 다운받거나 팩스로 전송할 수 있는 문서를 활용하여 내담자에게 비밀보장, 상담의 목표, 비용 합의, 비윤리적 행동에 대한 보고방법 등 몇 가지 사항을 서면으로 명확히 해 준다(NCDA, 1997).
- ✻ 내담자의 개인적 상황과 온라인 상담의 한계에 맞는 개별 온라인 상담계획을 수립한다(ACA, 1999).
- ✻ 인터넷 상담자는 인터넷 내담자에게 내담자, 상담자, 슈퍼바이저 간 의사소통의 안전을 확보하는 데 도움이 되도록 하

기 위해 사용되는 암호화 방법에 대하여 알려 준다(NBCC, 2007).

- 회기 자료를 얼마나 오랫동안 어떤 방법으로 보관하는지에 대하여 내담자에게 알려 준다(NBCC, 2007).
- 인터넷 내담자의 신원을 확인하기 어려운 상황에서 허위 호소를 다루기 위해 암호나 숫자를 사용하는 등의 절차를 취해야 한다(NBCC, 2007).
- 인터넷 상담자는 쉽게 사용할 수 있는 기술 범위 내에서 장애인 내담자도 웹사이트를 장벽 없이 사용할 수 있게 할 책임이 있다(NBCC, 2007).
- 사용자 보호를 촉진하기 위해 모든 적절한 인증기관 및 면허 교부기관의 웹사이트와 링크를 걸어 둔다(NBCC, 2007).
- 서비스를 요청한 내담자가 이러한 양식의 서비스에서 도움을 받을 수 있는지 여부를 확인한다(NCDA, 1997).
- 전화와 화상 전화회의를 통해 내담자의 진전도를 주기적으로 검토한다(NCDA, 1997).
- 상담 구조화의 한 과정으로서, 인터넷 상담자는 인터넷 내담자와 함께 지역에서 필요할 때 도움을 줄 수 있거나 위기 개입을 해 줄 수 있는 훈련된 전문가를 찾도록 해야 한다. 인터넷 상담자와 인터넷 내담자는 지역의 위기상담 전화번호와 지역의 응급 전화번호를 함께 찾아야 한다(NBCC, 2007).
- 온라인이나 전화를 통한 상담으로 진전이 일어나지 않으면

대면 상담을 받을 수 있도록 내담자 거주 지역의 상담자에게 의뢰한다(NCDA, 1997).

전체 윤리적 지침은 각 지침을 개발한 기관인 미국 상담학회(ACA, wwwcounseling.org), 미국 진로발달학회(NCDA, www.ncda.org), 상담자자격관리위원회(NBCC, www.nbcc.org)의 웹사이트에서 볼 수 있다.

NBCC는 원격상담이라 부르는 웹 기반 상담을 전문으로 하고 싶은 공인 상담자를 위한 훈련을 제공하고 있다. 이 훈련을 마친 사람과 이런 양식으로 상담 서비스를 제공하도록 자격을 갖추었다고 여겨지는 사람의 목록이 NBCC 웹사이트에 있다. 가상 진로센터를 제공하고자 하는 사이트 관리자는 상담자가 이러한 전문 훈련과정을 받았는지 확인해야 한다. 나아가 상담 서비스를 중개하는 웹사이트(예, www.readyminds.com)가 있고, 상담 서비스는 이들 사이트와 링크되거나 협약을 체결하여 통합될 수 있다.

검토 기능

이상적으로 가상 진로센터는 각각의 사용자를 위해 통합된 자료를 축적해 주며, 상담자와 사이트 사용자를 위해 기록을 요약해 주는 검토 기능을 갖추어야 한다.이러한 특징은 사이트마다 지역 수준에서 설계되고 고안되어야 할 것이다. 검토 기능은 다음의 역할을 하면서 개별 사용자의 자료를 기록하고 저장한다.

- 웹사이트에 대한 제안을 하기 위해 사용자의 요구를 확인할 수 있는 짧은 접수 질문지를 실시한다.
- 내담자의 검사 결과 내담자가 찾아보았던 직업 명칭, 탐색을 통해 확인한 학교 이름, 또는 탐색을 통해 모은 다른 정보가 사용자의 개인 기록으로 저장될 수 있도록 내담자가 사용했던 외부 웹사이트에서 자료를 수집한다.
- 사이트에서 제공하고 있는 각 지역 정보를 사용하여 전공 이름과 같은 정보를 캡처한다.
- 결정을 내렸던 것, 더 찾아보아야 할 것, 앞으로 물어보아야 하는 질문 등 웹 상담자와 함께 나누었던 상호작용에 대한 요약본을 만든다. 내담자가 요약본을 출력할 수 있도록 해야 하고, 상담자 또한 내담자의 허락을 받은 상태에서 출력할 수 있어야 한다.

가상 진로센터의 조직

앞서 제시하였듯이, 샘슨 등(2001)은 가상 진로센터를 조직하는 두 가지 방법, 즉 자원에 기반을 둔 방법과 요구에 기반을 둔 방법을 기술하였다. 자원에 기반을 둔 센터는 주제별로 조직된다. 예를 들어, 하나의 메뉴가 다음과 같은 주제를 포함할 수 있다.

- ✻ 자기 평가
- ✻ 대학에 개설된 전공
- ✻ 대학원 탐색과 정보
- ✻ 직업탐색 기술
- ✻ 효과적인 이력서
- ✻ 효과적인 면접
- ✻ 연봉 협상

요구에 기반을 둔 접근은 전형적으로 세 수준에서 이루어진다[중학생, 고등학생, 대학생, 성인 전직자 등 잠재적 사용자에 대한 메뉴, 각 그룹의 전형적인 요구에 대한 메뉴(예, 대학생을 위한 직업의 결정, 전공 선택, 인턴십 진입, 첫 번째 취업 등), 요구에 대한 도움을 제공할 수 있는 자료에 대한 링크].

진로설계 과정에서 가상 진로센터의 내용을 조직하는 것도 가능할 것이다. 해리스-볼스비 등(Herris-Bowlsbey et al., 2002)은 다음과 같은 7단계의 순환적 과정을 제안한다.

- ✻ 선택의 필요성 인식하기
- ✻ 자기에 대해 이해하기
- ✻ 직업적 대안을 확인하기
- ✻ 확인된 대안에 대한 정보를 얻기
- ✻ 대안들 중에서 선택하기
- ✻ 필요한 교육 또는 훈련 받기

✻ 직업 구하기

다 그렇지는 않더라도 대부분의 내부 정보나 외부 정보는 이들 일곱 단계 중 하나 이상과 연결될 수 있다. 그리고 이러한 과정에서 필요하다면 웹 상담의 지원을 받을 수 있다.

견본 사이트

점점 더 많은 가상 진로센터가 (특히 대학생을 대상으로) 세워지고 있다. 그중 몇 개의 예를 살펴보자. 첫째는 무료이면서 대학 기반의 가상 진로센터 중 뛰어난 예로서 플로리다 주립대학교의 가상 진로센터(www.career.fsu.edu)를 들 수 있다. 이것은 요구에 기반을 둔 사이트로, 다음의 하위 메뉴를 가지고 있다.

✻ 현재 · 예비 학생
✻ 졸업생
✻ 고용주
✻ 지역사회 구성원
✻ 가족
✻ 교직원
✻ 진로 서비스 전문가

이들 주 메뉴에 딸린 하위 메뉴 모두를 세부적으로 묘사하는 데는 너무 많은 지면이 필요하므로 두 가지 예시만 제공한다. 재학생과 졸업생을 위한 메뉴의 하위 메뉴는 다음과 같다.

✻ 재학생과 예비 대학생을 위하여
- 전공 선택하기
- 진로 탐색하기
- 추후교육 고려하기
- 경험 쌓기
- 나의 기술과 경험 문서화하기
- 직업 찾기
- FSU 학부생과 대학원생 자원 찾기

✻ 졸업생을 위하여
- 진로 탐색하기
- 추후교육 고려하기
- 나의 기술과 경험 문서화하기
- 직업 찾기
- 진로센터와 관계 맺기

이들 각각의 메뉴는 하위 메뉴나 지역에서 만들어진 정보, 외부 웹사이트에까지 연결된다. 진로설계를 위해 매우 많은 정보를 제공하고 있으며, 이용자가 너무 많은 정보 때문에 겪는 어려움을 줄일 수 있도록 조직되었다. 이 사이트는 FSU 진로센터에서

면 대 면 서비스를 받을 수 있는 방법에 대해서 정보를 제공하고 있지만, 현재 온라인 웹 상담은 제공하고 있지 않다.

ReadyMinds(www.readyminds.com)는 상업적 사이트인데, 웹 상담을 제공하는 좋은 예다. 이 사이트는 전화상담뿐 아니라 온라인을 통한 맞춤형 진로상담 서비스를 제공한다. 전문 진로상담자들이 이 사이트를 통해 다양한 진로 관련 고민을 호소하는 대학생과 성인에게 서비스를 제공한다. 웹 내담자는 전공, 인종-민족 배경, 성, 연령 등의 분야에 따라 분류된 다양한 상담자 중에서 선택할 수 있다. 상담자와 내담자는 상담 목표에 합의한다. 이 사이트는 독립적인 사이트로 이용될 수도 있고, 가상 진로센터를 설계할 때 대학이나 교육기관이 개발한 사이트에 포함될 수도 있다.

요 약

이 장은 통합 가상 진로센터의 네 가지 잠재적인 요소, 즉 기존의 웹사이트에 연결하기, 지역 정보, 웹 상담에의 접근 그리고 전반적인 사이트 검토 기능에 대해서 논의하였다. 더 나아가 이들 요소 각각이 세부적으로 논의되었고, 윤리적 기준이 검토되었으며, 두 개의 예시 사이트를 설명하였다.

Chapter 10

정보 통합하기, 결정하기, 실행계획 세우기

관계형성과 탐색 과정을 통해 우리는 상당히 많은 정보를 획득하게 된다. 그런데 이런 정보 수집이 필요한 과정이기는 하지만, 언젠가는 이러한 정보를 통합해서 행동계획을 세워야만 한다. 이렇게 정보를 통합하는 것은 다양한 방법으로 수행될 수 있고 진로상담 과정 중 중요한 과정이라고 할 수 있다.

어떤 진로상담자는 너무 일찍 정보 통합하기에 초점을 두어서 성공 가능성이 거의 없는 계획으로 끝나기도 한다. 이렇게 되는 이유는 내담자가 정보 통합과정에 거의 참여하지 못했기 때문이다. 이렇게 상담자가 만든 계획으로 치닫게 되는 데에는 몇 가지 이유가 있다. 때로는 경험의 문제일 수 있다. 또는 내담자가 이해하지 못하고 있는 어떤 연결 고리를 상담자만 보고 있기 때문일 수도 있다. 이 경우에는 패턴을 보여 주고 실행계획을 안내하는 것이 더 유용할 수도 있다. 그러나 상황에 따라 '일을 마치고' 다른 과제로 넘어가라는 압박감이 있을 수도 있다. 이렇게 서두르는 방식은 진로상담자에게 이해와 행동에 대한 압박감을 줄 수 있고, 때로는 내담자보다 너무 앞서 가게 할 수 있다. 원인이 내적이든 외적이든 상관없이, 압박감은 너무 빨리 결정을 내리게 한다.

내담자가 자신을 이해하고(패턴 확인하기) 의사결정을 하고 실행계획을 세우는 데 내담자 스스로 주인의식을 느끼는 것이 중요하다. 이런 내담자의 주인의식 없이 의미 있는 변화를 기대하기는 어렵다. 무언가를 해 보겠다고 말로는 동의할 수 있지만, 이것이 반드시 지속적인 변화로 이끌어 갈 충분한 동기로 바뀌지는 않는다.

이 장에서는 정보 통합하기, 결정하기, 실행계획 세우기에 대해 설명하고자 한다. 정보를 통합하면서 자기 이해를 할 기회가 많아질 것이고, 이러한 자기 이해는 의사결정과 실행계획의 기초가 된다.

정보 통합하기

탐색 과정을 통해 상당히 많은 정보를 수집하게 되는데, 이러한 정보에는 일정한 패턴이 존재하기 때문에 그것을 확인하고 분명하게 하는 것이 필요하다. 정보를 통합하는 과정은 상담자와 내담자 간의 긴밀한 협력이 필요한 과정이다. 상담자와 내담자 사이에 가장 효과적인 의사소통 방식은 비지시적 방식에서 점차 지시적인 방식으로 바꾸어 가는 것이다. 물론 이상적인 상황은 내담자가 그동안 수집한 정보 속에서 패턴을 확인하고 스스로 정보를 통합하는 것이다. 그러나 때로는 조금 더 지시적인 도움이 필요할 때가 있다. 이러한 경우에는 두 번째 단계가 필요하다. 이 단계에서 상담자는 내담자의 몇몇 중요한 정보에 주목해야 한다. 하지만 특정 결론을 내리는 것은 피해야 한다. 패턴을 인식하도록 하기 위해서 특정한 방향으로 이끌어 가는 질문을 하더라도,

내담자가 이러한 질문을 통해 패턴을 발견하게 되는 것은 아니다. 더 나아가야 할 필요가 있을 때 상담자는 보다 지시적이 되어야 하지만, 질문은 단정적이지 않은 형태로 제시되어야 한다. 다음 사례는 이 과정을 표현해 본 것이다.

배 경

주디스는 금융계에서 일하고 있었다. 조직에서 승진을 하지 못하는 자신의 무능함에 좌절하고 있고, 이런 상황에 대해 상담자와 이야기하고 있다. 주디스는 열심히 일하고 있고 동료와도 사이가 좋다. 그럼에도 그녀는 항상 중요한 인사 이동이나 승진에서 주디스는 제외되는 것 같다. 상담자가 좀 더 깊이 탐색해 본 결과, 주디스의 문제는 상사, 매니저, 그 외 윗사람과의 어려움이 있다는 것이 확실하다. 이런 배경을 염두에 두고, 다음 상담자와 내담자의 대화를 살펴보자.

상담자: 회사에서의 경험 때문에 많이 실망한 것 같네요.

주디스: 네, 그 회사를 나와서 다른 것을 찾아봐야 한다는 생각을 하기 시작했어요.

상담자: 지금까지 경험을 보면서 어떤 패턴 같은 것이 보이지 않나요?

주디스: 음, 저는 계속 능력 없는 매니저하고만 만나는 것 같아요.

상담자: 매니저랑 일할 때 더 힘들어했던 것 같군요. 다른 동

료와의 관계에 대해서 이야기할 때는 훨씬 더 긍정적이었거든요.

주디스: 회사에 친구가 많아요. 절 속상하게 하는 건 매니저예요.

상담자: 매니저와 관계를 형성해 가는 과정에서 뭔가 다른 게 있는 건 아닐까라는 생각이 듭니다.

주디스: 음, 흥미로운 질문이네요. 제가 좀 다르게 행동할 수도 있지요. 모든 사람에게 똑같이 대하려고 하는데, 매니저와 얘기할 때는 얼어붙는다는 느낌이 들어요.

상담자: 매니저랑 만날 때는 어떤 일이 일어난다고 생각하세요?

주디스: 모르겠어요. 너무 의식하고 있다고 해야 할까요. 뭔가 계속 평가받고 있다는 느낌이 들고, 일을 잘못한 것 같은 느낌도 있고요.

상담자: 그리고 또?

주디스: 제 속에 갇혀 버려요. 아무 말도 하지 못하고, 결국 그렇게 아무 말도 못한 저한테 화가 치밀죠.

상담자: 이런 부분을 바꾸기 원하시는 건가요?

주디스: 네, 어떻게 해야 할 것 같긴 해요. 노력하지 않고는 그 문제를 없앨 수 없으니까요. 승진을 하려면 매니저랑 일을 잘하는 방법을 알아야 해요.

이 이야기는 상담자가 어떤 가설로 그것을 확인하려고 했다면 상당히 다르게 전개되었을 것이다. 아마도 내담자 문제에 대한 관찰이 지나치게 빨리 끝났을지도 모른다. 앞서 설명했듯이, 내담자 자신의 결론을 따라가면 내담자가 끝까지 이끌어 갈 가능성이 그만큼 높아진다.

주디스의 마지막 말은 중요한 움직임을 내포하고 있다. 문제를 인식했을 뿐만 아니라 뭔가 시도해 보고 싶은 마음이 있다. 팻슐라(Patsula, 1992)는 이러한 준비된 상태를 표현하기 위해 '관련성(contingency)' 이라는 용어를 사용한다. "이 문제를 해결하려면 다음과 같은 일을 해야 해요."와 같은 표현이 이에 해당한다. 내담자가 정확하게 이런 말을 사용하지 않더라도 문제를 인식하도록 해야 할 뿐만 아니라 어떤 행동을 하지 않으면 안 된다는 것을 깨닫는 단계로 이끌어야 한다. 이러한 깨달음 없이 실천을 위한 진행을 해 나갈 가능성은 거의 없다.

이 이야기의 또 다른 측면은 문제 상황을 기술할 때 사용한 은유다. 주디스는 매니저와 얘기할 때 '얼어붙는다' 는 표현을 썼다. 이 간단한 이미지는 주디스의 윗사람과의 관계 특성을 그대로 보여 주고 있다. 매니저와 일할 때 자신의 얼어붙은 모습을 그려 보라고 하면 도움이 될 수 있다. 그리고 여기에서 나아가 '녹이는' 방법에 대해 이야기를 나눠 볼 수 있다. 이러한 행위는 마치 주디스가 자기 자신에게 무엇인가를 하는 것이다. 주디스는 부정적으로 평가받는 것에 대해서 계속해서 반복적으로 생각하고 있다. 만약 조금 다른 인지적 관점을 가지면 그 상황을 다르게 볼 수 있을 것이다. 은유는 많은 정보를 하나로 모아 하나의 그림으로 그릴 수 있도록 할 뿐 아니라, 보다 긍정적인 결과로 이끌어 갈 수 있도록 변화시킬 수 있는 것이기도 하다.

의사결정

정보를 하나로 통합해 가면서 어떤 결정을 해야 하는 상황으로 옮겨 가야 되는 경우가 있다. 이러한 의사결정 과정에는 일반적으로 직관적 과정과 합리적 과정이 모두 필요하다. 어떤 사람에게는 '잠깐 쉬면서 지켜보자.'의 문제일 수도 있다. 시간이 지나면서 새로운 관점이 생겨나고 보다 자신의 직관적 부분에 주목할 기회가 나타날 수도 있다. 산책을 한다거나 완전히 다른 일을 해 본다거나 하는 것처럼 환경의 측면을 변화시킬 때 이런 기회는 더 많아질 수 있다. 원기를 회복하고 다시 문제를 보면 자신의 창의력과 문제 해결력을 보다 잘 활용할 수 있다.

결정을 내리는 가장 흔한 방법 중 하나는 장점과 단점 목록을 만들어 보는 것이다. 정보를 범주별로 나눠 보는 것도 상황을 명료화하는 데 도움이 된다. 중요성이라는 면에서 한가지 요인이 다른 모든 것보다 더 중요한 경우도 있기 때문에, 목록의 길이는 별로 문제가 되지 않는 경우가 많다. 예를 들면, 다른 도시로 가면 좋은 일자리가 있지만 이사를 정말 하기 싫다면 이것이 바로 결정적 요인이 되는 것이다.

앞의 [그림 4-1]의 진로수레바퀴 활동도 진로 의사결정에 활용할 수 있다. 앞서 논의했던 것처럼 각 항목에 맞는 정보를 구축하는 것이 이 활동의 초점이다. 진로수레바퀴를 완성하면 모든 정보를 전체적인 관점에서 볼 수 있게 된다. 이러한 기초를 통해 (진로수레바퀴 활동지를 한가운데 두고) 다양한 진로 대안에 대한 브레인스토밍을 해 볼 수 있다. 진로수레바퀴를 활용하는 또 다른 방법은 하나의 대안에서 출발하는 것이다. 하나의 대안을 진로수레바퀴의 가운데 두고, 각 측면에 얼마나 맞는지 살펴보는 것이다. 예를 들어, 버트라는 내담자는 학교로 돌아가 원예 공부를 시작해 볼 것에 대해 고려 중이었다. 버트는 고등학교를 졸업하고 조경회사에서 2년 정도 일했다. 급여는 만족하지만 일은 만족하지 못해서 다른 대안을 찾아보게 되었다. '원예학 공부를 위해 학교로 돌아가는 것' 이라는 대안을 진로수레바퀴의 가운데에 놓고, 이 선택이 흥미, 가치, 능력, 성격, 중요 타인, 학력, 경력, 노동시장 등과 맞는지 살펴보았다. 버트에게 이 대안은 꽤 잘 맞는 것 같았다. 유일한 문제점은 고등학교 때의 성적이었다. 원예학과에 들어가기 위해서는 고등학교에서 과학 과목을 모두 이수했어야 했다. 이것이 바로 첫 번째 실천 과제가 되었다.

의사결정을 촉진하는 또 다른 방법은 내담자에게 두 가지 목록을 작성하게 하는 것이다. 한 목록에는 고려하고 있는 모든 진로 대안을 적는다. 그리고 다른 한 목록에는 임금, 위치, 안정성, 출장 기회, 승진 기회 등과 같은 진로에서 고려할 사항을 중요도별로 순위를 정하여 적는다. 그리고 상위 몇몇 고려 사항에 맞지 않는 진로 대안은 지워 나간다.

진로 대안과 고려 사항을 하나의 표에 그려 넣고 비교해 봄으로써 여러 대안을 점검하는 방식으로 사용해 볼 수 있다. 이렇게 하는 방법에는 여러 가지가 있다. 예를 들어, 진로경로(Career Pathways) 프로그램(Amundson & Poehnell, 1996)에 포함된 〈표 10-1〉과 같이 표현해 보는 것도 하나의 방법이다.

여기에서는 직업상담사의 선택지가 전체 점수에서 가장 높고, 능력 활용, 흥미진진함, 창의성, 급여 등에서 사회복지사보다 높은 순위를 보인다. 사회복지사가 높은 순위를 보이는 유일한 영역은 다른 사람을 돕는 면이다. 쉼터에서 일하는 것과 재무 관련 일을 하는 것은 훨씬 덜 매력적이다. 이렇게 정리된 정보를 통해

〈표 10-1〉 진로 대안의 평가

요인 \ 진로 대안	사회복지사	직업상담사	쉼터상담자	경리보조원
1. 도전	+5	+5	+3	+2
2. 자유	+4	+4	+3	+1
3. 유연성	+4	+4	+2	+1
4. 능력 활용	+2	+4	+1	0
5. 흥미진진함	+2	+3	+1	0
6. 창의성	+2	+4	+1	0
7. 급여	+3	+4	+2	+2
8. 열심히 일한 대가	+2	+2	+1	0
9. 다른 사람 돕기	+4	+3	+2	+1
10. 여행할 기회	0	0	+1	0
전체 점수	28	33	17	7

출처: Career Path, by Norman Amundson and Gary Poehnell, Copyright 1996, Ergon Communications. Use by permission.

더 많은 의논을 할 수 있고 의사결정 과정도 돕는다.

의사결정은 쉬운 것이 아니다. 그래서 몇 가지 서로 다른 접근을 활용해 보는 것이 도움이 될 수 있다. 합리적 의사결정과 직관적 의사결정은 모두 필요한 것이다. 빠른 속도로 변화하는 세계에서는 모든 가능성을 최대한 활용하는 의사결정 전략이 필요하다. 겔랏(Gelatt, 1989)은 '긍정적 불확실성' 이라는 용어를 사용하여 균형 잡히고 다양하고 통합적인 의사결정 전략의 과정을 설명하고 있다. 이 개념적 틀에서는 '이것 아니면 저것' 이라는 사고를 '모두 다' 라는 사고로 바꾼다. 의사결정을 할 때 우리가 하고 있는 일에 대해서 긍정적일 필요가 있으며, 동시에 신중함과 불확실성에 대해서 건강한 생각을 유지해야 한다.

많은 사람은 자신이 선택하는 모든 단계에서 완벽한 확신을 하고 싶어 하기 때문에 의사결정 과정에서 더 어려움을 겪게 된다. 변화하는 노동시장과 세계적 양상은 이러한 확신을 불가능하게 했다. 때때로 어떤 결정을 내려야 하는지가 문제가 되기보다는, 우리가 살고 있는 세상의 불확실성과 예측 불가능한 측면을 수용하기 어려워하는 것이 문제인 것이다(Trevor-Roberts, 2006). 모든 요인을 통제한다는 것은 불가능하다. 가장 이상적인 상황에서도 불확실성의 요소는 있다. 많은 경우에 변화의 필요성을 이해하면서 그저 앞으로 나아가야 할 필요가 있다. 겔랏(1989)은 변화하는 환경에 적응하기 위한 준비를 하면서 긍정적인 태도로 앞으로 나아가는 과정을 '긍정적 불확실성' 이라고 명명하였다. 이러한 과정을 설명하기 위해서 여러 가지 흥미가 있지만 대학에서 어떤 전공을 해야 할지 몰라 고민하는 고등학생의 문제를 예로 들어 보려고 한다. 이런 고등학생은 대학을 가는 것이 가장 좋은 대안이라는 것에 대해서는 분명한 생각을 하고 있다. 그렇지만 구체적인 장기적 진로계획은 명료하게 세우지 못하고 있다. 이런 상황에서 그들이 할 수 있는 최선은 일단 대학 수업에 등록하는 것이다. 그리고 보다 경험을 쌓으면 전공을 바꾸고 싶어 할 수도 있다는 점을 이해하는 것이다. 진로 의사결정은 '한 번' 의 사건이 아니라 많은 경우 계속적인 평가와 변화의 과정을 포함한다.

어떤 학생은 통제와 확신에 대한 욕구 때문에 두려워하고 불안해할 수 있다. 이러한 감정이 아주 근본적인 수준에서 다루어지지 않는다면 오히려 진로상담 과정을 방해할 수도 있다.

'불확실한' 세상이라는 현실을 직시할 수 있는 또 다른 방법은 혼돈 이론(chaos theory)의 관점을 통해 세상을 바라보는 것이다(Bloch, 2005; Bright & Pryor, 2005; Pryor & Bright, 2006). 이 접근에서는 세상의 혼란스러운 특성을 강조하면서 동시에 아무리 혼돈된 상태에서도 어떤 일정한 패턴을 찾을 수 있다는 점을 지적한다. 이러한 패턴은 예기치 못한 원인에 기인하고 수렴적(convergent) 가능성과 확산적(divergent) 가능성의 고유한 조화를 반영한다. 때로는 새로운 가능성을 구현하기 위하여 대안을 확대해 나가야 할 때가 있다. 반대로 어떤 때는 다양한 대안을 제외시켜 가면서 보다 가능성이 있어 보이는 결과로 전환해 가야 한다. 효과적인 진로상담을 위해서는 이 두 가지 전략을 적절히 활용해야 한다. 진로 의사결정에 너무 빨리 도달하는 사람의 경우에는 오히려 앞으로 나아가는 것을 멈추고 가능성에 대해 보다 넓게 탐색할 필요가 있다. 반대로 여러 가능성 속에 막혀 결정을 내리지 못하고 있는 상황에 있는 사람도 있다. 이런 상황이라면 성공 가능성이 가장 큰 대안에 초점을 두고 앞으로 나아가도록 촉진해야 할 것이다.

실행계획을 위한 준비도

실천을 위해 앞으로 나아갈 때 '이탈'하게 되는 경우가 많이 발생한다. 이미 앞에서 상담자가 진로계획에서 내담자를 앞서가는 사례에 대해 논의했다. 서로 합의하여 계획을 세우지 못하고 상담자가 너무 빨리 나아갈 경우 내담자가 충분히 참여하지 못한다는 것을 발견하게 된다. 이런 상황에서 내담자는 계획에 동의는 하지만 그것을 이루어 내겠다는 동기는 부족하다.

또한 내담자가 의사결정 과정에서 확신과 통제에 대한 욕구를 너무 개입시킬 경우에도 실행계획이 추진되지 못할 수 있다. 이미 논의한 바와 같이, 이러한 행동은 두려움과 불안이라는 정서에 기인한다. 너무 실천으로만 내몰기보다는 내면의 걱정을 보다 깊이 있게 다루는 것이 더 적절할 수 있다.

상담관계의 긍정적 특성은 실천에 대한 준비도에 상당한 영향을 미칠 수 있다. 내담자가 진로상담을 시작하면, 내담자는 수용, 진정성, 존중의 관계를 맺게 되었음을 알게 된다. 이러한 촉진적 상태는 탐색과 학습이 일어날 수 있는 환경을 마련해 준다. 그리고 이러한 긍정적 관계의 발달은 내담자에게 실천에 대한 용기를 준다. 하지만 이러한 긍정적 관계가 형성되면 중단하기가 어려울 뿐 아니라, 관계가 종결되었을 경우 내담자와 상담자에게 상실을 경험하게 한다. 내담자가 점차 계획을 실천해 나가게 되면 이에 대해서 지지를 받아야 하고 동시에 상담관계라는 따뜻함과 안전함으로부터 벗어나야 한다.

구체적인 목표와 몇 회기가 필요한지를 의논하는 초기부터 분리의 과정은 시작된다. 여러 회기를 할 경우, 종결 회기 몇 주 이전에 종결에 대한 이야기를 하는 것이 좋다. 다음과 같은 말이 다음 단계로 나아가는 데 도움이 된다.

> 지금까지 분명히 좋은 방향으로 진행되었어요. 이 탐색 과정에 열심히 참여한 ○○의 모습이 참 좋았습니다. 이제 우리는 두 번 정도 더 만날 거예요. 그리고 그때가 되면 우리가 정한 목표에 도달하게 될 것이라고 생각합니다.

그리고 앞으로 나아가려고 할 때 느끼는 상실감과 불확실성에 대해 터놓고 얘기하는 것이 좋다. 진로상담자는 감정을 나누고 종결을 자연스러운 과정의 일부로 다루어야 한다. 어떤 내담자는 이 시점에서 흥정을 하려 하고 몇 회기를 더 하려 한다. 어떤 경우에는 이러한 과정이 자연스럽게 잘되지만, 가능한 한 부드럽게 종결을 이끌어 내는 것이 필요하다.

실행계획 세우기

실행계획을 세울 때는 단기계획과 장기계획을 구분하는 것이 중요하다. 많은 내담자에게 실행계획은 긴 여정의 한 부분일 뿐이다. 첫발을 내딛는 것은 앞으로의 실천을 위한 중요한 계기가 되기 때문에 중요하다.

계획을 구상할 때는 구체적이고 성취 가능한 목표에 주의를 기울여야 한다. 가이스버스, 헤프너와 존스턴(Gysbers, Heppner, & Johnston, 2003)은 목표가 각 내담자의 고유한 상황에 맞아야 하고 내담자가 생각하기에 합리적인 방식으로 세워져야 한다고 제안한다. 월터와 펠러(Walter & Peller, 1992)는 실행계획을 세우는 과정에 대해 다음과 같은 제안을 하였다.

- 긍정적인 언어로 성취해야 할 것을 나타내기
- '~하는' (쓰는, 부르는, 찾는 등)으로 끝나는 동사를 사용하여 행동을 표현하기
- 현재에서 출발하고 내담자가 상담 회기를 마칠 때 어떤 일이 일어날 것인지에 대해 구체화하기
- 각 과제를 성취하는 마감시간에 주의를 기울이면서 세부내용을 하나하나 해 나가기
- 내담자의 통제하에 있는 영역에 초점 두기
- 내담자의 경험에 맞는 사례와 비유 사용하기

이 지침을 활용할 때 상담자는 내담자가 모든 필요한 세부 사항을 구체화하도록 돕기 위해 자연스러운 질문과정을 사용한다는 것이 중요하다. 예를 들어, 내담자가 대학에 원서를 보내는 것을 가장 적절한 행동으로 결정했다고 하자. 이 경우 다음과 같은 세부 사항을 확인해 보아야 할 것이다.

- 언제 입학원서를 구할 것인가?
- 언제까지 입학원서를 작성해서 보낼 것인가?
- 모든 지원서가 대학에 잘 도착했는지 언제 확인해 볼 것인가?

작은 세부 사항에 충분한 주의를 기울이지 못해 실행계획을 실천하지 못하기도 한다.

실행계획 세우기의 또 다른 중요한 면은 다른 어떤 사람을 포함시켜야 하는지를 결정하는 일이다. 어려운 사례나 상황을 다루어야 할 경우처럼 다른 전문가나 기관에 의뢰해야 하는 경우도 있다. 의뢰를 할 경우 의뢰할 사람이나 기관에 대한 배경 정보를 확보하는 것이 중요하다. 이런 개인적 연결망 역시 상담 전문가의 역량 중 하나다. 가장 최상의 의뢰는 진로상담자가 의뢰하는 곳의 사람과 서비스에 대해 잘 알고 있을 때다. 이것은 한편으로 상담자의 개인적(성격적 · 교육적) 한계를 알아야 한다는 점도 의미한다. 이에 대해서는 1장을 참조하기 바란다.

계획과정에서는 예비계획을 세워 두는 것이 유용하다. 누구나 처음의 계획대로 진행되기를 원하겠지만, 또 다른 대안을 준비하는 것도 중요하다. 내담자에게 이렇게 생각하게 함으로써 목표를 이루는 방법이 하나만이 아니라 더 있다는 가능성에 대해 더 잘 알 수 있게 도와준다. 노동시장의 불확실성을 고려할 때 예비계획이 있다는 것은 대부분의 상황에서 현명한 처신일 것이다.

계획을 세우고 나면 그것을 내담자의 말로 종이에 쓰는 것이 중요하다. 일반적으로 사용하는 틀은 다음과 같다.

예 시

나, ________________는 ________________이 되는 나의 진로 목표를 성취하기 위해 다음과 같은 사항을 실천하겠습니다.

____

____

____

____

____

서명: ________________ 날짜: ________________

증인: ________________________

이것은 아무런 법적 효력을 갖지는 않지만, 구체적으로 문서화하면 계획이 보다 신중하게 여겨질 가능성이 커진다. 또한 내담자와 증인이 사인을 함으로써 구상한 계획이 얼마나 중요한지를 서로에게 알리게 된다. 사무실 상황이라면 계획의 사본을 파일에 보관하고 원본은 내담자에게 주면 된다.

사회적 책무

실행계획의 과정은 내담자가 자신의 상황에 대해 새롭게 이해하고, 결정을 내리고, 자신의 진로 목표에 한 걸음 더 나아가는 실천을 시작하는 것이다. 이러한 실천 단계는 보다 큰 진로 변화를 가져오는 과정의 한 부분이 된다. 시스템이라는 측면에서 볼 때, 시스템 내에서의 하나의 변화는 다른 여러 영역에 영향을 미칠 가능성이 있다.

대부분의 상황에서 실행계획의 책임은 전적으로 내담자에게 있다고 가정한다. 진로상담자는 이 과정에서 지지자의 역할을 하지만 더 이상 나아가지는 않는다. 그러나 상담자가 권리 주장을 하고 사회적 책무를 수행하는 역할까지 상담의 역할로 확장해야 하는 경우도 있다. 때로 효과적인 변화를 일으킬 수 있는 유일한 방법은 사회적으로 보다 능동적인 자세를 취하는 것이다.

발달장애를 가진 내담자에게 일자리를 찾아 주고 진학을 할 수 있도록 도와야 하는 상황을 예로 들어 보자. 그들 스스로 해야 할 일이 있겠지만, 그들을 대변하여 해 주어야 할 일도 있다. 이 상황에서 진로상담자는 지나치게 우월한 입장에 서지 않도록 주의하면서 보다 적극적인 태도를 보여야 할 것이다. 상담자가 너무 적극적으로 나설 경우 필요 없는 의존심을 키울 우려가 있다.

서비스를 받고 있는 내담자의 역량과 정말로 요구되는 것 사이에 균형을 잘 잡아야 한다.

또 다른 상황에서 진로상담자는 새로운 사회 정책 수립을 돕는 지역 또는 국가적 문제에 관여할 수 있다. 이러한 임무는 개인적으로 수행할 수도 있고, 여러 단체를 통해서 수행할 수도 있다. 진로상담자는 정치적 논쟁에도 중요한 관점을 제안할 수 있다. 이런 수준에서의 변화는 내담자와 상담자가 맞이할 장벽을 낮춰 줄 수도 있다.

요 약

이 장에서는 수행계획으로 나아가는 단계에 초점을 두고 있다. 첫 번째 단계는 정보를 통합하는 단계이며, 이때는 내담자가 정보를 통합하는 속도에 맞추어 나가는 것이 필요하다. 그리고 이 단계에서는 다양한 교육이나 일과 관련된 대안을 향해 나아가는 것도 포함된다. 이 과정에서는 직관적 판단과 합리적 판단을 동시에 하게 된다. 우리가 살고 있는 복잡하고 빠른 속도로 변화하는 사회에서는 양쪽 뇌를 모두 사용하는 포괄적인 의사결정 방법이 필요하다. 겔랏(1989)의 긍정적 불확실성이라는 틀은 지금 세상에 잘 맞아떨어진다.

사람들이 실행을 향해 나아갈 때 어떤 저항이 나타나는 것은 특별한 일이 아니다. 이런 저항은 내담자와 상담자가 다른 속도로 움직이고 있기 때문일 수 있고, 실수를 하는 것에 대한 두려움과 불확실성이 있다든지 상실감이 밀려왔기 때문일 수도 있다.

실행계획 자체는 구체적이고 상세해야 한다. 의뢰가 필요한 경우도 있다. 복잡한 상황을 고려해 볼 때 예비계획을 미리 준비하는 것도 도움이 된다.

대부분의 경우 내담자가 새롭게 이해하고 스스로의 실천에 대해 책임감을 느끼도록 돕는 것에 초점을 둔다. 이것이 일반적으로는 매우 도움이 되지만, 사회 정책이나 주장이 동반되어야 하는 상황이 있다. 상담 서비스에서 이 두 가지 서비스가 모두 제공될 때 역동적이고 효과적인 진로상담 실제를 구현할 수 있다.

Chapter 11

실행계획 실천하기

실행계획의 개념은 진로상담의 목표를 달성하기 위해 강조되어야 한다. 한편으로 실행계획은 진로상담 전체 과정에 영향을 미친다는 것을 인식하는 것이 중요하다(Amundson, 1995). 어떤 점에서는 상담자와의 첫 만남 자체가 실행계획 실천의 출발일 수 있다. 회기 중이나 회기 사이에도 효과적인 진로상담에 도움이 되는 작은 실행계획이 있다. 실행계획은 의도와 개인의 자발성이 밀접히 관련된다(Chen, 2006). 한 개인의 태도와 적성의 표현이기도 하고 사람들이 자신의 삶에서 변화를 이끌어 내는 방식이기도 하다.

시간이 흐르면서 실행계획이 진척될수록 목표는 더 정교화되고 실행계획은 보다 틀이 잡힌 모습을 갖추게 된다. 때때로 내담자는 실행과정을 통해 새로운 의뢰처로 갈 수도 있고 다른 프로그램으로 옮길 수도 있다. 뿐만 아니라 다양한 교육기관이나 일자리로 나아갈 수도 있다.

보겐과 매글리오(Borgen & Maglio, 2007)는 취업지원 프로그램의 한 부분으로 실행계획을 세워 본 내담자의 회고를 통해 흥미로운 연구를 수행했다. 심층면접에 대한 질적 분석을 실시하여 내담자가 실행계획을 실천하는 데 도움이 된 경험과 방해가 된 경험을 탐색하였다. 참여자는 개인적 태도, 자기 이해, 다른 사람의 지지가 실행계획을 실천하는 데 도움을 주었다고 보고했다. 또한 유연성, 명료한 목표, 거시적 관점, 재정적 지원 등을 중요한 요소로 들었다. 실행계획을 실천하는 데 방해가 되었던 것은 개인적 수준에서는 낮은 동기, 부정적 감정, 경험 부족, 능력 문제, 건강 문제 등이었다고 했다. 보다 큰 사회 맥락적 측면에서는 상담기관, 기업, 차별, 재정적 곤란, 다른 사람의 지원 부족 등 '시스템'의 문제를 들었다.

실행계획을 효과적으로 실천하는 과정이 되도록 하는 데는 당연히 여러 어려움에 직면하게 된다. 이 장에서는 진로상담자가 이 과정에서 내담자를 어떻게 지지해야 하는가에 대해 알아볼 것이다.

내담자 지지하기

내담자는 스스로 실행계획을 실천하는 동안 지속적인 정서적·실제적 지지를 필요로 한다. 진로상담자는 이 실천과정에서 중요한 역할을 맡게 되는데, 그중 하나의 방법은 내담자가 앞으로 나아가는 과정을 점검해 주는 것이다. 어떤 경우에는 내담자가 과제를 마쳤을 때 상담자에게 전화를 하거나 메시지를 남기라고 지시하기도 한다. 그리고 상담자가 먼저 추수 점검을 시도하기도 한다. 이런 과정을 위해 상담자는 수행계획서를 내담자용, 보관용, 발송용의 세 부를 복사하여 준비했다가 발송용을 한 달 후에 내담자에게 보내는 경우도 있다. 이렇게 계획서를 우편으로 보내는 것은 잘잘못을 따지지 않으면서 합의 사항을 확인시켜 주는 방법이다.

상담자에게 가장 어려운 과제 중 하나는 '언제 추수 점검을 하는가' 하는 시간의 문제다. 주어진 업무를 정상적으로 하면서 추수 점검을 할 시간을 찾기란 쉬운 일이 아니니다. 그러나 추수 점검을 하지 못하면 내담자에게만 해가 되는 것이 아니라 상담자에게도 좋지 않은 영향을 미친다. 추수 점검은 내담자의 향상을 확인할 수 있는 좋은 방법으로 상담자로서의 자신의 효과성을 확인시켜 준다. 이러한 정보를 통해 상담자는 더 용기를 얻게 되고 자신감을 키우게 된다. 추수 점검을 하지 않을 경우 진로상담자는 자신의 노력이 어떤 효과를 나타내고 있는지 알 수 없게 된다.

상담자가 지원을 받는 것이 실행계획의 일부라고 고려하고 있을 경우 그것을 실행계획에 포함시키는 것이 좋다. 다시 말하면, 진로상담을 종결한 후에 내담자가 어떤 도움을 더 받고 싶은지 직접 물어보고 도움을 받을 수 있는 방법을 함께 이야기해 보는 것을 의미한다. 내담자에게는 이러한 도움을 줄 가족이나 친구가 있을 수도 있다. 그들은 다양한 정서적 · 실제적 지지를 제공해 줄 수 있다. 이런 지지 체제를 적극적으로 구축하는 것도 진로상담 과정의 중요한 부분일 수 있다.

7장에서 진로상담 과정에 가족과 친구를 참여시켜야 하는 것이 얼마나 중요한지 설명하였다(Amundson & Penner, 1998). 이 과정을 통해 실천의 단계에서 다양한 사람이 중요한 역할을 해 줄 수 있다. 상담이 종결된 이후 가족이나 친구는 여러 방식으로 도움을 줄 수 있다. 버튼과 웨드마이어(Burton & Wedemeyer 1991)는 직업 탐색 과정을 구직자가 직업 탐색이라는 이름을 가진 회사의 CEO 역할을 하는 것과 같다고 설명하였다. 직업 탐색 회사에는 지원하고 방향을 제시해 줄 많은 부서장이 필요하다. 구직자는 이 부서장에게 정기적으로 자문하고 직업 탐색 과정이 어떻게 진행되고 있는지도 보고한다. 이런 형식적인 구조를 갖춘다는 것은 흔하지 않지만, 이와 유사한 형식적·비형식적 지지 집단이 필요하다. 실업에 관한 연구 결과는 일관되게 가족과 친구의 지지가 실업자에게 매우 중요한 요소라고 밝히고 있다(Borgen & Amundson, 1987). 그러나 문제는 지원이 가장 필요할 때 위축하게 되는 경향성이다. 이러한 역동 때문에 진로상담자는 가능할 때마다 지원망을 구조화해 두어야 한다.

내담자의 실행계획을 지원하기 위해 상담자가 해야 할 일이 또 있다. 실행계획을 세웠다고 해서 종결이 가깝다고 말할 수는 없으므로, 진로상담자는 다음 단계로 나아갈 실제적인 기술을 가르쳐 주거나 지원해야 한다. 예를 들어, 내담자는 직업탐색 기술을 배워야 한다. 많은 경우 직업탐색 기술훈련 프로그램은 지역사회에서 찾을 수 있다. 이런 경우라면 진로상담자는 직업탐색 기술훈련을 실행계획의 일부로 포함시키면 될 것이다. 그렇지 않다면 이력서 쓰는 법을 직접 가르쳐 주거나 구인처 탐색을 함께 계획해 볼 수도 있다. 면접 연습이 필요한 경우도 있을 수 있다. 어떤 것이 필요한 경우든, 진로상담자는 이런 실제적인 도움을 줄 수 있도록 준비되어 있어야 한다.

실제적인 직업탐색 기술훈련에 얼마나 관여할 것인가는 내담자에게 필요한 것이 무엇인가에 따라 매우 다양하게 진행될 수 있다. 이는 내담자에게 필요한 책과 훈련 정보를 제공하는 정도로 진행할 수도 있다. 반면 보다 직접적인 개입이 필요할 때도 있다. 우리가 하는 진로 관련 수업에는 이력서 작성에 어려움이 있는 사람(가진 기술이 거의 없거나 다시 일에 복귀해야 하거나 직종을 바꾸려고 하는 등)을 찾아 그 사람이 이력서를 쓸 수 있도록 돕는 과제가 있다. 처음에 그 과제는 매우 간단하다. 그러나 그 결과는 매우 놀랍다. 여러 면에서 과정이 결과만큼이나 중요하다. 사람들이 자신에게도 활용할 기술이 있다는 것을 알게 되면 자기존중감이 높아지고 구직에 대한 동기도 높아진다. 매번 이런 서비스를 제공할 수는 없지만, 특별한 경우에는 도움이 많이 되는 일이다.

많은 내담자가 역량중심 행동면접을 어려워한다. 내담자는 자신의 학력과 경력을 이력서에 요약해 정리했지만, 고용주는 여러 가지 다른 능력에 대해 관심이 많다. 예를 들어, 고용주는 구직자가 팀원으로 잘 일할 수 있을지 궁금해한다. 이 질문에 대한 가장 좋은 답은 구체적인 사례를 들어 이야기하는 것이다. 이러한 방식으로 내담자가 면접을 볼 수 있도록 준비시키기 위해서는 내담자가 가진 좋은 이야기를 찾도록 돕는 것이 첫 번째로 해야 할 일이다. 일단 이야기를 찾으면 그 이야기를 통해 소통할 수 있는 모든 것에 대해 평가하는 단계로 넘어간다. 예를 들어, 데일이라는 내담자는 교회에서 선배로서 책임을 맡아 봉사했던 경험이 있다. 이 이야기는 팀워크의 좋은 사례가 되는 것은 분명하지만, 상담자는 그뿐만 아니라 지도력, 공감 능력, 지구력, 창의력, 용기, 근

면성 등도 반영한다는 것을 찾아 주어야 한다. 이야기를 어떻게 하는가도 또 다른 가치가 된다. 같은 이야기로 팀워크에 대해서만 아는 것이 아니라 지도력, 공감 능력, 지구력 등을 나타내는 사례로 쓸 수 있다. 몇 가지 좋은 이야기를 확보하는 것은 면접을 준비시키는 긴 과정이다. 물론 이야기를 찾고 나면 그것을 어떻게 전달할 것인지 그 방법을 찾아야 한다. 많은 사람은 자세한 내용을 잊어버리기 때문에 분명하고 간명하게 자신을 표현하는 방법을 연습해야 한다. 그리고 이것은 상담자가 도와줄 수도 있고, 진로 집단 상담을 통해 도와줄 수도 있다.

새로운 통찰과 정보의 처리

많은 진로상담자는 진로상담을 제공할 뿐만 아니라 사례 관리를 해야 하는 위치에 있다. 이러한 경우에는 일련의 행동계획이

배 경

제인은 대학에 다니게 된 것에 신이 났지만, 학비와 생활비를 충당하기 위해 여름에는 일을 해야 한다. 그래서 상담자가 진행하는 대학의 진로 프로그램을 통해 이력서를 잘 준비하였다. 구인처의 연락처를 몇 군데 확보하였고, 몇 군데에서 면접(제인의 실행계획) 일정도 잡았다. 그렇지만 모두 잘 되지 않아 많이 실망한 상태다. 어떻게 해야 할지 알아보기 위해 상담자를 찾아왔다.

필요하다. 그리고 진로상담자의 역할은 일반적인 행동 절차를 따라야 하는 것이다. 이러한 과정에서 새로운 통찰과 정보가 나타나게 된다. 상담자는 이런 정보를 기록하고 내담자에게 알려 주어야 한다. 때로는 새로운 정보가 새로운 개입으로 이어지기도 한다. 다음 사례를 살펴보자.

상담자: 일자리를 찾는 것에 대해 이야기할 때 풀이 많이 죽어 보이네요.

제 인: 준비를 많이 했는데 다 소용이 없었어요. 괜찮은 일자리를 찾지 못하면 어떻게 해야 할지 모르겠어요.

상담자: 좌절되죠. 지금 굉장히 절박한 상황으로 느껴지네요.

제 인: 그래요. 전 정말 일을 하고 싶어요. 면접을 보러가면 그것 때문에 압박을 받죠. 저 자신을 제대로 표현하지 못하고 있는 느낌이에요. '저 사람들이 날 마음에 들어 할까?' 라는 생각만 온통 하고 있어요.

상담자: 면접에서 대답을 준비할 때 거의 두 가지 생각이 맴돌고 있는 것 같네요.

제 인: 맞아요. 그 사람들이 저를 어떻게 생각할지 계속 생각하면서 제가 그 일을 정말 할 수 있을지 걱정을 하죠. 진로탐색 프로그램에서 배웠던 걸 생각하면 전 제 발등을 찍고 있다는 걸 알아요.

상담자: 그렇게 들려오는 잡념을 떨쳐 버리려면 어떻게 해야 할까요?

제 인: 모르겠어요. 면접 보기를 미리 연습해 보면 도움이 될까요?

상담자: 같이 해 볼까요?

제 인: 좋을 것 같아요. 자신감을 다 잃어버렸거든요.

상담자: 다음 주에 약속을 잡을 수 있는지 확인해 보고 모의 면접을 좀 해 봅시다.

(이와 같은 상담실제에서 상담자는 행동중심 면접기술을 연습하는 것도 중요하지만, 내담자가 가지고 있는 내면의 소리를 반영해 줌으로써 내담자에게 방해되는 잡념을 바꿔 주어야 한다.)

이 상담자와 내담자의 축어록에서 상담자(진로상담 능력을 가진)가 상황에 대한 인지적 · 행동적 요소만이 아니라 정서에 대한 이해를 촉진하는 공감적 반영을 활용하고 있다는 것을 볼 수 있다. 또한 단순히 문제 해결로만 너무 빨리 나아가기보다는 보다 협력적으로 문제 해결에 다가가고 있으며, 내담자가 먼저 제안을 하고 나서야 상담자가 서비스 제공에 대해 안내를 하고 있다. 실제 실행계획을 변경할 때에는 언제나 내담자가 나서야 한다는 점의 중요성을 다시 한 번 보여 주고 있다.

때때로 현재 고려하고 있는 진로 방향에 대해 다시 생각해 보게 하는 정보가 상담 후반에 나타날 수 있다. 진로상담자는 실행계획을 변경시킬 만큼 중요한 정보가 나타나면 바로 탐색 단계로 옮겨 갈 준비가 되어 있어야 한다. 예를 들어, 아만다의 사례를 보

자. 아만다는 미술과 컴퓨터를 모두 활용하는 그래픽디자인 쪽의 진로를 생각하고 있었다. 어떤 면에서는 완벽한 해결책처럼 보였지만 너무 완벽한 것이 문제다.

아만다: 그래픽디자이너를 만나 볼 기회가 있었는데 무척 즐겁게 지내는 것 같아 보였어요. 그들이 일하는 것도 조금 봤는데 일도 재미있어 보였고요. 그런데 보면 볼수록 그 일이 저하고는 맞지 않는다는 생각이 들더라고요. 그 사람들은 프로젝트를 연이어 계속해 나간다는 거 아세요? 축제가 아니면 굶는 거 둘 중 하나예요. 전 그렇게 살 수는 없을 것 같아요.

상담자: 적어도 아만다가 싫어하는 것이 무엇인지는 알게 되었으니, 그 면담은 도움이 많이 된 것 같네요.

아만다: 맞아요. 전 보다 안정적인 게 좋아요. 그렇게 불확실하지 않은 일을 원해요.

상담자: 어떤 회사를 가 봤는지 얘기 좀 해 줄래요?

아만다: 이쪽 분야에서 막 문을 연 작은 그래픽디자인 회사를 잘 아는 친구가 있어요. 그래서 그 사람들을 만나 보고, 프리랜서로 일하는 그래픽디자이너 몇 명을 더 만나 봤어요.

상담자: 그럼 그래픽디자인 영역을 전부 알아봤다고 할 수는 없겠네요. 아만다가 만나 본 사람들은 자영업을 기반으로 하는 사람들에 치우쳐 있는 것 같아요. 좀 다른

조직 구조를 가진 곳에서 일하는 사람들도 만나 보는 게 좋을 거라고 생각하지 않나요?

아만다: 그럼 사람들을 계속 더 만나 봐야겠어요.

상담자: 지금 확답을 내리지 말고 계속 탐색을 더 해 보면 어때요?

아만다: 어떤 쪽을 더 알아봐야 할지 모르겠어요. 제가 아는 곳은 모두 가 봤거든요.

상담자: 인터넷으로 같이 찾아보면 도움이 될까요?

아만다: 그럼요. 좋을 것 같아요.

(상담자와 내담자는 인터넷 검색을 같이 했다. 검색을 하는 동안 그래픽디자이너 협회를 찾았고, 그래픽디자이너를 고용하고 있는 큰 회사가 근처에 있다는 것도 알게 되었다.)

상담자: 이 회사랑 협회에 연락해 볼 수 있겠어요?

아만다: 그럼요.

상담자: 언제쯤 연락을 해 볼 수 있을까요? 어떻게 진행되는지 알고 싶거든요.

아만다: 오늘 오후에 전화해 보고 나서 선생님께 전화드릴게요.

상담자: 좋아요. 꼭 알려 줘요.

아만다: 제가 전화했을 때 다음 약속을 잡는 게 좋겠죠?

상담자: 그래요.

이 이야기에서 보면, 상담자는 문제해결 과정에 협력하여 보다 더 탐색해 봤으면 좋겠다는 마음을 표현함으로써 내담자가 고용 조건에 대해 좀 더 탐색해 보고 좀 더 조심스럽게 계획을 세우려는 쪽으로 마음을 바꾸도록 한다. 그리고 다음 약속을 위한 가능성을 열고 있다.

실천하지 못하는 실행계획

아무리 조심하고 주의해서 실행계획을 실천해 나가더라도 내담자가 처음 세웠던 실행계획을 제대로 실천하지 못할 수도 있다. 추수 점검을 체계적으로 잘하지 못하면 이런 불이행을 확인하지 못한다. 추수 점검을 통해 상담자는 내담자에게서 무엇을 성공적으로 해내었는지 들을 수 있고, 어떤 것을 하지 못했는지도 들을 수 있다. 당연히 실행계획을 제대로 수행하지 못한 경우에는 실망스럽다. 그러나 실천하지 못했다는 것을 탓하기보다는 그것을 상담자와 내담자 모두 배움의 기회로 삼으면 좋을 것이다. 새로운 실행계획을 세우는 것을 목표로 다시 진로상담을 받도록 내담자를 격려해야 한다.

이런 형태의 상담자-내담자 상호작용이 시작되는 시점에서는 평가적이지 않고, 진실되고 공감적인 관계 유지가 중요하다. 다른 사람의 결점을 찾아서 얻을 수 있는 것은 거의 없다. 상황에 대해 간단하게 탐색하고 문제 해결을 위해 협력하는 것이 필요할 뿐이다. 이 과정을 사례를 통해 나타내 보면 다음과 같다.

조 지: 지난주엔 너무 바빠서 전화해 보기로 한 곳에 한 군데도 전화를 못했어요.

상담자: 지난주 상담 마치고 갈 때는 면담해 볼 곳의 정보를 얻어 무척 좋아했던 것 같은데요. 그 좋은 기억을 되살려서 조지의 일정에 맞게 다시 계획을 세워 보는 게 어때요?

(상담자는 내담자가 얘기한 핑계에 대해서는 언급하지 않고 있다는 점을 보기 바란다. 어떤 일이 일어났다는 것과 새로운 계획으로 다시 시도해 볼 것에 초점을 맞추고 있다.)

조 지: 전화를 거는 것에 대해서는 여전히 관심이 많아요. 그 정보가 없으면 더 진척시킬 수가 없거든요.

상담자: 전화를 걸려면 어떻게 해야 할까요?

조 지: 모르겠어요. 뭐라고 말을 해야 할지 확신이 서지 않아요.

상담자: 그럼, 전화를 하기 전에 여기에서 연습을 좀 해 보면 어때요?

조 지: 그럼 정말 좋을 것 같네요. 이번 주 후반 무렵에 만날 수 있나요? 정말 전화를 꼭 해야 하거든요.

이 상황에서 보면, 조지는 전화를 잘할 자신이 없어서 실행계획을 미루고 있었던 것이다. 이에 상담자는 면담 연습이라는 새로운 단계를 추가함으로써 그 실행계획을 실천할 가능성을 높였다. 앞으로 나아가기 위한 가장 좋은 방법으로는 실행계획을 더 작은 단계로 쪼개어 새로운 단계를 추가하는 방법이 있다. 이러한 단계를 통해 자신감도 높아지고 새로운 기술도 습득할 수 있다. 목표는 현실적으로 성취 가능한 실행계획을 만들어 준다.

실행계획이 상담자에게만 속해 있고 내담자에게 속해 있지 않은 경우도 있다. 이런 경우는 상담자가 상담 과정을 너무 빨리 이끌어 나갔을 때다. 계획은 좋더라도 내담자가 그것을 받아들이지 않으면 실천할 가능성이 거의 없다. 그 신호가 신체언어로 표현되는 경우가 종종 있다. 말로는 어떤 이야기만을 표현할 수 있지만, 몸으로는 말로 표현한 것과는 다른 것을 표현할 수 있다. 다음 상황을 보자.

매　기: 프로그램에 대한 정보를 못 찾았어요.

상담자: 정보를 찾는 데 별로 관심이 없어 보이네요. 지난번에 치과대학에 진학하는 방법에 대해 더 알고 싶다고 얘기했잖아요. 이미 성적도 좋게 받았고.

매　기: 치과대학도 괜찮을 것 같아요.

상담자: 좀 더 자세히 살펴봤어야 하는 건 아닌가라는 생각이 드네요. 너무 빨리 결론을 내렸던 건 아닌가요?

매　기: 부모님은 그게 저한테 잘 맞는 진로라고 하셨어요.

상담자: 그렇지만 당신은 그것에 대해 확신하지 못하고 있는 것처럼 보여요.

매 기: 부모님이 행복했으면 좋겠어요. 그런데 그걸로 충분한지는 모르겠네요.

상담자: 그럼 당신이 어떻게 느끼고 있는지, 어떤 생각을 하고 있는지를 좀 더 얘기해 봅시다.

이 이야기에서 상담자는 열의가 부족함을 알아차리고 이것을 매기에게 반영해 주었다. 이런 공감적 반영을 통해 매기가 바라는 것과 부모님이 바라는 것 사이의 차이점에 대해 더 이야기할 수 있게 된다. 상담자가 너무 바쁘면 가끔 중요한 단서를 못 보게 된다. 이 사례에서 상담자는 어떤 일이 일어나고 있는지 알아차리고, 매기의 감정과 생각에 대해 더 얘기해 보려고 했다.

지금까지 살펴본 사례는 모두 명확하여 해결책이 분명하다. 그러나 보다 어려운 상황도 있는데, 내담자가 반복적으로 실행계획을 수행하지 못하는 경우가 특히 그렇다. 이때 새로운 실행계획을 세우는 것이 적절할 수도 있겠지만 이후에 이렇게 실패하는 과정을 돌아보며 의논해야 한다. 다음과 같이 진행될 것이다.

상담자: 무슨 일이 일어나고 있는지 궁금하네요. 실행계획을 위해 세 번째 만나고 있는데 거의 진전을 못하고 있어요.

조나단: 너무 바빠서 다른 걸 할 수 없어서 그런 것뿐이에요.

상담자: 바쁜 건 저도 잘 알아요. 그래도 뭔가 다른 이유가 더 있을 것 같아서요.

조나단: 아니요, 그냥 바빠서 그래요.

상담자: 그럼 상담을 좀 쉬었다가 시간이 있을 때 다시 시작하는 것이 어떨까 합니다.

내담자가 따라오지 못한다면 실행계획을 위한 노력을 계속할 필요는 없다. 이러한 경우, 조금 휴식을 하고 실행계획을 재개할 수도 있을 것이다. 그리고 실천 가능성을 높이기 위해 의뢰를 하거나 구조적 변화를 가져올 수도 있다.

진전을 하지 못하는 것에 대해 비유를 사용할 수도 있다. 문제를 '산을 오르는 것'과 비교해서 바라보자. 산을 오르는 과정은 직선적인 경로를 따르지 않는다. 앞으로 나아가기도 하지만, 몇 걸음 후퇴하기도 하고 다른 관점에서 다시 시도해 보기도 한다. 위험한 등산에서는 지속하기 전에 힘을 다시 비축하기도 한다. 이 틀을 이용하면 내담자는 진척하지 못하는 상황을 좀 더 긍정적으로 보게 되어, 실패라고 단정짓기보다 생각하고 재정비하고 새로운 길을 찾을 시간을 확보할 수 있다.

추가적인 문제 다루기

내담자가 실행계획을 마쳐 갈 때, 다루어야 할 다른 문제가 발생할 수 있다. 진로상담은 많은 사람이 여러 실행계획을 실천해 가는 과정이다. 성공을 경험하고 그 성취를 다음 탐색과 실행계획의 발판으로 삼아야 한다.

내담자가 처음 자신의 문제를 호소할 때부터 다루어야 할 문제가 여러 가지인 경우가 많다. 상담자는 이 모든 문제를 한 번에 다룰 것이 아니라 하나씩 차근차근 해결해 나가야 한다. 예를 들어, 어떤 내담자는 고용에 필요한 여러 영역에 걸쳐 문제가 있을 수 있다. 이런 사람은 지금까지 자신에 대해 생각해 본 적이 없어서, 자신이 어떤 일을 할 수 있을지에 대해서 아무것도 모를 수 있다. 이럴 경우 훈련 정보에 대해서도 알아보아야 하고 직업훈련 경비를 충당할 수 있는 시간제 일도 찾아야 한다. 이런 과제는 내담자나 상담자 모두에게 부담이 크다. 그러므로 한 번에 한 가지씩만 처리함으로써 추진력을 얻고 장기적인 성공도 이루어 낼 수 있다.

진로상담자는 상담을 진행하면서 다루는 문제가 달라지는 것에 대비해야 한다. 한 영역의 작은 변화가 다른 영역에 영향을 미칠 수 있다. 본질적으로 다른 문제이지만 결국 자신감이라는 것이 중심 역할을 하고 있는 경우가 그 예다. 자기 탐색 과정을 통해 자신감을 얻게 되면 직업훈련 정보 탐색에 대한 준비도가 높아지고 보다 효과적인 구직 활동을 할 수도 있다.

요 약

이 장에서는 지속적인 지원을 해야 하는 상담자의 역할을 비롯하여 실행계획을 실천해 옮길 수 있는 방안에 대해 살펴보았다. 상담자는 정서적으로 지지(격려)해 줄 뿐만 아니라 실제적인 지원(기술 습득)도 해야 한다. 진로상담자는 내담자가 하기로 한 실행계획을 성공적으로 완수하는 데 필요한 자원이 있는지 확인하면서 꼼꼼하게 추수 점검을 해야 한다.

실행계획을 수행해 나가는 과정에서는 새로운 정보를 얻거나 통찰을 얻을 수도 있다. 이를 통해 처음의 실행계획에 대해 의논하거나 수정하거나 조정할 기회를 얻게 된다. 상담자의 지지와 문제 해결에 대한 협력을 통해 장기적인 성공 가능성을 더 높일 수 있다.

실행계획을 성공적으로 수행하지 못하는 경우도 생긴다. 실망스러운 일이긴 하지만, 또 다른 학습 기회를 제공해 주는 측면도 있다. 성공적으로 수행하지 못하는 것은 계획이 너무 복잡해서일 수도 있다. 또는 기본적인 것부터 익혀야 할 필요가 있을 수 있다. 그리고 적절한 실행계획을 세워 나가는 과정에서 상담자가 너무 앞서 나갔기 때문일 수도 있다. 이유가 무엇이든, 비판적으로 대응하지 말고 탐색 단계로 다시 돌아가야 한다.

진로상담자는 실행계획에 대한 내담자의 전반적인 운영을 도와야 한다. 많은 내담자가 원하는 목표에 다다르기 위해 여러 수행계획을 필요로 한다. 각각의 수행계획은 장기적인 성공으로 가는 기반을 이루게 된다.

Chapter 12

내담자의 진전도 평가하기

어떤 유형의 상담에서든 목표 성취에 대한 내담자의 진전도를 평가하는 것은 조력을 제공하는 과정에서 필수적이다. 그리고 짧게 진행되지만 내담자가 접수면접에서 얘기한 목표가 바뀌는 경우가 많은 진로상담에서는 더욱 그렇다(Niles et al., 2000). 목표는 진로상담을 이끌어 가는 중요한 이정표가 되기 때문에 내담자의 목표를 평가과정에 연결시켜 주는 것이 중요하다. 또한 목표는 진로상담의 효과를 평가하는 초점이 된다. 상담자와 내담자는 상담에서 내담자의 진전에 대해 논의할 때 그들이 세운 목표를 준거로 삼게 된다. 목표 설정과 내담자 진전도 평가는 진로상담의 과정에서 밀접히 관련되어 있다.

처음부터 내담자의 진전에 대한 평가와 관련된 중요한 사항에 주의해야 한다. 평가는 부정적으로 여겨질 수도 있다. 즉, 어떤 사람은 평가의 과정을 '자신이 해야 할 일' 을 했는지 하지 않았는지를 판단하는 활동으로 여기기도 한다. 이것은 상담자에게나 내담자에게도 마찬가지다. 초보 단계에 있는 진로상담자는 진로상담이 얼마나 잘 진행되고 있는지 확인받는 것을 위협으로 느낄 수 있다. 왜냐하면 초보자는 자신의 실력이 어느 정도인지도 잘 모르고 평가를 통해 진로상담자로서의 부족한 점이 드러나면 어쩌나 두려워하기 때문이다. 내담자는 자신이 충분히 나아지지 않아서 평가를 통해 실패했음이 드러날까 봐 걱정할 수 있다. 이런 관점에서 보면 평가는 위협적일 수 있고, 당사자에게 방어막만 높이게 할 수 있다. 이런 방식의 관점은 우리가 평가를 보는 관점과 다르다. 진로상담의 평가과정이란 내담자가 자신이 성취해 온 성과나 변화에 대해서 알 수 있도록 해 주며, 계속해서 변화해 나가는 데 필요한 성과에 대해서 알게 해 주는 것이다. 또한 어떤 개입이 가장 효과적인가에 대한 정보도 제공해 주고, 진로상담을 진행해 나가면서 어떤 문제를 집중적으로 다루어야 할지도 알려준다. 그리고 이러한 평가과정에서는 상담자가 내담자와 서로 협력해야 하고, 내담자의 진전에 대한 자신의 생각을 서로 솔직하고 구체적으로 얘기해야 한다. 그래서 평가는 발달적 성격을 띤다. 만약 내담자의 진로발달이 '정체' 되었다면 어떤 장애물이 내담자가 앞으로 가는 것을 가로막고 있는지 이해하고, 내담자가 그로부터 '풀려날' 수 있도록 도와야 한다. 따라서 평가과정에서도 촉진적 상담관계를 발달시키고 유지시키기 위해 필요한 공감, 즉시성, 진정성, 일치성 등의 기술을 활용해야 한다. 평가를 제대로 하기 위해서는 상담자 자신이 먼저 평가에 대해 편안해져야 한다. 상담자가 평가과정에 대해 불편함을 느낀다면, 평가과정에 들어가기 전에 슈퍼바이저와 이 문제를 의논해야 한다. 상담자 자신이 편하지 않으면, 내담자에게 평가에 대한 안전한 환경을 제공하는 것은 불가능하다.

진로상담자와 내담자는 평가과정에서 내담자의 진전과 내담자의 목표를 비교할 수 있는 자료를 활용할 수 있다. 자료는 경험적 자료, 의견, 행동 등 모두가 가능하다. 상담 전과 상담 후를 비교하는 경험적 자료도 활용된다. "진로상담을 시작했을 때부터 오늘까지 진로의사결정 척도에서 어떤 변화가 있었는지 살펴보면 미결정에서 10점 정도 낮아졌어요. 이건 진로 선택에 보다 확신한다는 된 것을 의미하죠. 이 점에 대해 어떻게 생각하세요?" 라고 상담자가 내담자에게 말하는 것이 그 예다.

평가는 진로상담의 과정에 대한 인식에 기초하여 상담자와 내담자의 의견을 나누는 것으로도 가능하다. "중요한 영역에서 자신에 대한 이해를 확대시키려 열심히 노력해 오셨다는 것을 알고 있습니다. 자신의 가치관을 명료화하기 위해 노력한 결과 자신에게 무엇이 중요한지에 대해 명확해진 것 같습니다. 어떻게 생각하나요?"라고 상담자가 말하는 것이 그 예다. 내담자와 얘기하고 나서 진로상담자는 앞으로 어떤 주제로 얘기하면 가장 도움이 될지에 대해 질문할 수 있다.

내담자의 진전을 평가할 때 내담자의 활동과 관련된 행동 자료를 포함시킬 수 있다. '내담자가 몇 번이나 이력서를 보냈는가?' '인터뷰를 위해 몇 사람에게나 연락을 해 보았는가?' '검사를 몇 번이나 받았는가?' 등이 그 예다. "지금까지 한 사람만 만나 정보를 수집했네요. 다음 3주 동안 일주일에 3~5명을 더 만나보기로 했지요? 지금까지의 인터뷰 과정이 어땠는지 얘기해 보면 앞으로 더 도움이 될 것 같아요."라고 상담자가 말한 예를 보자. 여기에서 내담자가 너무 높은 목표라고 생각한다면 일주일에 3~5명이라는 목표를 낮춰야 할지도 모른다. 이렇게 평가에는 경험적 자료, 의견 자료, 행동 자료가 모두 포함된다. 어떤 경우든 내담자에게 피드백을 줄 때는 진로상담을 위한 내담자의 목표와 연결시켜야 한다.

진로상담자와 내담자가 목표 성취를 위한 진전에 대한 평가를 실시할 가장 분명한 시기는 진로상담의 종결 시점이지만, 내담자의 진전에 대한 평가는 진로상담의 모든 과정에서 중요하다는 점을 잊어서는 안 된다. 여기에서는 먼저 진로상담 과정 중에 이루어지는 내담자 진전도 평가에 대해 소개할 것이다. 그리고 진로상담의 종결 시점에서의 내담자 진전도 평가에 대해 알아볼 것이다.

진로상담 과정 중 내담자 진전도 평가

진로상담 과정에서 내담자의 진전도를 평가하는 것은 여러 가지 이유에서 중요하다. 먼저 진로상담 활동이 제대로 되고 있고 도움이 되는지에 대해 상담자와 내담자가 이야기를 나눌 수 있는 기회를 제공한다. 이런 논의를 통해 내담자는 진로상담 개입과정에 더욱 몰두할 수 있다. 내담자는 진로상담 과정에서 주인의식과 더불어 책임감도 느낀다. 또한 상담자가 내담자의 관점과 맥락을 진로상담 경험에 통합시킬 수 있게 해 준다. 내담자의 관점과 맥락에서 상담을 수행한다는 것은 효과적인 다문화 진로상담의 핵심적 특성이다(Leong, 1996). 따라서 내담자가 진로상담 과정과 관련된 논의에 적극 참여하게 되면, 내담자의 문화적 맥락과 경험에 대한 존중감을 촉진하게 된다. 내담자에게 힘을 실어 줌으로써 내담자가 진로상담 과정에 맞춰 가기보다는 진로상담

과정을 내담자에게 맞추는 기회를 얻게 된다.

진로상담의 목표는 변화하는 경우가 많다

진로상담 과정에서 실시되는 평가는 내담자의 목표가 진로상담이 진행되면서 바뀌는 경우가 많기 때문에 중요하다. 과거와 현재의 관계 문제와 다중 역할 갈등과 같은 일 이외의 문제 등 진로 관련 문제가 나타나면서, 진로상담에서 내담자의 목표는 달라지기 일쑤다(Anderson & Niles, 1995). 진로상담이 진행되면서 많은 내담자는 그들의 목표를 진로 의사결정 범위 내의 일과 관련 없는 문제에까지 확장시킨다. 슈퍼, 사비카스와 슈퍼(Super, Savickas & Super, 1996)는 사람들은 생활비를 버느라 바쁘면서도 한편으로 삶을 영위하느라 바쁘다는 지적을 했다. 성인을 대상으로 하는 진로상담에서는 특히 이런 현실을 반영하는 경향이 있다.

그러나 진로상담을 시작할 때 내담자는 일의 문제와 일과 관련 없는 문제가 서로 겹쳐진다는 것을 알아차리지 못한다. 그래서 대부분이 진로 문제와 사적 문제를 구분하는 잘못된 이분법적 사고에 따라 자신의 문제를 이해하려고 한다. 많은 진로상담 모형이 이런 인위적인 이분법을 강화하고 있기 때문에 그리 놀랄 일도 아니다(Niles & Harris-Bowlsbey, 2005). 만약 진로상담의 내용이 일과 일 이외의 문제를 함께 반영하고 있는데 내담자의 목표는 그렇지 않다면, 상담자는 내담자에게 진로상담의 목표를 바꾸고 싶은 마음이 없는지 탐색해 보아야 한다. 상담자는 내담자에게 심리교육적 관점을 제공하여 진로 문제를 생애라는 맥락에서 검토하는 것이 더 정상적이고 때로는 진로 문제를 따로 분리해서 생각하는 것보다 더 현실적이라는 것을 이해하도록 도와줄 수 있다. "종종 사람들은 일과 관련 없는 문제는 진로상담 과정에서 다루지 말아야 한다고 생각하는 것 같습니다. 그렇지만 제 경험으로는 그런 문제를 진로상담에서 다룰 때 자신이 어떤 삶을 살고 있는가를 더 잘 반영하여 자신의 진로 문제를 생각할 수 있습니다. 이렇게 일과 관련 없는 문제를 진로상담에서 다루게 될 때 자신이 살고 있는 삶과 더 가까워지기 때문에 진로상담이 더 도움이 되는 것입니다."라고 상담자는 말할 수 있을 것이다. 이런 상담자의 안내를 통해 내담자는 보다 광범위한 진로상담을 경험하게 된다.

진로상담자는 내담자의 목표와 진로상담의 내용이 맞지 않을 때 내담자를 촉진할 수 있는 즉각적인 기술이 필요하다. 예를 들어, 상담자는 "당신의 진로 의사결정이 가족에게 어떤 영향을 미칠지에 대해서 이야기해 왔습니다. 이런 문제를 포함시켜서 목표를 변경하는 것이 어떨까요?"라고 말할 수 있다.

내담자는 다른 이유에서 진로상담의 목표를 바꿀 수도 있다. 예를 들어, 어떤 내담자는 현재의 근무환경이 매우 좋지 않아 진로상담을 찾을 수 있다. 이런 이유로 진로상담을 받고자 하는 내담자의 관심은 새로운 일을 찾는 일일 것이다. 그러나 공감적인 진로상담자에게 자신의 정서적인 어려움을 호소하고 나면, 자기주장, 인지적 스트레스 대처기술, 스트레스 관리 전략 등의 새로운 대처기술을 습득하는 데 초점을 두면서 현재 상황을 견뎌 볼 수 있겠다고 결정하기도 한다.

진로상담자가 진로상담이 진행되는 과정에서 평가를 실시해야 하는 이유는 그 외에도 매우 많다. 이 장의 이 부분에서 강조하고자 하는 것은, 진로상담의 목표는 내담자 진전도 평가와 관련되기 때문에 진로상담자는 내담자가 새로운 목표를 내놓을 때 유연성을 보여 줘야 한다는 점이다. 접수면접에서 얘기한 목표는 진로상담을 시작할 때 어디에 초점을 둘 것인가를 정하는 데 유용하지만, 진로상담자는 상담 중에 내담자의 관심이 변화되는 것을 알아차려야 하고, 이렇게 새롭게 나타난 관심이나 문제가 이미 세운 진로상담의 목표와 관련하여 어떤 점을 시사하는지에 대해 내담자와 함께 탐색해야 한다. 내담자의 관심이 어떤 패턴을 보이는지 주의를 기울이고 내담자가 이미 설정한 목표와 얼마나 관련되는지에 신경을 씀으로써, 진로상담자는 진로상담의 전 과정을 통해 내담자의 요구에 보다 잘 맞게 개입할 수 있다.

진로상담은 단기상담인 경우가 많다

진로상담은 단기상담으로 진행되는 경향이 있다. 그래서 상담자와 내담자에게 주어진 제한된 시간을 최대한 활용하는 데 효율성이 가장 필수적이다. 진로상담의 효율성은 내담자의 진로 관련 관심을 효과적으로 다루어 내담자가 자신의 목표를 달성할 수 있도록 조력할 때에만 유용하다. 따라서 진로상담자는 내담자의 목표 달성을 향한 진전도에 대한 평가의 중요성을 첫 회기부터 얘기해야 한다.

어떤 진로상담자는 내담자 진전도 평가를 위한 시간을 진로상담 관계형성의 초기 단계부터 확보한다. 예를 들어, 상담자는 다음과 같이 말한다. "우리가 10번을 만난다고 가정했을 때, 그중 3번을 만나고 나서 우리가 하는 상담이 얼마나 도움이 되는지에 대해 이야기해 볼 것입니다. 만약 도움이 된다면 상담을 계속할 것이지만, 그렇지 않다면 상담이 더 도움이 되기 위해 어떤 점을 바꿔 나가야 할지에 대해 의논할 거예요. 또는 그 시점에서 상담을 끝내고 싶다면 그에 대해서도 같이 얘기해 볼 수 있습니다. 이렇게 하는 것에 대해 어떻게 생각하세요?"

이러한 접근은 상담자와 내담자가 진로상담을 평가하는 시간에 대한 합의를 이끄는 것이다. 또한 내담자가 상담자와 상담 과정을 의논하고 상담의 효과를 검토할 것이라는 것을 알게 되면, 이것이 바로 진로상담의 관계형성의 출발점이 되기도 한다. 그리고 이는 앞으로 이어질 진로상담의 회기에서 어떤 내용을 다룰 것인가를 안내하는 목표를 명료화하는 것에도 도움이 된다. 이러한 접근을 취하는 것은 유용하다. 내담자는 초기 몇 회기에만 참여하려는 경향이 있는데, 일단 3회기에 도달하고 나면 더 진행하는 것이 바람직하다는 것을 발견하기 때문이다.

상담자: 오늘이 세 번째 회기입니다. 처음 만났을 때 3회기가 되면 상담에 대해 어떻게 생각하는지, 상담을 계속하

는 것이 도움이 되는지에 대해 얘기해 보기로 했지요.

내담자: 네, 기억하고 있어요.

상담자: 좋아요. 그럼 지금까지 했던 상담에 대해 어떻게 생각하는지 얘기해 볼래요?

내담자: 출발이 좋은 것 같습니다. 처음에 진로상담에서 일과 관련된 문제가 아닌 것도 포함된다고 선생님께서 말씀하셨을 때 일 이외의 문제에 대해 얘기하고 싶을까에 대해 의문이 들었어요. 그런데 이제 그게 저에게 어떤 도움이 되는지 알겠어요. 일에 대한 선택이 아이를 돌볼 시간과 같은 내 일상의 다른 일과 잘 조화를 이루어야 한다는 것을요. 지난번 직장에서는 출장이 많아서 집에 못 가는 날이 많았어요. 아이를 위해서는 집에 더 있고 싶어서 그 부분은 확실하게 아니라는 것을 느꼈어요. 그리고 가능하다면 취미생활을 할 수 있는 시간도 좀 가졌으면 좋겠고요. 지금까지는 일만 해 왔는데, 그건 건강에도 별로 좋지 않다고 생각합니다.

상담자: 우리가 중요한 몇 가지 주제를 동시에 다룬다는 것으로 들리네요. 지금까지 한 이야기를 제가 잘 이해하고 있는지 한번 확인할게요. 상담을 계속 해 나가고 싶다는 뜻이지요? 그리고 육아나 여가와 같이 생애에서 중요한 것을 할 수 있는 시간적 여유가 있는 일을 찾아보는 것에 관심이 있는 것이고요.

내담자: 맞아요. 첫 회기에 제가 했던 이야기랑은 좀 다르죠. 이런 것을 진로상담에서 얘기해도 괜찮을까요?

상담자: 그럼요. 어떻게 삶을 살고 싶은가에 비추어 진로를 탐색하겠다는 것은 좋은 생각입니다. 이것을 목표로 마음에 담고 상담을 진행해 나가는 건 어떨까요? 앞으로 5회기를 더 만나고, 그때 가서 또 지금과 마찬가지로 상담이 어떠했는지에 대해 함께 점검해 보기로 해요.

내담자: 아주 좋습니다.

상담자: 우리에게 계획이 생긴 것 같네요. 계속 진행하기 전에 한 가지 더 분명히 할게요. 언제라도 우리가 하는 작업에 대해 의논하고 싶으면 얘기해 주세요. 이 상담이 가능한 한 의미 있는 시간이 되었으면 좋겠습니다.

내담자: 네, 감사합니다.

진로상담 과정 중에 실시되는 내담자 진전도 평가는 진로상담자와 내담자가 시간을 최대한 효율적으로 활용할 수 있게 해 준다. 회기의 내용이 내담자의 목표와 맞지 않을 때 바로 수정할 기회가 된다. 이런 접근은 상담 과정에 내담자를 맞추려는 진로상담과 달리 진로상담의 경험을 내담자의 관심에 맞추는 것이다.

진로상담의 종결 시 내담자 진전도 평가

진로상담에서 종결 단계는 매우 특징 있는 단계다. 종결은 내담자의 진전을 평가해야 하는 시간임에 틀림없다. 이를 효과적으로 수행하기 위해 종결 회기에서는 진로상담 관계를 잘 마무리하고, 내담자가 학습한 것에 대해 강화하고, 내담자가 당면하게 될 어려움에 대해서도 지적해야 한다. 상담 종결에서의 평가가 잘 이루어지도록 하기 위해서는 상담자와 내담자 간의 관계 종결에 대해서도 내담자가 준비되도록 도와야 한다. 무엇보다도 관계가 종료된다는 것에 대한 모호성을 없애야 하고, 평가과정은 관계 종결에 대한 감정에 영향을 받을 수 있음을 알아야 한다. 그리고 내담자 진전도에 대한 평가 분위기도 긍정적으로 이끌어 가야 한다.

모호성 없애기

종결 단계의 평가를 효과적으로 하기 위해서는 내담자가 종결이 갑작스럽게 이루어졌다고 느끼지 않도록 해야 한다. 진로상담자는 첫 회기부터 종결에 대해 내담자를 준비시켜야 한다. 진로상담을 위한 시간이 제한되어 있다면, 몇 회기가 가능한지 내담자에게 확실하게 알려 줌으로써 내담자를 준비시킬 수 있다. 진로상담자는 종결로 다가가면서 몇 회가 남았다고 계속 헤아려 줄 수도 있다. "이제 3회기가 남았습니다." "이번이 마지막 회기 바로 전 회기입니다." "알다시피 오늘이 마지막이지요."라고 상담자가 회기마다 얘기하는 것이 그 예가 될 것이다. 이렇게 회기를 헤아리게 되면 종결에 대한 모호성은 전혀 없을 것이다. 효과적인 종결을 위해서는 종결에 대해 분명하게 하는 것이 꼭 필요하다. 상담자와의 관계가 끝난다는 것을 분명히 함으로써 내담자가 종결에 대해 긍정적인 경험을 할 수 있다. 헤어진다는 것은 괴로울 수 있기 때문에 종결은 분노, 슬픔, 흥분, 희망, 실망 등 다양한 정서를 동반할 수 있다. 그래서 내담자가 자신의 감정을 충분히 표현할 수 있게 해 주는 것이 중요하다. 이를 통해 상담자는 내담자의 정서적 경험을 정당화시켜 줄 수 있다. 이 시간은 내담자가 종결에 대한 자신의 감정을 느낄 수 있는 기회다. 그리고 '그런 것을 얘기하면서 살아도 된다.'는 것을 알게 되는 기회이기도 하다. 내담자가 종결에 대해 준비되면 보다 적극적으로 종결에 참여할 것이다. 내담자는 자신이 어떻게 느끼는지 이야기하고, 자신이 무엇을 경험하는지에 대해 명료해지고, 힘든 감정을 어떻게 효과적으로 극복하는지도 배우게 된다.

종결과 관련된 정서 다루기

진로상담자는 종결이 상담자와 내담자에게 모두 힘들 수 있다는 사실을 잘 알고 있어야 한다. 종결은 정서적으로 고통을 줄 수 있다. 그리고 버려질 것에 대한 두려움과 같이 해결되지 않은 과제는 종결을 더 어렵게 한다. 예를 들어, 종결에 대해 준비되어 있지 않으면 '아무 말 없이' 떠나 버리는 경우도 있다. 또는 어떤 이별이 올 때 그것을 제대로 이해하지 못하기도 한다. 이런 경우 이별은 그냥 찾아오는 것일 뿐, 우리가 참여하는 것으로는 느끼기가 어렵다. 또한 해결되지 못한 슬픔은 진로상담의 종결 단계에서 이루어지는 평가에 지장을 초래할 수 있다. 진로상담자가 이별과 관련된 자신의 이전 경험에 대해 자각하지 못하고 있는 경우에도 이런 문제가 진로상담 과정에 나타날 수 있다. 이별과 관련된 상실에 대한 감정을 표현하기 어려워하는 진로상담자의 경우 진로상담 관계의 종결을 최소화하려고 할 가능성이 크다. 이때 자칫 종결과정이 내담자에게 미칠 긍정적 영향을 희석시킬 수 있다. 내담자와 종결 관련 이야기를 하는 것을 자신이 꺼리는지에 대해 주의를 기울이면, 상담자는 자신의 행동에 영향을 미치는 역전이를 보다 잘 알아차릴 수 있다. 상담자는 이런 경험을 동료나 슈퍼바이저와 의논해야 한다. 뿐만 아니라 상담자 자신의 이별과 관련된 문제를 해결하기 위해 상담을 받아야 하는 경우도 있다.

긍정적 종결환경 조성하기

종결이 진로상담의 중요한 단계로 제대로 다루어지면, 평가과정은 내담자에게 자기 성장의 큰 기회를 제공하고 진로 자기관리

기술의 습득을 강화하게 한다. 종결은 상담자와 내담자가 내담자의 진전도를 살펴보고, 진로상담을 통해 배운 기술과 얻은 통찰을 강화하고, 가까운 미래에 어떤 어려움을 경험하게 될 것인지 확인해 보는 과정이다. 상담자는 종결 이전에 내담자의 진로발달을 촉진할 수 있는 활동에 대해 적극적으로 의논하도록 격려한다. 진로 문제에 대해 자신이 먼저 나서야 한다는 것을 강조하는 것이 중요하다. 자기 이해를 향상하고 진로 대안을 탐색하고 의사결정을 내리고 구직 활동을 하는 데 사용하는 내담자의 기술을 지적해 줌으로써, 상담자는 진로상담을 통해 습득한 기술이 무엇이고 경력 개발을 위해 취한 행동이 무엇인지를 내담자에게 명료화시켜 줄 수 있다. 이러한 기술은 앞으로 겪게 될 진로 관련 문제에 직면할 때 필요하기 때문에, 상담자와 내담자는 진로상담 동안에 수행했던 단계를 다시 점검해 보아야 한다. 진로상담자와 내담자는 미래의 어려움을 극복할 전략에 대해서도 의논할 수 있다. 다음은 진로상담에서의 종결과정을 보여 준다.

상담자: 지난주에 얘기했듯이 오늘이 마지막 회기입니다. 그에 대해 어떻게 생각하는지, 어떻게 느끼는지 궁금합니다.

내담자: 제 진로와 관련된 문제에 대해 선생님과 같이 얘기했던 것이 그리울 것 같아요. 그래서 상담이 끝나는 게 조금은 슬프기도 하고요.

상담자: 저도 우리가 함께 했던 상담시간을 그리워하게 될 거

예요. 진로를 개척해 나가기 위해 ○○ 씨는 정말 열심히 노력했잖아요. 우리가 만나면서 했던 것 중에서 도움이 되었던 것이 어떤 것이었는지 얘기해 줄 수 있나요?

내담자: 그럼요. 제가 여러 가지 대안에 대해 고려하고 있을 때 선생님께서 지지해 주신 것을 감사하게 생각하고 있어요. 제가 무엇을 떠올리든 고려해 볼 가치가 있다고 하셔서 함께 얘기해 볼 수 있었어요. 제 가족에게 제 생각을 얘기하면 옳고 그르다는 비판을 하는데, 선생님은 그렇지 않으셨거든요. 무엇보다도 저의 대인관계에 대해 다루었을 때 놀랐어요. 진로상담에서 그런 걸 얘기하게 될 줄은 몰랐거든요. 그렇지만 저의 진로 관련 결정이 제 삶의 다른 영역과 어떻게 관련되는지를 이야기하는 것이 좋은 진로 의사결정을 내리는 데 얼마나 중요한지 이제 알아요.

상담자: 많은 지지를 받았다는 얘기를 들으니 기쁘네요. 저는 꾸준히 ○○ 씨의 생각과 노력을 지지해 왔습니다. 제 생각에 ○○ 씨는 넓은 관점에서 자신의 진로를 탐색하고 싶어 했는데, 그것은 매우 현명한 방법이었어요. 그리고 진로 문제를 다른 삶의 경험과 연결 지어서 고려해 왔고요. 이런 경험이 진로계획을 실행해 나가는 과정에서 겪게 될 어려움을 이겨내는 데 도움이 될 거예요.

내담자: 이제 좋은 진로 의사결정을 하는 방법에 대해서 선생님과 상담을 하기 전보다 더 잘 알게 되었어요. 그리고 앞으로도 많은 도움이 되겠죠.

상담자: 진로상담을 하기 전에는 몰랐던 것 중 지금 알게 된 것이 어떤 것인지 조금 더 자세히 얘기해 줄 수 있을까요?

내담자: 지금은 제가 누구이고 제 삶의 상황이 어떤 것인가가 결정의 기초가 되어야 한다는 것을 알아요. 즉, 좋은 진로 의사결정은 정확한 자기 이해에서 시작된다는 것이죠. 그리고 일과 관련된 제 결정이 제 삶의 다른 영역에 영향을 미칠 수 있고 또 그 반대로도 영향을 미친다는 것도 이해하고 있어요.

상담자: 그래요. 당신은 자기 이해의 튼튼한 기반을 다지느라 정말 열심히 노력했지요. 덕분에 이제 자신의 가치, 능력, 흥미 등을 훨씬 명료하게 한 것 같아요.

내담자: 몇 회기 전에 선생님께서 얘기해 주셨던 것도 참 좋았어요. 자기 자신을 자각하기 위해 지속적으로 노력하는 것이 얼마나 중요한 것인지 얘기해 주셨지요. 선생님께서 제안해 주신 대로 진로 성찰 일기를 계속 써 보려고 해요.

상담자: 일기 쓰기도 정말 열심히 했죠. 중요한 통찰을 얻어 내는 데 유용했던 것 같습니다. 계속 써 나가기로 했다는 얘기를 들으니 반갑네요.

내담자: 지금까지 도와주신 것에 정말 감사드립니다.

상담자: ○○ 씨랑 상담하면서 많이 즐거웠고, 앞으로 잘 진행되기를 빌어요. 도움이 필요하면 언제든지 전화 주세요.

내담자: 그럴게요. 감사합니다.

(종결에 대해 분명하고 직접적으로 얘기할수록 종결이 내담자에게 긍정적인 경험으로 다가갈 가능성이 크다. 이는 종결에 대한 모호함을 없앰으로써 가능해진다. 내담자의 발전을 강화하고 내담자의 노력에 공감하는 것을 통해 긍정적인 종결의 분위기를 조성하게 된다.)

내담자: 오늘이 우리가 마지막 만나는 날로 알고 있습니다.

상담자: 맞아요. 우리가 상담을 해 오는 동안 어떤 진전이 있었는지에 대해 얘기해 보는 것이 우리가 오늘 해야 할 중요한 일입니다.

내담자: 지난번 만났을 때 오늘 그런 애기를 할 거라고 말씀하셨던 걸로 기억합니다. 그래서 그에 대해 조금 생각을 해 보았어요. 제대로 했는지는 확신이 서지 않아요. 어느 정도 좋아진 점도 있는 것 같긴 한데, 그렇지 않은 부분도 있는 것 같거든요.

상담자: 진전이 있었던 부분에 대해 먼저 얘기해 볼까요?

내담자: 직업 정보를 알아보기 위한 인터뷰는 잘했던 것 같

아요.

상담자: ○○ 씨가 원하는 영역에서 일하고 있는 유망한 사람을 알아보기 위해 노력을 많이 했죠. 연락해 보려는 시도도 여러 번 했고요. 처음에는 두려워하기도 했지만 이 과정에서 ○○ 씨는 많은 걸 얻었어요. 결과적으로 몇 가지 일자리도 찾았고요. 지금은 어때요?

내담자: 좋아요. 제가 쉽게 얻은 게 아니라서 더 좋은 것 같아요. 제가 매우 내성적이어서, 처음엔 관계망을 형성한다는 것 자체가 두려워서 마치 에베레스트 산을 올라야 하는 것 같았어요. 물론 지금도 매우 잘하는 것은 아니지만, 제가 할 수 있는 일이고 기능대학을 졸업한 이후 직장을 구할 때 이렇게 하는 것이 중요하다는 것을 알고 있어요.

상담자: 인터뷰 영역에서 ○○ 씨가 배운 것 중에서 어떤 것이 중요하다고 생각하는지 궁금하네요.

내담자: 음, 인터뷰를 마치고 나올 때 정보를 더 얻기 위해 연락해 볼 수 있는 사람의 이름은 적어도 하나는 알고 나와야 한다는 게 무엇보다 중요하죠. 그리고 인터뷰를 할 때 적절한 태도를 취하는 것도 중요한 기술이라고 생각합니다.

상담자: 그 부분에 대해 조금 더 얘기해 볼까요?

내담자: 진로상담을 시작할 때 제가 가지고 있던 또 하나의 어려움이었죠. 전 제가 잘 모르는 사람과 얘기를 하

면 두려워요. 제가 부탁을 하고 있다고 느낄 때는 특히 더 그렇고요.

상담자: 어떤 점이 이걸 극복하는 데 도움이 되었어요?

내담자: 두 가지가 있는데, 첫 번째는 대부분의 사람이 자신과 자신의 삶에 대해 이야기하는 것을 좋아한다는 것을 기억해 두는 것이에요. 두 번째는 그들이 알고 있는 누군가를 제가 아는 것이에요. 두 점을 염두에 두는 것이 도움이 많이 됩니다.

상담자: 앞으로 인터뷰를 할 때 꼭 떠올려 보면 좋겠습니다.

내담자: 그럼요.

(상담자와 내담자는 얻은 것이 무엇인지 확인하고, 어떤 어려움이 있었는지 그리고 그 어려움을 어떤 전략으로 극복했는지도 이야기했다. 진로상담자는 내담자에게 이것을 강화해야 하고 이 전략이 미래에도 유용하다는 것을 상기시켜 주었다. 그리고 앞으로 진로상담자가 내담자를 더 도와줄 수도 있는 상황이라면, 이런 가능성에 대해 종결 회기에 내담자에게 다시 한 번 얘기해 주는 것이 도움이 된다.)

상담자: 오늘 상담이 끝나기는 하지만, 도움이 필요하면 언제라도 연락주세요.

내담자: 감사합니다. 꼭 기억하고 있을게요.

(그동안의 경험이 긍정적이었음을 지적해 주는 것 역시 종결 회기에서 중요하다. 감정을 표현함으로써 종결 회기에 관계를 마무리 지을 수 있고 감정을 알아차리는 것이 치유 활동이라는 사실을 강화하게 된다.)

상담자: ○○ 씨와의 상담이 즐거웠고, 같이 상담했던 시간이 그리울 거예요. 함께 상담했던 시간이 좋은 경험이었기를 바랍니다. 우리가 좋은 팀워크를 이뤘던 것 같아요. ○○ 씨가 자신의 경력 개발을 위해 열심히 노력해 주어서 기뻐요. 앞으로도 ○○ 씨의 진로를 개척해 나가는 데 많은 도움이 될 거예요. 좋은 일이 있기를 빕니다.

내담자: 감사합니다. 저도 선생님이랑 만나는 시간이 즐거웠어요. 그리고 선생님께 받은 도움에도 다시 한 번 감사드려요.

종결 시기 알기

여러 이유에서 진로상담의 종결을 결정하게 된다. 진로상담을 마치는 가장 확실한 이유는 내담자가 자신의 목표를 성취했기 때문이다. 대체로 내담자가 다음 단계에 대한 분명한 방향 감각을 가졌을 때다. 어떤 사례에서는 내담자가 자신의 계획을 실천하고 새로운 상황에 효과적으로 적응했을 때이기도 하다. 이런 상황에서 진로상담을 마치는 것은 분명히 적절하다.

그러나 진로상담에서 이런 분명하고 확실한 지점에 닿지 못하는 경우도 많다. 예를 들어, 내담자가 재정 문제나 가족 문제와 같은 다른 장애로 바로 어떤 행동을 취하기가 어렵다는 결정을 내릴 수도 있다. 이런 경우라면, 내담자는 현재의 문제가 해결될 (언젠가 실행에 옮길) 미래의 계획으로 진로상담을 마치게 된다. 내담자의 진전을 점검하고 내담자가 내린 결정을 지지해 주는 것이 이런 상황에서 유용하다.

때로 진로상담은 이런 자연스러운 종결에 다다르지 못하기도 한다. 진로상담자에게 진로상담의 회기가 정해져 있는 경우에는 내담자가 목표를 달성하기 전에 상담을 마치게 된다. 주로 상담 실습과 인턴십 상황이나 상담자의 수가 제한적인 진로상담실에서 이런 일이 일어난다. 이런 경우 진전도를 평가할 때는 자신의 경력 개발을 위해 계속 앞으로 나아갈 때 활용할 수 있는 자원으로 어떤 것이 있는가에 대해 얘기해야 한다. 예를 들어, 인터뷰할 사람의 연락처, 직장 체험 기회, 만나 볼 수 있는 다른 진로상담자 등에 대한 자원이 가능할 것이다.

요 약

내담자의 진전을 평가하는 것은 진로상담 전반에서 중요하다. 진로상담 중에 진행되는 평가는 내담자를 진로상담의 과정에 보다 적극적으로 참여하게 해 주고, 진로상담이 내담자에게 보다 유용할 수 있게 이끌어 준다. 진로상담의 종결 시점에서 실시하는 평가는 내담자가 진로상담을 통해 이루어 낸 것을 강화해 주고 진로상담을 마쳤을 때 해야 할 행동계획을 확인시켜 준다. 어떤 경우든 내담자 진전도 평가는 내담자의 목표와 연결시키는 협조적 과정으로 이루어질 때 가장 효과적이다. 비판받고 있는 느낌이 든다는 내담자의 생각에 주의를 기울이고 평가와 관련된 상담자 자신의 문제가 무엇인지를 자각한다면 평가의 효과는 더욱 커질 것이다.

Chapter 13

진로상담을 상담환경에 맞추기

지금까지 진로상담이 이루어지는 곳이 어딘가에 대한 특별한 고려 없이 진로상담에 대해 얘기해 왔다. 예를 들어, 진로상담은 상담자가 일하는 거의 모든 기관에서 제공되고 있다. 미국 학교 상담학회(American School Counselor Association: ASCA)에서는 진로 발달을 학교 상담자가 해야 할 세 가지 중요한 영역의 하나로 규정하고 있다(Campbell & Dahir, 1997). 상담 및 관련 교육 프로그램 인가위원회의 규정(Couneil for the Accreditation of Counseling and Related Educational Programs: CACREP, 2009)에서도 석사 및 박사 수준의 상담자 교육 프로그램에서 진로발달을 중심 영역으로 포함시키고 있다. 대학생을 대상으로 한 조사연구에서는 항상 학생의 관심이 진로계획과 관련된 조력에 초점이 맞춰진다(Herr, Cramer, & Niles, 2004). 성인도 이제 평생직업이 가능한 시대는 지나갔다는 것을 깨달으면서 효과적인 경력 관리를 위해 필요한 기술을 배우려는 욕구가 커졌다. 상담자는 어디에서 일을 하든지 진로 관련 문제를 호소하는 내담자를 반드시 만나게 될 것이다. 기업주도 그들의 근로자가 자신의 경력 개발에 만족할수록 생산력이 높아지고 인적자원 활용을 극대화할 수 있다는 것을 알고 있다. 군 당국도 군생활에서 사회생활로 무리 없이 전환하는 것이 얼마나 중요한지 잘 알고 있다. 나아가 군생활에서도 자신이 잘하고 흥미가 있는 직무를 맡을 수 있도록 해 주는 것이 효과적인 군대 운영이라고 여기고 있다.

상담자는 어떤 분야에서 일을 하든지 지금까지 이 책에서 소개한 진로상담의 일반적인 과정과 절차에 익숙해져야 한다. 학교, 대학, 지역사회 기관 등 기관에 따라 진로상담이 이루어지는 상담의 실제는 매우 다양할 것이다. 예를 들어, 대학 진로서비스센터에서 이루어지는 진로상담은 상담을 기반으로 하는 개입보다는 진로지도에 더 가까울 수 있다. 어떤 고등학교 학교 상담자의 경우에는 제한된 개인별 진로계획 조력과 집단 상담 진로지도 프로그램 간의 균형을 맞춰야 하는 반면, 찾아오는 학생만 개인적으로 도와주면 되는 경우도 있다. 지역사회 기관의 경우, 진로상담은 전혀 다루지 않는 곳이 있는가 하면 진로 관련 서비스를 제공할 수 있는 전문가를 따로 두는 곳도 있다. 또 어떤 곳은 진로 문제를 가진 내담자를 의뢰할 진로상담 전문가의 목록을 확보하고 있기도 하다. 취업알선 업체의 경우 자격을 갖춘 진로상담전문가를 고용하기도 하고 진로 관련 서비스를 제공할 수 있는 준전문가를 고용하기도 한다. 어떤 주에서는 진로 관련 조력 서비스를 제공하는 개인 상담실을 열기 위해서는 상담자 훈련, 상담 경험, 상담 전문가 자격 등을 갖추어야 한다. 반면 어떤 주에서는 자격증이나 훈련을 받지 않은 사람도 진로 관련 조력 서비스를 제공할 수 있다. 따라서 상담자 개인이 가진 진로상담 이론, 상담자 훈련 수준, 내담자의 요구, 상담자가 일하는 장면에서 진로 관련 조력이 제공되는 방식 등은 서로서로 영향을 미치게 된다. 이 책을 쓴 가장 기본적인 목표는 진로상담자가 자신의 전문적 진로상담 실제를 보다 효과적으로 수행해 내는 것을 돕는 것이다. 진로상담을 전문가 윤리에 맞게 실시하기 위해서는 적어도 상담이나 그 관련 분야의 석사 이상 학위, 구체적인 과목으로는 진로발달 개입 전략을 이수하고, 슈퍼비전을 받으면서 진로상담 실습을 해야 하고, 적절한 상담자격증을 가진 사람이 필요하다. 이런 조건을 갖추더라도 진로상담의 실제는 학교, 대학, 회사, 지역사회 등 서로 다른 장면에서 얼마든지 달라질 수 있다. 그리고 석사에 미치지 못하는 교육을 받은 진로상담 실무자라도 진로 관련 검사와 구직기술 훈련과 같은 활동의 중요한 자원이라는 것도 알고 있다.

미국 진로발달학회(NCDA)는 최근 소비자가 진로상담자의 전문가 수준을 확인할 수 있도록 하는 진로 실무자 명명 규정을 만들었다. 예를 들어, 진로상담 전문가 자격증(Master Career Counselor: MCC)은 상담이나 관련 분야 석사학위가 있으면서 미국 진로발달학회 회원으로 2년 이상 활동한 진로상담 전문가에게 부여된다. 구체적으로 석사 이후 3년 이상의 진로상담 경력과 더불어, '국가 상담자격증(Nationally Certified Counselor)' '상담 전문가 면허증(Licensed Professional Counselor)' '심리학자 면허증(Licensed Psychologist)'과 같은 자격증이나 면허증을 가진 경우 진로상담 전문가진로상담 전문가는 미국 진로발달학회가 정하는 여섯 가지 역량 영역에서 각 영역마다 적어도 3학점 이상의 수업을 수강해야 하고, 진로상담 실습을 받았거나 자격증을 가진 상담 전문가인 슈퍼바이저가 있는 곳에서 슈퍼비전을 받으면서 2년 이상의 진로상담 경력이 있어야 한다. 진로상담 전문가는 진로검사를 실시 및 해석할 수 있고 질 높은 진로상담 서비스를 제공할 능력이 있다.

미국 진로발달학회는 진로상담 전문가가 제공하는 서비스에 대해 다음과 같이 언급하고 있다(www.ncda.org).

진로상담 전문가(Master Career Counselor) 또는 다른 전문 진로상담자는 사람들이 자신의 진로 및 생애 방향 설정과 관련된 의사결정을 하고 계획을 세우는 과정을 조력한다. 진로상담자는 다음의 일을 할 것이다.

- 생애 진로 목표를 명료화할 수 있도록 개인 상담이나 집단 상담을 실시한다.
- 능력, 흥미, 기타 특성을 측정하는 검사를 실시하고 해석하고 진로 대안을 찾는다.
- 과제와 진로설계 연습을 통해 탐색 활동을 촉진한다.
- 직업 세계에 대한 이해를 돕기 위해 진로계획 시스템과 직업정보 시스템을 활용한다.
- 의사결정 기술 향상의 기회를 제공한다.
- 개별화된 진로계획 개발을 조력한다.
- 구직 전략과 기술을 가르치고 이력서 쓰기를 돕는다.
- 대인관계 훈련을 통해 직장에서 일어날 수 있는 갈등의 해결을 돕는다.
- 일과 다른 생애 역할의 통합에 대해 이해할 수 있도록 돕는다.

✻ 업무 스트레스, 실직, 직업 전환 등을 경험하고 있는 개인을 지지한다.

미국 진로발달학회는 경력개발 전문가 자격증(Master Career Development Professional: MCDP)도 제정했다. 경력개발 전문가 자격증은 전문화된 진로발달 서비스를 제공해 본 경험이 많은 경력개발 전문가를 지칭하기 위해 제정되었다. 경력개발 전문가에는 진로교육 전문가(career development facilitators), 진로상담 기술전문가(career technicians), 이력서 작성자(resume writers), 고용서비스 전문가(employment agency professionals), 경력관리 전문가(career management professionals), 구인처 개발 전문가(workforce development professionals) 등이 속한다. 각 전문가는 학위, 자격증, 슈퍼비전 수준 등에 따라 매우 다양하다. 진로상담 전문가와 경력개발 전문가 자격증은 소비자에게 진로 전문가의 경험이나 전공, 또는 진로전문가가 제공할 수 있는 서비스의 범위 등에 대한 유용한 정보를 제공하기 위해 제정되었다. 진로상담 전문가와 경력개발 전문가 자격증이 있는 진로 전문가는 학교, 대학, 지역사회 등의 장면에서 일하고 있다.

학교 장면

앞서 언급했듯이, 미국 학교상담학회(ASCA)에서는 학교 상담자가 모든 학년의 학생의 발달 수준에 적합한 진로 관련 조력을 학생에게 제공해야 한다고 정하고 있다. 일반적으로 초등학교에서는 생활지도 수업이나 자신에 대한 자각과 진로에 대한 인식을 높여 주는 현장학습을 통해 진로 관련 서비스가 제공된다. 주된 목표는 학생이 자신에 대한 감각을 발달시키도록 돕고, 다양한 직업 세계에 노출되도록 하며, 교육이나 진로 대안에 대해 섣부른 결정을 내리지 않도록 돕는 것이다. 초등학교 발달 수준에 맞는 진로 관련 조력 서비스의 핵심은 학생 개인의 발달과정에 대한 인식과 이해와 더불어 전반적인 발달과 진로발달이 어떻게 상호작용하는가에 대한 인식과 이해다. 갓프레드슨(Gottfredson, 1996)은 초등학생이 세상으로 관심을 돌리기 시작하면서, 자신의 성별과 사회경제적 지위에 적합하지 않다고 생각하는 직업을 장래 직업 대안에서 제외해 나간다고 지적하고 있다. 초등학교 학교 상담자는 초등학생이 이런 것에 쉽게 영향 받는다는 것을 알아차리고 진로교육 내용을 사회적 영향력과 반대 방향으로 작용하도록 구성할 수 있다. 예를 들어, 학생에게 남성 직업이라고 여겨지는 곳에서 일하는 여성이나 여성 직업이라고 여겨지는 곳에서 일하는 남성을 소개할 수 있다. 이런 개입은 성별이나 인종과 같은 사회적 차별을 많이 경험한 학생에게는 더욱더 중요하다. 따라서 초등학교 시기의 진로교육에서는 자기 자신과 직업에 대해 정확한 정보를 습득하는 데 노력을 기울여야 한다. 학생은 자신의 흥미에 대해 얘기하는 시간을 보냄으로써 자신에 대해 보다 명료하게 알 수 있다. 음악, 미술, 스카우트 활동 등 새로운 활동에 참여해 봄으로써 자기효능감과 탐색 활동 욕구가 높아지고 호기심도 많아지는데, 이러한 특성은 중학교 단계에서 배울 탐색 단계 과업을 수행하는 데 중요하다. 수업과 소집단 활동은 초등학교 학생의 진로교육에 잘 맞는 형태의 교수법이다.

중학생은 고등학교에서 경험하게 될 진학 및 진로 계획 활동을 준비하는 탐색 활동에 집중한다. 탐색 활동은 정확한 자기 이해와 직업 세계 정보의 습득에 기초를 두고 있다. 흥미검사를 통해 자신의 흥미를 명료화하는 보다 구조적인 기회를 얻게 되고, 이를 통해 구체적인 직업에 대해 더 학습할 기회도 얻게 된다. 컴퓨터 진로지도 시스템(computer-assisted career guidance system: CACGS)을 통해 자신에 대해 알게 되고, 자신과 연결되는 교육 및 직업 대안에 대해서도 알아볼 수 있다. 물론 상담자와 함께 이런 프로그램을 활용하는 것이 가장 효과적이다. 컴퓨터 진로지도 시스템은 또한 개인 상담과 집단 상담에 활용될 수도 있다.

교과 활동이나 과외 활동을 통해서도 흥미와 능력에 관련된 자신의 특성에 대해 배울 수 있다. 또한 이런 활동은 성공적인 직장생활을 하는 데 필수적인 대인관계 기술을 습득하는 좋은 기회가 된다. 고등학교 시기 동안 학생은 인턴십, 아르바이트, 봉사 활동, 교외 연수 등 보다 실제 직장생활에 가까운 경험을 하게 된다. 검사와 더불어 진로 및 교육 탐색 활동을 통해 자신의 진로를 향해 앞으로 나아간다. 이러한 간단한 예는 진로상담 이론과 학생의 요구가 구체적인 장면에서 어떻게 서로 상호작용하는지를 보여 준다. 그리고 이러한 상호작용이 학생의 요구를 충족하는 데 필요한 서비스 제공 방식에 영향을 준다는 것을 보여 준다. 학생 대 상담자 비율이 500:1을 넘는 학교에서 일하는 학교 상담자의 경우, 짧은 기간 내에 한꺼번에 여러 학생에게 진로상담을 제공하라는 요구를 받게 될 것이다.

학생에게 개인 상담과 집단 상담을 제공하는 대부분의 학교 상담자는 학생이 진학 및 진로 계획과 관련된 자기 인식을 높이는 데 초점을 맞춘다. 흥미검사와 같은 표준화된 검사 도구와 함께, 직업 카드, 가치 체크리스트, 기타 활동 등 상담자와 학생이 함께 참여하는 비표준화된 검사를 사용한다. 표준화된 검사는 많은 학생에게 동시에 실시할 수 있다는 장점이 있다. 단점이라고 하면 비용이 많이 들고 규준이 일정 특성의 학생에게만 제한된다는 점과 해석과정에서 학생은 보다 수동적이 된다는 것이다. 반면 비표준화된 검사는 실시하는 비용이 적게 든다. 보다 다양한 학생에게 쉽게 적용될 수 있고 해석과정에서도 학생이 보다 적극적으로 참여할 수 있다. 그러나 표준화 검사에 비해 실시와 해석에 시간이 보다 많이 걸린다는 단점이 있다. 따라서 상담자는 특정 개입과 관련된 '비용'과 상담자가 학생에게 제공해야 할 '시간'과 같은 문제를 검토하여 과제를 선택해야 한다는 어려움에 항상 직면하게 된다.

학교 상담자는 집단 상담 진로발달 프로그램을 통해 보다 많은 학생을 보다 적은 시간을 들여 만날 수 있다. 뿐만 아니라 학생이 현재 겪고 있거나 앞으로 겪게 될 진로발달 과제에 대한 정보를 제공할 수 있는 매우 좋은 매체가 된다. 진로발달 과업에 대해서 학생을 가르치는 데 심리교육적 접근을 사용한다든지, 발달 과업을 수행하는 데 필요한 전략을 확인하기 위하여 집단의 자원을 이끌어 내는 것은 상담자의 시간을 효율적으로 활용하는 방법이다. 집단 프로그램에 적절한 주제에는 직업탐색 전략, 대학 선택, 현장 체험 경험 나누기, 직업 세계 학습, 진로 목표 세우기 등이 포함된다. 이러한 주제는 학교상담 프로그램에 대한 국가표준(National Standards for School Counseling Programs; Campbell & Dahir, 1997)의 진로발달 영역에서 정하고 있는 학생의 역량을 반영한 것이다.

학생 대 학교 상담자 비율이 1000:1 가까이 되면 학교 상담자가 학생의 진학 및 진로 계획에 대한 조력 서비스를 혼자 담당하는 것은 불가능한 일이다. 따라서 생활지도 수업과 진로교육이 진로 관련 조력을 제공하는 데 핵심 전략이 된다. 진로의 개념을 교육과정에 포함시키면 여러 가지 이점이 있다. 먼저 모든 학생이 자신의 공부와 학교 밖 생활을 연결할 줄 알게 된다. 학생은 교과목이 생활 경험과 어떻게 연결되는지 이해하면서 공부에 대한 동기가 더 높아지고 성적이 오르기도 한다.

학생의 진로계획과 관련된 정보는 진학 및 진로계획 포트폴리오를 통해 파일이나 컴퓨터에 보관할 수 있다(Niles & Harris-Bowlsbey, in press). 포트폴리오는 개별 학생의 진로발달 과정을 문서화해 준다. 학생과 상담자는 포트폴리오를 중심으로 진로발달과 관련된 의논을 지속할 수 있다. 포트폴리오가 있으면 학생의 진로발달 영역의 학습이 어떻게 진행되고 있는지에 대해 상담자, 학생, 부모가 함께 얘기할 수도 있다. 학교 상담자가 이러한 학습 내용을 진학 및 진로 계획으로 전환시키는 과정을 도울 수도 있다. 이처럼 포트폴리오는 학생을 위한 진로지도를 체계화하는 데 도움이 된다. 학생이 참여했던 활동에 대한 정보를 매년 제공해 주고, 그런 활동을 통해서 학생이 무엇을 학습하였는지도 알게 해 주며, 학생이 앞으로의 계획을 수행하기 위해서 어떤 활동을 할 것인지에 대한 정보도 제공해 준다.

학교 상담자는 학생이 광범위한 진로발달 과업을 성공적으로 수행할 수 있도록 도와야 한다. 가치, 능력, 흥미 등에 대한 자기 인식과 직업 인식을 높이고, 직업 세계에 대해 이해시키고, 진로 정보원에 대한 접근과 활용을 가르치고, 일이 다른 삶의 역할과 어떻게 관련되는지 이해시키고, 특정 직업을 선택하라는 부모의 강요를 극복할 수 있도록 하고, 진로계획에 대한 참여를 동기화하고, 진로 의사결정을 향상시키는 자기효능감을 높여 주고, 직업탐색 기술을 가르치고, 대학 진학계획에 대해 이해시키고, 고등학교 이후 취업과 직업훈련 기회를 알려 주고, '시간 지키기' '약속 지키기' '집중하기' '다른 사람과 잘 지내기' '분노 조절하기' 등 직장생활 적응에 필요한 행동을 습득시키는 것, 이 모두가 학교 상담자가 진로발달과 관련하여 해야 할 일이다.

대학 장면

대학생은 진로 관련 조력 서비스에 대해 높은 요구를 나타내고 있지만(Herr, Cramer, & Niles, 2004; Niles & Harris-Bowlsbey, 2009), 실제 대학에서 어떤 진로 서비스가 제공되고 있는지에 대해 아는 학생은 드물다. 푸애드 등(Fouad et al., 2006)의 연구에 참여한 학생 중 반 이하의 학생만이 진로 관련 서비스에 대해 알고 있었고, 진로 서비스를 이용해 본 학생은 더 적었다. 이런 실태는 2년제 대학에서 조사한 결과도 마찬가지였다(Ashburn, 2006). 이것은 대학에서 일하는 진로 관련 실무자에게 양면의 칼과 같다. 한편으로 그들은 자신이 제공하고 있는 서비스를 잘 홍보해야 할 것이다. 대부분의 대학 진로서비스센터는 경력 개발의 전반에 걸쳐 서비스를 제공하고 있다. 또 한편으로 대학 장면에서 진로 전문가가 제공하는 서비스는 모든 학생 또는 대부분의 학생이 이용하기에는 그 공급량이 부족하다. 대학의 진로상담자도 마찬가지로 학교 상담자가 겪고 있는 동일한 어려움을 겪고 있다. 상당한 수요를 가지고 있지만, 그 수요에 부응할 자원은 제한적이다. 전문대와 일반대 모두 진로상담을 제공할 상담자가 소수에 지나지 않는다. 아주 큰 대학의 경우 상담자의 수가 더 많긴 하지만, 많은 수의 학생을 감당하기에는 역시 부족한 실정이다. 따라서 한 학생에게 긴 개인 상담을 제공하는 것은 대학 장면에서는 불가능한 경우가 많다. 대학의 진로전문가는 주로 단기상담에 초점을 맞춘다. 개인 상담과 함께 집단 상담, 워크숍, 진로 탐색 수업, 컴퓨터 진로지도 시스템을 동시에 활용한다. 1, 2학년 학생(전문대 학생)에게는 주로 전공 선택, 진로 정체감 명료화, 구체적 진학 및 진로 계획 수립 등에 초점을 두고 개입한다. 3, 4학년 학생에게는 구직 기술이나 대학원 진학 계획에 보다 초점을 맞춘다. 이러한 서비스는 일대일 형태로 제공되기도 하고 워크숍을 통해 제공되기도 한다.

진로상담자와 대학생이 만날 수 있는 시간이 제한적이기 때문에 표준화된 검사 절차가 포함되는 것이 전형적인 진로상담의 모습이다(Herr et al., 2004). 그러나 최근에는 표준화된 검사 활동을 보다 주관적이고 비표준화된 영역으로 확장해 나가는 추세다(Niles & Harris-Bowlsbey, 2009). 예를 들어, 직업 카드, 가치 명료화 활동, 직업 위계 탐색, 진로담화 분석, 생애진로 무지개 등이 비표준화 영역에서의 개인평가 활동으로 사용되고 있다. 평가 활동은 자기개념을 명확히 하는 활동에 초점을 두게 되고(Super, 1990; Super et al., 1996), 다음으로 자기개념과 전공 또는 자기개념과 직업 대안을 연결시켜 주는 활동으로 이어지게 된다(Crites, 1981). 이러한 정보는 10장에서 논의하였던 정보 통합하기, 의사결정, 실행계획단계와 관련되어 있다.

카슨과 더위스(Carson & Dawis, 2000)는 대학의 진로상담자가 개별 학생에게 어떤 형태의 검사 도구를 사용할 것인지를 결정할 때 갓프레드슨(1986)의 이론을 참고할 것을 권고하고 있다. 그 내용을 구체적으로 살펴보면, 진로상담자는 학생이 직업 대안을 구체화할 수 있는지, 학생의 특성(가치, 흥미, 능력)이 선택한 직업에 적절한지, 학생이 자신의 선택에 만족하고 있는지, 학생이 세운 계획이 실현 가능한지를 확인해야 한다. 이 네 가지 기준 중 어느 하나라도 충족하지 못하고 있다면 왜 그런지 그 요인을 찾아보고 이해해야 한다. 갓프레드슨(1986)은 자기 이해 부족, 서로 갈등하는 생애 목표와 가치, 중요한 사람과 갈등을 일으키는 목표와 가치, 원하는 대안을 가로막는 장벽 등으로 그 원인이 되는 문제를 분류할 수 있다고 제안하였다. 카슨과 더위스는 이 각각의 준거와 관련된 문제를 학생이 극복할 수 있도록 돕기 위해 어떤 검사도구를 활용할 수 있는지 설명하고 있다.

대학에서는 진로 탐색 관련 강의가 많이 제공되고 있다. 이를 통해 상담자는 많은 학생에게 동시에 서비스를 제공할 수 있다. 진로 탐색 강의는 자기 이해, 자기 이해의 내용을 교육 및 직업계획에 적용하기, 직업탐색 기술, 직업 세계 이해, 진로 정보원 및 효과적인 진로 자기 관리를 위해 중요한 주제에 대한 학습 등의 내용을 다룰 수 있다. 진로 탐색 강의를 통해 진로상담에 대한 학생의 요구가 모두 해소되는 것은 아니지만, 그들이 자신의 진학과 진로 미결정의 문제를 극복하는 데 중요한 정보를 제공해 준다(Reed, Reardon, Lenz, & Leierer, 2001).

컴퓨터 진로지도 시스템(CACGS) 역시 대부분의 대학에서 제공하는 서비스다. 이는 중요한 자기 이해 관련 정보와 직업 세계 관련 정보를 제공해 준다는 장점이 있다. 컴퓨터 진로지도 시스템을 학생이 사용하는 동안 상담자가 할 일은 거의 없다. 따라서 컴퓨터 진로지도 시스템은 학생이 자신에 대해 배우고 자신의 특성이 직업 세계 대안과 어떻게 연결되는지 알아가는 과정을 조력하는 데 효과적이다. 한 가지 위험 요소가 있다면, 상담자가 학생이 상담자의 도움 없이 이것을 활용할 수 있다고 가정해 버리는 것이다(Niles, 1993). 중 · 고등학생과 마찬가지로 대학생도 상담자 대신이 아니라 상담자의 도움을 받으면서 컴퓨터 진로지도 시스템을 활용해야 한다. 컴퓨터를 '사용하기 전' '사용하는 중(사용을 시작하긴 했지만 완전히 끝내기는 전)' '사용하고 난 후' 에 상담자를 만나면서, 학생은 컴퓨터 진로지도 시스템에서 자신이 얻을 수 있는 것을 최대화할 수 있다.

지금까지 살펴본 진로 관련 서비스는 진로 미결정을 경험하고 있는 학생에게 유용하다. 자신의 교육이나 진로 목표를 명확히 하기 위해 자기 자신과 직업 세계에 대한 정보를 필요로 하는 학생에게는 특히 유용하다. 우유부단으로 인한 진로 미결정으로 어려움이 많은 학생에게는 보다 치료적 접근에 가까운 진로상담이 적합하다. 이런 학생은 종종 자신의 진로를 가로막는 걱정에 휩싸여 있다. 실패에 대한 두려움, 성공에 대한 두려움, 부모의 반대에 대한 두려움, '잘못된' 결정을 하게 될 것 같은 두려움, 친구의 반대에 대한 두려움 등이 그런 걱정에 속한다. 이 경우 학생이 자신의 두려움과 관련된 원인이 무엇인지 검토해 볼 수 있도록 진로상담자가 도와야 한다. 이때 학생이 자신의 생각이 합리적인지 혹은 비합리적인지 생각해 보도록 돕는 인지행동 전략이 진로상담의 효과적 전략이 될 수 있다. 우유부단한 성격으로 진로를 결정하지 못하고 있는 학생의 경우, 그 고민이 무엇이든 진로 미결정의 문제 보다 먼저 다루어야 한다. 우유부단으로 인한 진로 미결정 상태의 학생은 단순한 진로 미결정을 겪는 학생에 비해 진로상담자의 도움이 더 많이 필요하다.

휘스턴(Whiston, 2000)은 대학에서 진로상담을 하는 상담자에게 진로상담을 시작할 때 진로상담의 요소를 내담자에게 설명해 주는 상호작용적인 진로상담을 하라고 충고한다. 또한 휘스턴은 내담자와 효과적인 관계형성을 확립할 뿐 아니라 통찰을 이끌어내고 촉진하는 개입을 사용할 것을 권고한다. 휘스턴의 제안들은 이 책 전반에 걸쳐 제시한 것과 비슷하다. 적극적이고 지지적인 진로상담을 통해 내담자의 진로발달을 이끌 수 있다.

지역사회 장면

개인 상담실, 검사센터, 정신병원, 중독치료센터, 재활센터, 교정기관, 보호관찰기관, 군상담실, 취업알선기관, 원스톱 고용센터, 기업상담실 등이 지역사회를 기반으로 한 진로상담이 이루어지는 대표적 기관이다. 진로상담의 구체적인 과정은 이들 기관별로 매우 다양하게 나타난다. 따라서 각 기관의 특성에 따른 진로상담 전문가 훈련 및 자격도 모두 다르다. 개인 상담실의 진로상담자의 경우는 일반상담 전문가 자격이 필요한 경우가 많다. 개인 상담실의 실무자는 내담자에게 진로상담의 모든 영역의 서비스를 제공한다. 기업에서 일하는 진로상담자는 상담자로서의 전문가 훈련을 받지 않았어도 경력 전환과 관계되는 내담자의 요구에 부응하는 커리어 코치의 역할을 할 것이다(Niles & Harris-Bowlsbey, 2005). 취업알선센터에서는 구직자를 구인처와 연결시켜 주는 것이 가장 중요하다. 고용센터는 취업알선과 더불어 실직수당과 같은 정부지원 서비스까지 연결시켜 주고 있다. 이런 지역사회 기반 기관에서 제공되는 진로 관련 서비스의 주된 목적은 경력 개발이라는 범위 내에서 매우 다양하다. 치료에 가까운 개입, 진로 관련 조언, 노동시장의 정보를 단순하게 제공하는 커리어 코칭 등 그 서비스의 형태도 광범위하다.

실제 소비자는 지역사회 기관에서 제공하는 서비스가 서로 다르다는 것을 잘 모른다. 따라서 진로상담자는 해당 기관에서 제공할 수 있는 서비스의 특징과 형태에 대한 정확한 정보를 제공해야 한다. 진로 관련 실무자도 마찬가지다. 지역사회 기관에 따라 실무자의 훈련 및 자격 기준이 다양하기 때문에, 진로상담자는 소비자에게 그들의 훈련, 자격, 진로 관련 개입방법 등에 대해 분명하게 밝혀야 한다.

성인의 경우 진로와 관련된 다양한 문제를 호소한다. 고용 안정성, 직업 만족도, 생애 역할 간 균형, 과도한 업무에 따른 스트레스 극복, 역할 모호성, 직장 상사와의 갈등, 동료와의 관계 등 매우 다양하다. 성인이 진로상담에 올 때는 일과 관련되지 않은 문제에 대해서도 이야기하는 경우가 많다(Anderson & Niles, 1995). 따라서 지역사회 기관에서 진로와 관련된 문제를 호소하는 성인을 상담하는 진로상담자는 일과 관련된 문제와 일과 관련되지 않은 문제를 모두 다양하게 다룰 수 있도록 준비해야 한다. 핸슨(Hansen, 2002), 슈퍼(Super, 1990), 밀러-티드먼(Miller-Tiedeman, 1999) 등이 제안한 진로상담에서의 통합적 접근이 유용하다. 이를 통해 진로발달의 문제가 실재하는 통합적 틀 속에서 진로 문제에 대한 개입을 할 수 있다. 진로 관련 서비스를 제공하는 실무자가 일하고 있는 보다 다양한 장면에 대한 내용은 『성인 진로발달: 개념, 이슈, 실제(*Adult Career Development: Concepts, Issues, and Practice*)』, (Niles, 2003)를 참고하기 바란다.

요 약

이 장을 시작하면서 지적했듯이, 이 책에서 다루고 있는 진로상담의 전략이 구체적 장면에까지 어느 정도로 적용될 수 있는가는 상담자의 이론적 지향점, 상담자가 일하고 있는 기관의 지향점, 진로상담의 실제와 관련된 연구물, 내담자의 요구, 윤리적 지침 등에 따라 결정될 것이다.

진로상담자나 또는 진로상담자가 되기 위해 준비하는 수련생이 가능한 한 많은 자원을 충분히 활용할 것을 권한다. 미국진로발달학회는 진로 관련 실무자를 위해 인터넷(www.ncda.org)을 통해 많은 자료를 제공하고 있다. 전문학술지 *The Career Development Quarterly*도 진로 관련 실무자가 보다 효과적으로 일할 수 있는 정보를 제공해 준다. 미국 진로발달학회가 정한 진로상담자 역량, 윤리 지침, 인터넷 진로 정보 사용에서의 윤리 지침 등을 잘 숙지하는 것도 중요하다. 여름에 개최되는 미국 진로발달학회 연차대회, 1월에 개최되는 캐나다의 진로발달 및 노동력 학습 자문학회(National Consultation on Career Development and Workforce Learning: NATCON) 연차대회, 교육 및 진로지도 국제학회(International Association for Educational and Vocational Guidance: IAEVG) 연차대회 등이 연중 계속 열리고 있다. 이러한 연차대회를 통해 진로상담에 대한 새로운 정보를 얻을 수 있고, 다른 진로 전문가와 네트워크도 형성할 수 있다. 앞으로 상담을 공부할 학생은 진로발달 이론과 실제에 관한 연구에 적극적으로 참여해야 할 뿐 아니라 실제 진로상담을 하고 있는 전문가가 진로 관련 과목을 가르치고 있는 훈련 프로그램을 참고해 볼 것을 권한다.

이 책에서는 진로상담의 과거와 현재를 기술하는 데 전통적인 것과 최근의 실무를 함께 담아내려고 노력했다. 유능한 진로상담자가 되려면, 먼저 상담자가 되어야 하고, 다음으로 진로상담 분야에서 전문성을 발달시켜 나가야 한다. 진로발달의 과정은 복잡하고, 개인의 진로 여정에 영향을 미치는 개인 내적 및 맥락적 변인이 함께 존재한다. 이러한 복잡성 때문에 진로상담자의 일은 더욱 어려워진다. 그러나 진로상담자는 내담자가 삶의 핵심적인 문제를 효과적으로 극복할 수 있도록 도와 진로상담자의 도움을 받기 이전보다 더 만족스럽고 의미 있고 생산적인 자신의 삶을 살아가도록 힘을 줄 수 있다.

오늘날 직업의 세계는 개인이 성공적으로 극복하기 어려운 도전을 던지고 있다. 직업 안정성을 보장받을 수 있는 사람은 거의 없고, 평생학습은 필수적이다. 일과 다른 생애 역할 간의 균형을 잡기 힘들어하는 사람도 많다. 그러므로 진로상담자는 이러한 문제에 대해서 지속적으로 효과적이고 창의적인 전략을 사용하여 대응하고 접근해야 한다. 이 책에 소개된 전략이 내담자의 진로 문제에 효과적이고 창의적인 전략으로 대처하는 데 도움이 되기를 바란다.

부록

부록 A　미국 진로발달학회(NCDA) 진로상담 역량 및 수행 지표

부록 B　미국 진로발달학회 윤리 규정(2003년 개정)

부록 A
미국 진로발달학회(NCDA) 진로상담 역량 및 수행 지표
http://www.ncda.org

아래 각 문항의 수행 역량에 대해 스스로 평가해 보세요.
(1=적음, 2=보통, 3=많음)

진로발달 이론

다음의 이론적 지식은 진로상담에 종사하는 전문가에게 필수적이다. 다음 사항에 대한 지식은 얼마나 있는가?

1. 상담 이론과 관련된 기법

_____ 1 _____ 2 _____ 3

2. 진로발달의 이론과 모형

_____ 1 _____ 2 _____ 3

3. 성, 성적 선호, 인종, 민족성, 신체적 · 정신적 능력 등과 관련된 개인차

_____ 1 _____ 2 _____ 3

4. 진로발달 및 관련 상담을 위한 이론적 모형 및 정보전달 기법과 정보원

_____ 1 _____ 2 _____ 3

5. 전 생애적 인간 성장 및 발달

_____ 1 _____ 2 _____ 3

6. 생애진로 설계를 촉진하는 역할 관계

_____ 1 _____ 2 _____ 3

7. 진로설계 및 취업과 관련된 정보, 기법 및 모형

_____ 1 _____ 2 _____ 3

개인 및 집단 상담 기술

개인 및 집단 상담 역량은 효과적인 진로상담에 필수적이다. 다음 사항에 대한 능력은 얼마나 있는가?

1. 내담자와 생산적인 개인적 관계를 형성하고 유지한다.

_____ 1 _____ 2 _____ 3

2. 생산적인 집단 분위기를 형성하고 유지한다.

_____ 1 _____ 2 _____ 3

3. 내담자가 개인적 목표를 설정하는 데 협력한다.

_____ 1 _____ 2 _____ 3

4. 내담자 또는 집단의 목표, 내담자의 요구, 심리적 상태, 발달 과업 등에 적합한 기법을 찾고 선택한다.

_____ 1 _____ 2 _____ 3

5. 진로와 관련된 내담자의 개인 특성을 파악하고 이해한다.

_____ 1 _____ 2 _____ 3

6. 내담자의 진로와 관련된 가족, 하위 문화, 문화적 구조 및 기능을 파악하고 이해한다.

_____ 1 _____ 2 _____ 3

7. 내담자의 진로 의사결정 과정을 파악하고 이해한다.

_____ 1 _____ 2 _____ 3

8. 일과 동료에 대한 내담자의 태도를 파악하고 이해한다.

_____ 1 _____ 2 _____ 3

9. 일과 동료에 대한 성, 인종, 문화적 고정관념과 관련된 내담자의 편견을 파악하고 이해한다.

_____ 1 _____ 2 _____ 3

10. 다음을 준비하고 역할 전환을 시도하는 행동을 하도록 내담자를 촉진하고 격려한다.

- 관련된 정보와 경험에 대한 정보원 찾기

  _____ 1 _____ 2 _____ 3

- 역할 전환에 필요한 기술을 습득하고, 정보와 경험을 찾고 해석하기

  _____ 1 _____ 2 _____ 3

11. 내담자가 취업에 필요한 능력을 획득하고 직업탐색 기술을 익히도록 돕는다.

_____ 1 _____ 2 _____ 3

12. 내담자가 일, 여가, 가족, 지역사회에서 생애 역할의 균형을 검토하도록 지지하고 촉구한다.

_____ 1 _____ 2 _____ 3

개인 및 집단 평가

개인 및 집단 평가 기술은 진로상담에 종사하는 전문가에게 필수적이다. 다음 사항에 대한 지식은 얼마나 있는가?

1. 적성, 성취도, 흥미, 가치, 성격과 같은 개인적 특성을 평가한다.

_____ 1 _____ 2 _____ 3

2. 여가 흥미, 학습 스타일, 생애 역할, 자기개념, 진로 성숙도, 직업적 정체감, 진로 미결정, 직업환경에 대한 선호도(예, 업무 만족도), 기타 생활양식이나 발달 이슈 등을 평가한다.

_____ 1 _____ 2 _____ 3

3. 업무, 기대, 규준, 물리적 · 사회적 환경의 질 등 작업환경의 조건에 대해 평가한다.

_____ 1 _____ 2 _____ 3

4. 내담자의 성, 성적 선호, 인종, 민족, 신체적 · 정신적 능력에 적합한 타당하고 신뢰로운 검사 도구를 평가하고 선정한다.

_____ 1 _____ 2 _____ 3

5. 컴퓨터용 검사 도구를 효과적으로 적절하게 사용한다.

_____ 1 _____ 2 _____ 3

6. 집단 검사와 개인 검사 각각에 적절한 평가기법을 선정한다.

_____ 1 _____ 2 _____ 3

7. 진로 관련 검사 도구의 실시, 채점, 결과 보고를 적절하게 수행한다.

_____ 1 _____ 2 _____ 3

8. 검사 도구로부터 얻은 자료를 해석하고 내담자와 다른 사람에게 결과를 보고한다.

_____ 1 _____ 2 _____ 3

9. 내담자와 내담자가 원하는 사람이 검사 도구에서 얻은 자료를 해석하는 것을 돕는다.

_____ 1 _____ 2 _____ 3

10. 평가 결과에 대한 정확한 보고서를 작성한다.

_____ 1 _____ 2 _____ 3

정보 및 정보원

정보 및 정보원에 대한 지식은 진로상담에 종사하는 전문가에게 필수적이다. 다음 사항에 대한 지식은 얼마나 있는가?

1. 교육, 훈련, 고용 동향에 대한 정보: 다양한 직업 영역과 개별 직업에 대한 직무, 기능, 임금, 요구 조건, 직업 전망 등을 제공해 주는 노동시장 정보

_____ 1 _____ 2 _____ 3

2. 내담자가 생애 설계 및 관리에 활용할 정보와 기술

_____ 1 _____ 2 _____ 3

3. 내담자가 진로계획을 세우고 직업 탐색을 하는 데 도움을 줄 지역사회 전문적 정보

_____ 1 _____ 2 _____ 3

4. 여성과 남성의 역할 변화와 이러한 변화가 교육, 가족, 여가에 주는 시사점

_____ 1 _____ 2 _____ 3

5. 진로계획을 조력하기 위해 컴퓨터용 진로정보 제공 시스템 및 컴퓨터용 진로지도 프로그램을 효과적으로 활용하는 방법

_____ 1 _____ 2 _____ 3

프로그램 홍보, 운영 및 실시

포괄적인 진로발달 프로그램은 다양한 장면에서 개발하고, 계획하고, 실시하고, 운영하는 데 필요한 지식과 기술이다. 다음 사항에 대한 지식은 어느 수준인가?

1. 조직에서 활용할 진로발달 프로그램의 설계

_____ 1 _____ 2 _____ 3

2. 요구조사 기술 및 실무 평가

_____ 1 _____ 2 _____ 3

3. 진로발달 프로그램의 실시 및 관리에 유용한 진단, 행동, 계획, 조직 내 의사소통, 운영을 포함하는 행정적 지식

_____ 1 _____ 2 _____ 3

4. 전망, 예산, 기획, 경비, 정책 분석, 인력 배치, 질적 관리 등을 위한 방법론

_____ 1 _____ 2 _____ 3

5. 평가 및 피드백, 조직 변화, 의사결정, 갈등 해결 등에 대한 리더십 이론과 접근법

_____ 1 _____ 2 _____ 3

6. 진로발달 프로그램에 대한 전문적 기준 및 준거

_____ 1 _____ 2 _____ 3

7. 진로발달 프로그램의 개발 및 실시에 영향을 미치는 사회적 여론과 정부의 정책적 입법 내용

_____ 1 _____ 2 _____ 3

다음 사항에 대한 능력은 얼마나 있는가?

8. 특수 집단의 진로발달 촉진을 위한 개인 및 집단 프로그램 실시

_____ 1 _____ 2 _____ 3

9. 컴퓨터 시스템을 활용한 진로 정보 및 계획에 대한 전문가 훈련

_____ 1 _____ 2 _____ 3

10. 포괄적 진로정보 센터의 기획, 조직, 운영

_____ 1 _____ 2 _____ 3

11. 다른 전문가와 협력하여 진로발달 프로그램 실시

_____ 1 _____ 2 _____ 3

12. 구성원 역량에 대한 파악 및 평가

_____ 1 _____ 2 _____ 3

13. 진로발달 활동 및 서비스에 대한 홍보, 광고 및 실적 신장

_____ 1 _____ 2 _____ 3

코칭, 컨설팅, 수행 증진

진로 상담 및 발달 과정에 영향을 미치는 개인과 조직을 연계하는 것에 필수적으로 여겨지는 지식과 기술이다. 다음 사항에 대한 지식은 얼마나 있는가?

1. 컨설팅 이론, 전략 및 모형의 활용

_____ 1 _____ 2 _____ 3

2. 내담자의 진로에 영향을 미칠 수 있는 사람과 생산적이고 도움이 되는 관계를 형성하고 유지

_____ 1 _____ 2 _____ 3

3. 진로상담, 진로발달, 생애계획의 중요성에 대한 대중과 입법 관련

자의 이해 촉구

_____ 1 _____ 2 _____ 3

4. 진로발달 및 노동인구 계획과 관련된 공공정책에 대한 영향력

_____ 1 _____ 2 _____ 3

5. 미래 조직의 요구와 현재 근로자의 기술 평가와 수행증진 훈련 프로그램 개발

_____ 1 _____ 2 _____ 3

6. 고용주에 대한 멘토링 및 코칭

_____ 1 _____ 2 _____ 3

다양한 집단

진로 상담 및 발달 과정에 영향을 미치는 다양한 집단과 관련하여 필수적으로 여겨지는 지식 및 기술이다. 다음 사항에 대한 지식은 얼마나 있는가?

1. 발달 모형 및 다문화 상담 역량 파악

_____ 1 _____ 2 _____ 3

2. 성별, 성적 선호별, 민족별, 인종별, 신체 및 정신 장애별 차이에서 오는 고유한 발달적 요구에 대한 파악

_____ 1 _____ 2 _____ 3

3. 다양한 집단의 고유한 요구에 부응하는 진로발달 프로그램 내용 구성

_____ 1 _____ 2 _____ 3

4. 언어 유창성이 떨어지는 다문화 구성원과 소통할 수 있는 방법과 자원

_____ 1 _____ 2 _____ 3

5. 다양한 집단의 서로 다른 개인적 진로계획 요구에 맞는 대안적 접근 방법의 파악

_____ 1 _____ 2 _____ 3

6. 특별한 요구를 가진 내담자를 조력할 수 있는 지역사회 자원과 지원망의 파악

_____ 1 _____ 2 _____ 3

7. 진로 탐색, 고용기대, 사회경제적 이슈 등과 관련된 다양한 집단의 고유한 요구 및 특성을 다른 직원, 전문가, 지역사회민에게 이해시킴

_____ 1 _____ 2 _____ 3

8. 다양한 집단의 진로발달과 고용을 위한 지지자

_____ 1 _____ 2 _____ 3

9. 근접성이 떨어지는 사람을 위해 진로발달 프로그램과 자료를 개발하고 제공

_____ 1 _____ 2 _____ 3

슈퍼비전

상담자나 진로교육 전문가의 수행을 비판적으로 평가하고 전문적 기술을 유지 및 향상하는 데 필수적이라고 여겨지는 지식 및 기술이다. 다음 사항에 대한 능력은 얼마나 있는가?

1. 진로상담자로서의 자신의 한계를 알아차리고 슈퍼비전을 받거나 필요한 경우 사례를 다른 상담자에게 의뢰하는 능력

   _____ 1 _____ 2 _____ 3
2. 상담자로서의 기술을 유지하고 향상하기 위해 정기적인 슈퍼비전을 활용하는 능력

   _____ 1 _____ 2 _____ 3
3. 내담자, 상담과 관련된 문제, 진로상담자로서 자신의 전문가 발달과 관련된 문제 등에 대해 슈퍼바이저와 동료에게 조언을 구하는 능력

   _____ 1 _____ 2 _____ 3
4. 슈퍼비전 모형과 이론에 대한 지식

   _____ 1 _____ 2 _____ 3
5. 서로 다른 경험 수준의 진로상담자와 진로발달 촉진자에게 효과적인 슈퍼비전을 제공할 수 있는 능력

   _____ 1 _____ 2 _____ 3

6. 서로 다른 경험 수준의 진로교육 전문가에게 다음과 같은 면에서 효과적인 슈퍼비전을 제공할 수 있는 능력

- 역할, 역량, 윤리적 지침과 관련된 지식

 _____ 1 _____ 2 _____ 3

- 자격을 비롯한 다양한 영역에서의 역량 확인

 _____ 1 _____ 2 _____ 3

- 평가 도구의 해석을 포함하여 역량 면에서 훈련

 _____ 1 _____ 2 _____ 3

- 전문적 진로상담자로서 지지해 주면서 그들의 활동을 점검하고 멘토링하며 그들의 활동을 검토하는 정기적 컨설팅을 계획

 _____ 1 _____ 2 _____ 3

윤리적 · 법적 문제

윤리적이고 합법적인 진로상담 제공에 필수적인 정보 및 지식이다. 다음 사항에 대한 지식은 얼마나 있는가?

1. 진로상담 전문가 협회(예, NBCC, NCDA, ACA)에서 정한 전문가 윤리 강령 또는 윤리 지침의 내용

 _____ 1 _____ 2 _____ 3

2. 모든 사람을 대상으로 하는 진로상담 실제와 관련된 현재의 윤리적 · 법적 논쟁 내용

 _____ 1 _____ 2 _____ 3

3. 컴퓨터 보조 진로지도 프로그램 운영과 관련된 현재의 윤리적 · 법적 논쟁 내용

_____ 1 _____ 2 _____ 3

4. 컨설팅과 관련된 윤리적 기준

_____ 1 _____ 2 _____ 3

5. 내담자 비밀보장에 대한 정부의 입장

_____ 1 _____ 2 _____ 3

연구 및 평가

진로 상담 및 발달과 관련된 연구 및 평가를 이해하고 수행하는 데 필요한 지식 및 기술이다. 다음 사항에 대한 지식은 얼마나 있는가?

1. 연구계획서 작성

_____ 1 _____ 2 _____ 3

2. 진로 상담 및 발달 연구에 적합한 연구 형태 및 연구설계

_____ 1 _____ 2 _____ 3

3. 진로상담 프로그램의 효과성과 관련된 연구 결과의 전달

_____ 1 _____ 2 _____ 3

4. 평가 프로그램의 설계, 수행, 결과 활용

_____ 1 _____ 2 _____ 3

5. 성, 성적 선호, 인종 및 민족 배경, 신체적 · 정신적 능력 등에서 서로 다른 다양한 집단의 요구를 설명할 수 있는 평가 프로그램의

설계

_____ 1 _____ 2 _____ 3

6. 진로발달 연구 수행에 필요한 적절한 통계적 절차의 적용

_____ 1 _____ 2 _____ 3

기 술

내담자의 진로계획을 돕는 기술(예, 컴퓨터)을 다루는 데 필요한 지식 및 기술이다. 다음 사항에 대한 지식은 얼마나 있는가?

1. 인터넷 서비스를 비롯한 다양한 컴퓨터 활용 진로지도 및 진로정보 시스템

_____ 1 _____ 2 _____ 3

2. 이러한 시스템과 서비스를 평가하는 전문가 협회(예, NCDA, ACSCI)의 준거

_____ 1 _____ 2 _____ 3

3. 내담자의 진로계획을 돕기 위해 컴퓨터 활용 진로지도 시스템과 인터넷 서비스를 윤리적으로 활용하는 방법

_____ 1 _____ 2 _____ 3

4. 컴퓨터 활용 시스템 활용으로 도움을 받을 수 있는 내담자와 그렇지 않은 내담자에 대한 특성

_____ 1 _____ 2 _____ 3

5. 지역의 요구에 맞는 시스템의 평가와 선택 방법

_____ 1 _____ 2 _____ 3

(1997년 4월 개정, NCDA 이사회)

부록 B
미국 진로발달학회 윤리규정(2003년 개정)

1982년에 독립적이고 자발적이고 비영리 목적으로 운영되는 상담전문가협회(National Board for Certified Counselors: NBCC)에서 이 윤리규정을 제정하였다. NBCC가 명명한 윤리 강령(Code of Ethics)은 1987년 2월에 마지막으로 수정되었고, 1987년 미국 진로발달학회(NCDA) 이사회에서 윤리 규정으로 채택한 뒤, 1991년 몇 가지 간단한 내용을 변경하여(예, NCDA 회원에 대한 규정 추가) 개정되었다.

서문: 미국 진로발달학회는 교육적 · 과학적 · 전문적 기관으로, 개인의 가치 · 존엄성 · 가능성 · 고유성의 증진, 나아가 사회적 서비스에 헌신한다. 이 윤리 강령을 통해 미국 진로발달학회는 현재와 미래의 진로상담 전문가에게 요구되는 윤리적 책임을 명백히 하고자 한다.

A장: 일반

NCDA 회원은 전문적 실무, 서비스, 연구를 향상해 나가기 위한 지속적 노력을 통해 전문가 발달에 영향을 미치고 있다. 전문가 성장은 진로 상담자의 경력 전반을 통해 지속되는 것이고, 진로상담자가 조력관계에서 어떻게 기능해야 하고 왜 기능해야 하는지를 설명하는 철학의 발달이 그 본보기가 된다. 진로상담자는 효과성에 대한 자료를 보고 그 결과에 따라 나아가야 한다.

1. NCDA 회원은 서비스를 제공하는 내담자에 대한 책임이 있고, 그 서비스 제공이 이루어지는 기관에 대해서도 책임이 있다. 진로상담자는 개별 대행사, 조직, 기관 등이 양질의 전문적 서비스를 제공할 수 있도록 도와야 한다. 어떤 기관에 고용되어 일을 한다는 것은 진로상담자가 그 기관의 정책과 방침에 동의한다는 것을 의미한다. 따라서 진로상담자의 전문적 활동은 기관의 목표에 부합되어야 한다. 이러한 노력에도 불구하고 진로상담자가 고용주와 내담자의 긍정적 성장과 발달을 촉구하는 방향으로 기관의 방침을 수정하는 수용 가능한 행동강령에서 의견을 일치할 수 없다면, 그 기관과 관계를 정리하는 것도 심각하게 고려해 볼 수 있다.

2. 전문가 협회는 항상 윤리적 행동에 대한 기대를 받는다. 전문가 동료의 행동이 윤리적으로 의심되면, NCDA 회원은 이 상황을 바로잡을 수 있도록 조치를 취해야 한다. 먼저 개별 기관의 문제 해결 경로를 찾아야 하고, 다음으로 NCDA의 모학회인 ACA(미국 상담학회)의 절차를 따라야 한다.

3. NCDA 회원은 자신의 전문적 자질을 과장되게 주장하거나 암시해서는 안 되고, 다른 사람에게 잘못 알려진 것이 있다면 교정할 의무가 있다.

4. NCDA 회원은 진로상담자가 일하고 있는 기관 또는 대행사가 의뢰된 사람과 상담하거나 자문한 것에 대해 개별적인 비용이나 다른 답례를 받아서는 안 된다. 어떤 대행사의 경우 직원이 대행사 내담자와 개별적으로 상담하는 것이 공식화되어 있기도 하다. 그러나 대행사 내담자가 개인 상담이나 컨설팅 서비스를 받고자 한다면, 그들에게 가능한 다른 선택 사항에 대한 안내도 함께 해야 한다. 진로상담자는 자신이 소속된 대행사나 기관의 내담자를 자신의 개별적 상담으로 돌려서는 안 된다.

5. NCDA 회원은 전문적 상담 서비스에 대한 비용을 청구할 때, 내담자의 경제적 상황과 개별 지역성을 고려해야 한다. 책정된 비용이 내담자에게 적절하지 않을 경우, 보다 적정한 비용으로 유사한 서비스를 받을 수 있는 곳을 찾을 수 있도록 도와야 한다.

6. NCDA 회원은 자신이 취득한 전문적 자격에 맞는 서비스를 제공하는 일자리를 찾아야 한다.

7. NCDA 회원은 자신의 한계를 알고 서비스를 제공하거나 자신이 훈련이나 경험을 통해 자격을 갖춘 기술만을 사용해야 한다. 진로상

담자는 경쟁력 있는 서비스 제공을 위해 필요성을 인식하고 계속 교육받아야 한다.

8. NCDA 회원은 상담관계에서의 친밀감을 인식하고, 내담자를 항상 존중해야 하며, 내담자를 이용하여 자신의 욕구를 채우는 어떠한 활동도 해서는 안 된다.

9. NCDA 회원은 의도적이고 반복적인 성적 특성의 언급, 몸짓, 신체적 접촉으로 정의되는 성희롱을 저질러서도 안 되고 묵인해서도 안 된다.

10. NCDA 회원은 상담관계에 자신의 사적 문제나 일 문제가 개입되지 않도록 노력해야 한다. 고정관념이나 차별(연령, 장애, 인종, 성, 민족, 종교, 성적 선호 등에 따른)에 대한 경각심을 가짐으로써 상담관계에서 내담자의 권리와 인간적 존엄성을 지켜 주어야 한다.

11. NCDA 회원은 자신의 모든 행동에 대해 책임져야 한다. 상담자의 모든 활동과 행동은 전문가 집단에 반영되므로, 적절하지 않았을 때는 상담이라는 전문 영역에 대한 대중의 신뢰를 무너뜨릴 수 있음을 인식해야 한다.

12. NCDA 회원은 자신의 제안과 전문적 행동이 다른 사람의 삶을 변

화시킬 수 있기 때문에 사회적 책임을 진다. 진로상담자는 자신의 영향력에 대해 인식하고, 자신의 영향력이 오용될 수 있는 개인적 · 사회적 · 조직적 · 재정적 · 정치적 상황이나 압력을 항상 경계해야 한다.

13. NCDA 회원이 교실 수업, 공개강의, 시연, 기사, 라디오나 TV 프로그램, 기타 매체를 통해 제공하는 상품이나 서비스는 여기에 제시한 A~F의 윤리규정에 부합해야 한다.

B장: 상담관계

1. 내담자를 개인 상담에서 만나든 집단상담에서 만나든 내담자의 존엄성을 존중하고 내담자의 복지를 향상하는 것이 NCDA 회원의 일차적 의무다. 집단상담 장면의 경우, 진로상담자는 집단 내에서의 상호작용을 통한 신체적 · 심리적 외상을 막을 수 있도록 사전에 적절한 조치를 취할 책임이 있다.

2. 상담관계와 그 관계를 통해 얻은 정보는 모두 비밀보장이 필요하고, 이는 NCDA 회원의 합법적 의무 사항이다. 집단상담 장면에서 진로상담자는 모든 집단 참여자의 개방과 관련된 비밀보장 규정을 만들어야 한다.

3. NCDA 회원은 자신이 함께 일하는 다른 전문가 집단의 전통과 실

제를 알고 설명할 수 있어야 하고, 그들과 전적으로 협력해야 한다. 다른 전문가에게서 유사한 서비스를 받았다면, 진로상담자는 이런 사람에게 직접 서비스를 제공하지 않는다. 다른 전문가에게서 유사한 서비스를 이미 받은 사람과 만날 경우, 진로상담자는 전문적 관계에 대해 신중하게 고려해 보아야 하고 내담자의 복지뿐만 아니라 치료적 이슈에 대해 조심하면서 진행해 나가야 한다. 진로상담자는 혼란과 갈등을 최소화하기 위해 이런 문제를 내담자와 의논해야 한다.

4. 내담자의 상태가 내담자 자신 또는 다른 사람을 해칠 가능성이 분명하고 임박해 보이는 증후가 있으면, NCDA 회원은 바로 조치를 취하거나 책임을 질 수 있는 상부에 알려야 한다. 가능하다면 다른 전문가에게 자문해야 한다. 내담자가 스스로의 행동에 책임을 질 수 있을 것인가에 대한 판단은 신중히 검토한 후에 내려야 하고, 내담자가 가능한 한 빨리 자신의 책임감을 회복할 수 있도록 한다.

5. 상담 내용 기록, 검사 결과, 주고받은 편지, 녹화 또는 녹음 내용, 전산 자료, 기타 문서를 포함한 상담관계에 대한 기록은 상담에 활용되는 전문적 정보로 간주된다. 주(州)가 정한 법이나 규정에 의한 경우가 아닌 한, 이 자료는 NCDA 회원이 소속된 기관의 기록물 일부로 간주되어서는 안 된다. 상담 자료를 다른 사람에게 공개할 때에는 반드시 내담자의 명시적 동의를 구해야 하고, 진로상담자는 기록의 저장과 폐기 과정에서의 비밀보장도 준비해야 한다. 대

중, 부하직원, 동료, 슈퍼바이저에게 정보를 제공하는 진로상담자는 그 내용의 일반성 확보에 책임을 져야 하고, 신원을 알 수 없는 내담자의 정보는 정확하고 왜곡되지 않아야 하며 객관적이고 사실적인 자료로 구성해야 한다.

6. NCDA 회원은 전산상에 보관되는 자료가 안전하게 유지되도록 해야 한다. 자료는 제공되는 서비스를 위해 적절하고 필요한 정보에 국한시켜야 하고, 가능한 최고의 안전을 보장하는 컴퓨터 시스템을 사용하여 서비스 제공에 관련된 적절한 직원만이 접근할 수 있도록 해야 한다. 진로상담자는 정보가 더 이상 서비스 제공에 필요하지 않을 경우 전산상에서 삭제할 의무도 있다.

7. 상담자 훈련이나 연구를 위해 수집된 상담관계 관련 자료는 연구 대상이나 내담자의 인적사항을 확실히 보호할 수 있도록 익명 처리할 수 있는 내용에 국한되어야 하고, 연구 대상이나 내담자의 동의를 받아 수집되어야 한다.

8. NCDA 회원은 내담자에게 상담관계 시작 전 또는 시작 시점에서 관계에 영향을 미칠 수 있는 목적, 목표, 기법, 규칙, 과정, 한계점 등에 관해 알려야 한다.

9. NCDA 회원이 제공하는 모든 치료적 방법은 앞으로 치료를 받을 대상에게 분명히 알려야 하고 안전하게 적용되도록 주의해야 한다.

10. 상담 서비스를 찾는 사람과 행정, 감독, 평가 등의 관계를 맺고 있는 NCDA 회원은 자신이 그 사람의 상담자가 되어서는 안 되고, 다른 전문가에게 의뢰해야 한다. 개인의 상황이 상담 개입 이외의 다른 대안이 가능하지 않을 경우에 한해 예외적으로 상담자가 될 수 있다. 진로상담자의 객관성과 전문가적 판단을 손상시킬 수 있는 내담자와의 이중관계는 피해야 하고, 다른 유능한 전문가에게 의뢰함으로써 상담관계를 종결해야 한다.

11. NCDA 회원은 잠재된 내담자나 현재 내담자에게 전문적 조력을 할 능력이 없다고 판단했을 때 상담관계를 시작하거나 관계를 곧바로 종결해서는 안 된다. 어떤 경우든 진로상담자는 더 적절한 대안을 제시해야 한다. 진로상담자는 내담자가 만족하는 의뢰를 할 수 있도록 의뢰처 정보를 확보하고 있어야 한다. 내담자가 의뢰처를 거절할 경우, 진로상담자는 계속 관계를 지속할 의무가 없다.

12. NCDA 회원은 다른 유능한 전문가에게 내담자에 대해 자문할 수 있다. 단, 이에 대해 반드시 내담자에게 알려야 한다. 진로상담자는 자문가를 이해관계 갈등 상황에 놓이게 하는 것을 피해야 한다. 그런 상황은 내담자를 돕고자 하는 진로상담자의 노력에 자문가가 일조하는 것을 방해할 것이다.

13. 자신과 문화적 배경이 다른 내담자를 상담하는 NCDA 회원은 내담

자가 속한 문화 집단과 관련된 지식, 개인적 각성, 감수성을 습득해야 하고 문화적으로 적합한 기법을 상담에 적용해야 한다.

14. NCDA 회원이 내담자와 집중적 상담을 하게 될 경우 내담자의 상담에 대한 요구를 평가해야 한다. 상담자의 전문 영역 밖의 요구가 있을 때에는 적절한 의뢰 조치를 취해야 한다.

15. NCDA 회원은 집단상담에 참여할 참가자를 먼저 선별해야 하는데, 특히 자기 이해와 자기 개방을 통한 발달에 초점이 맞춰진 경우 더욱 그렇다. 진로상담자는 집단상담 참여자 각자의 복지에 대한 인식을 집단상담 전 과정에 걸쳐 유지해야 한다.

16. 전산화된 자료와 컴퓨터 시스템을 상담 과정의 한 요소로 활용할 경우, NCDA 회원은 컴퓨터 장치와 그에 포함된 어떤 정보도 내담자 개인의 요구에 합당하고 차별적이지 않음을 확인해야 한다. 진로상담자는 기자재 작동법, 자료 검색법, 컴퓨터 진로탐색 프로그램의 모든 영역의 활용법을 포함하여 자신이 사용하는 시스템을 활용할 수 있는 능력을 갖추어야 한다. 진로 정보를 담고 있는 컴퓨터 시스템을 선택하거나 운영할 때, 진로상담자는 그 시스템이 최근 동향에 맞고 정확하고 지역사회와 관련이 되는지를 확인해야 한다. 진로상담자는 또한 내담자가 인지적으로, 정서적으로, 신체적으로 컴퓨터 장치를 사용할 수 있는지와 내담자가 사용 목적과 작동 원리를 이해하는지 확인해야 한다. 내담자의 컴퓨터 장

치에 대한 평가를 통해 앞으로 일어날 수 있는 문제를 바로잡고 이후의 요구에 대해 점검해야 한다.

17. 일반 대중이 자신을 스스로 조력하기 위해 혼자 활용하는 컴퓨터 소프트웨어를 개발하는 NCDA 회원은, 첫째 상담자의 도움이 필요한 소프트웨어를 변형하기보다는 처음부터 혼자 사용하는 것에 맞추어 설계해야 한다. 둘째, 소프트웨어는 예상되는 결과물, 소프트웨어 활용에 대한 제언, 잘못된 활용에 대한 언급, 상담 서비스가 언제 어떻게 도움이 될 것인지에 대한 설명 등의 내용을 사용자에게 제공해 주는 프로그램 설명서를 포함하고 있어야 한다. 마지막으로, 활용지침서에는 개발자의 공인 자격, 개발과정, 타당화 자료, 작동 절차가 포함되어 있어야 한다.

C장: 측정 및 평가

1. NCDA 회원은 검사의 결과가 다른 관련된 요인과 적절하게 연결될 수 있도록 검사를 실시하기 이전과 이후에 피검자에게 맞게 안내해야 한다. 검사의 목적과 결과의 활용에 대해 검사 전에 피검자에게 알려야 한다.

2. 주어진 상황에서 특정 내담자에게 실시할 검사 도구를 선택할 때, NCDA 회원은 도구의 이론적 근거와 특성, 타당도, 신뢰도, 적합도 등을 철저히 평가해야 한다. 진로상담자는 타당하지 않은 정보를

특별한 목적으로 사용하는 것에 대한 전문적 책임을 진다.

3. 대중에게 검사 도구에 대해 안내할 때, NCDA 회원은 정확한 정보를 제공하여 잘못된 권리주장이나 심리평가 용어의 의미와 관련된 오해를 막아야 한다. IQ나 학령 점수 같은 용어가 부적절한 의미를 암시하지 않게 하기 위해 특별한 노력이 필요하다.

4. 다양한 형태의 검사 도구가 존재하기 때문에 NCDA 회원은 자신의 한계점을 잘 알고 있어야 하고, 자신이 적합한 훈련을 받은 것만 실시해야 한다.

5. 검사가 표준화된 절차를 거치지 않고 실시되었거나 이상한 행동이나 부정 행위가 검사 도중 일어난 것을 알아차려야 하고, 결과가 타당하지 않다거나 타당성에 의심이 간다고 기술해야 한다. 우편을 통한 검사와 같이 감독을 할 수 없거나 부적절한 감독하에 실시된 검사는 비윤리적인 것으로 간주될 수 있다. 그러나 흥미검사와 같이 자가 실시와 자가 채점을 하도록 표준화된 검사 도구의 사용은 적절하다.

6. 검사 도구에 대해 미리 알려 주거나 나눠 주는 것은 검사 결과의 타당도를 위협하기 때문에 NCDA 회원은 검사 도구를 안전하게 보관할 전문적 의무가 있다. 또한 검사 결과가 가장 잘 나올 수 있는 조건(예, 추측에 대한 벌칙)이 무엇인지에 대해 피검자에게 알려야 한다.

7. NCDA 회원은 어떤 검사를 선택하고 사용할 때 심리측정학적 한계점을 고려해야 하고, 결과를 해석할 때에도 그 한계점을 잘 알고 있어야 한다. 내담자를 분류하기 위해 검사가 사용될 경우, 내담자에 대한 고정관념을 피하기 위해 진로상담자는 정기적으로 점검하고 재검사를 실시해야 한다.

8. 누가 결과를 받을 것인가를 정할 때는 피검자의 복지, 명시적 사전 이해, 동의 요인을 고려해야 한다. NCDA 회원은 개인 검사나 집단 검사 결과를 제공할 때 반드시 적절한 해석(예, 검사 도구의 한계와 규준)이 동반되어야 한다는 것을 알아야 한다.

9. NCDA 회원은 컴퓨터로 실시하고 채점하는 검사 프로그램이 잘 작동하고 있는지 확인하여 내담자에게 정확한 검사 결과를 제공해야 한다.

10. 검사 결과에 근거한 의사결정을 맡은 NCDA 회원은 타당화 준거, 검사 연구, 검사 개발과 활용에 대한 지침 등을 포함하는 교육 및 심리 측정 영역에서 적절한 교육을 받아 능력을 키워야 한다.

11. NCDA 회원은 자료가 충분하지 않은 검사 도구의 결과를 해석할 때 특히 주의해야 한다. 그리고 피검자에게 이런 검사 도구를 사용하는 목적을 구체적으로 설명해 주어야 한다.

12. NCDA 회원은 소수민족이나 검사 표준화에 사용된 준거집단을 대표한다고 보기 어려운 개인의 수행을 평가하거나 해석할 때도 특히 주의를 기울여야 한다.

13. 평가과정을 지원하기 위해 전산화된 해석을 개발하는 NCDA 회원은 컴퓨터를 통해 상업적으로 배포하기 이전에 해석의 타당도를 확보해야 한다.

14. NCDA 회원은 검사 결과가 시간이 지나면 쓸모없어질 수 있음을 알고, 오래된 자료를 오용하지 않도록 해야 한다.

15. NCDA 회원은 검사 발행자 측에게 알리거나 허가를 받지 않고 출판된 검사의 전체 또는 부분을 유용하거나 복사하거나 변형해서는 안 된다.

D장: 연구 및 출판

1. NCDA 회원은 다음의 인간을 대상으로 하는 연구 지침을 준수해야 한다.
   a. Code of Federal Regulations, Title 45, Subtitle A, Part 46의 최근판
   b. American Psychological Association (1982). *Ethical principles in the conduct of research with human participants*. Washington, DC: Author.

c. American Psychological Association (1981). Research with human participants. *American Psychologist, 36*, 633-638.
d. Family Educational Rights and Privacy Act. (Buckley Amendment to P.L. 93-380 of the Laws of 1974.)
e. Current federal regulations and various state privacy acts.

2. NCDA 회원은 인간을 대상으로 한 연구를 계획할 때 관련된 모든 윤리 지침을 알아야 하고 지켜야 한다. 그리고 연구 문제, 연구설계, 실행 과정이 그 원칙을 전적으로 따라야 한다.

3. 함께 연구를 수행하는 공동 연구자도 윤리적 지침을 지킬 의무로 자기 자신의 행동에 대한 책임을 지지만, 윤리적 연구에 대한 최종 책임자는 책임 연구자다.

4. 인간을 대상으로 연구를 수행하는 NCDA 회원은 실험의 전 과정에 걸쳐 연구 대상의 복지에 대한 책임은 물론, 연구 대상자에게 심리적 · 신체적 · 사회적으로 해가 되는 일이 없도록 미리 주의를 줄 책임도 있다.

5. 연구를 수행하는 NCDA 회원은 동의 절차에 대한 다음의 기본 사항을 지켜야 한다.
   a. 누가 실험군에 속하는가에 대한 확인을 비롯하여 후속될 절차에 대한 공평한 설명

b. 참여자의 불편함이나 위험에 대한 기술

c. 기대되는 이익에 대한 기술

d. 연구 대상에게 이로운, 적절한 대안 절차에 대한 개방

e. 절차와 관련된 어떤 질문에도 답해 주겠다는 제안

f. 언제라도 동의를 철회할 수 있고, 언제라도 프로젝트나 활동에 참여하는 것을 그만둘 수 있다는 것에 대한 안내

6. 연구 결과를 보고할 때, 연구의 결과나 자료의 해석에 영향을 미칠 수 있는 모든 변인과 조건에 대해 NCDA 회원이 알고 있는 내용을 명시적으로 언급해야 한다.

7. 연구를 수행하고 발표하는 NCDA 회원은 결과가 오해받을 가능성을 최소화하기 위해 노력해야 한다.

8. NCDA 회원은 연구를 반복 수행하기를 원하는 자격을 갖춘 연구자에게 원자료를 사용할 수 있게 해 줄 의무가 있다.

9. 자료를 제공하거나, 다른 사람의 연구를 돕거나, 연구 결과를 발표하거나, 원자료를 사용 가능하게 하는 NCDA 회원은 연구 대상에서 구체적인 권한 위임을 받지 않은 상태인 경우 개별 연구 대상의 신원을 숨겨야 한다.

10. 연구를 수행하고 보고할 때, NCDA 회원은 주제에 대한 선행 연구

를 잘 알아야 하고 그것을 밝혀야 한다. 그리고 저작권 관련법을 모두 확인해야 하고, 저작권자에게 완전한 저작권이 있다는 원칙을 따라야 한다.

11. NCDA 회원은 연구와 출판에 의미 있는 기여를 한 사람에게 공저자, 감사의 글, 각주, 기타 적절한 방법으로 연구에 기여한 만큼 공헌도를 인정해 주어야 한다.

12. NCDA 회원은 전문적 가치가 있다고 판단되는 연구 결과라면 어떤 연구라도 다른 사람에게 알려야 한다. 기관, 프로그램, 서비스, 기득권에 반하는 결과라고 해서 발표하지 않고 가지고 있어서는 안 된다.

13. 다른 사람의 연구나 연구물의 공동 연구원 또는 공저자가 된 NCDA 회원은 시간에 맞춰 일을 수행하고 요구된 정보를 완벽하고 정확하게 제공하는 등의 면에서 약속한 대로 협력할 의무가 있다.

14. NCDA 회원은 동일한 논문이나 핵심적인 내용이 유사한 논문을 2개 이상의 학술지에 투고해서는 안 된다. 다른 학술지에 게재되었거나 책으로 출판된 것의 전체 또는 부분에 해당하는 논문은 이전 출판자에게 알리고, 허가를 받지 않는 한 투고해서는 안 된다.

E장: 자문

자문이란 조력 전문가와 도움을 필요로 하는 개인, 집단, 사회조직 사이의 자발적 관계로, 자문가는 개인이나 기관의 일과 관련된 문제 또는 일과 관련하여 잠재해 있는 문제를 정의하고 해결하도록 고객을 돕는다.

1. 자문가로 활동하는 NCDA 회원은 (개인이나 조직의 변화를 포함하는) 조력관계에 들어가는 자신의 가치, 지식, 기술, 한계, 요구에 대해 잘 인식하고 있어야 한다. 자문관계의 초점은 해결해야 할 문제에 두어야 하고 문제와 관련된 개인에 두어서는 안 된다.

2. 자문관계에서 NCDA 회원과 고객은 문제의 정의, 후속 목표, 선택된 개입을 통해 예상되는 결과를 이해하고 동의해야 한다.

3. NCDA 회원은 자신이나 자신이 대표하는 조직이 현재나 차후에 요구되는 도움을 제공하는 데 필요한 능력과 자원이 있는지, 그리고 자문가가 적합한 의뢰처 정보를 사용할 수 있는지에 대해 확인해야 한다.

4. 자문관계에서 NCDA 회원은 고객의 적응력과 자기 주도력 성장을 격려하고 촉진해야 한다. NCDA 회원은 이 역할을 일관되게 유지해야 하고, 고객을 대신하여 의사결정을 하거나 자문가에게 앞으

로 더 의존하게 해서는 안 된다.

5. NCDA 회원은 자문이 가능하다는 것을 알릴 때 NCDA 윤리규정을 따르도록 유념해야 한다.

F장: 사설상담기관

1. NCDA 회원은 공공기관만이 아니라 사설상담기관의 상담 서비스 이용 가능성을 촉진함으로써 전문가를 도와야 한다.

2. 사설상담자로서 서비스를 광고할 때, NCDA 회원은 대중에게 서비스, 전문 영역, 가능한 상담기법 등에 관한 정확한 정보를 알리는 방식으로 광고해야 한다.

3. 사설상담기관에서 대표자 역할을 맡게 되는 NCDA 회원은 실제로 개인 상담을 하지 않는 동안에는 자신의 이름이 전문성을 나타내는 데 사용되는 것을 허락해서는 안 된다.

4. NCDA 회원은 가장 높은 수준의 관련 학위, 학위의 종류, 자격・면허, 주소, 전화번호, 근무시간, 서비스의 종류나 형태, 다른 관련 정보를 제시할 수 있다. 제시된 정보는 거짓이거나 오해를 불러일으키거나 편파적이거나 탈맥락적이거나 속이려는 자료나 문구가 들어가서는 안 된다.

5. 다른 전문가와 동업을 하거나 협력하는 NCDA 회원은 지역의 규정에 따라 각 구성원의 전문 분야를 분명히 명시해 주어야 한다.

6. NCDA 회원의 정신적 · 신체적 건강 상태가 효과적인 전문적 관계를 이끌어 가기 어려울 정도이거나 내담자와의 관계가 더 이상 생산적이지 않을 정도로 NCDA의 윤리규정에 반하는 경우, NCDA 회원은 곧바로 사설상담기관에서의 상담을 그만두어야 한다.

윤리적 문제를 처리하는 절차

미국 상담학회(ACA)의 분과학회로서 NCDA는 윤리적 문제의 처리와 공식적 징계에 관련된 ACA의 지침과 절차를 따른다. NCDA 회원에게 제기된 윤리적 문제는 NCDA 회원 여부에 상관없이 다른 개인이나 집단('고소인')에 의해 제출된다. 익명의 고소에 대해서는 아무런 조치도 취하지 않는다.

윤리적 문제에 대한 처분을 요청하는 방법과 고소 처리에 대한 지침과 절차에 대한 내용은 아래로 문의하기 바란다.

ACA Ethics Committee
c/o Executive Director
American Counseling Association
5999 Stevenson Avenue
Alexandria, VA22304

(800) 347-6647

매년 NCDA 윤리위원회에서 검토된다.

NCDA는 어떤 개인에 대해서도 인종, 민족, 성, 성적 정체성, 성적 선호성, 연령, 종교, 사회경제적 지위, 정신적·신체적 장애, 신조, 기타 일의 수행과 구체적으로 관련되지 않는 특성을 근거로 한 차별에 반대한다.

(NCDA Board of Directors–January 2003)

출처: The National Career Development Association(2003). *Code of Ethics*. NCDA. NCDA의 허락을 받고 인용함.

참고문헌

Abu Baker, K. (1999). The importance of cultural sensitivity and therapist self-awareness when working with mandatory clients. *Family Process, 38,* 55-67.

ACT, Inc. (1997). *Career planning survey.* Iowa City, IA: Author.

ACT, Inc. (2007). *WorkKeys.* Iowa City, IA: Author.

American Counseling Association. (1999). *Ethical standards for Internet on-line counseling.* Alexandria, VA: Author.

Amundson, N. E. (1989). A model of individual career counseling. *Journal of Employment Counseling, 26,* 132-138.

Amundson, N. E. (1995a). Action planning through the phases of counseling. *Journal of Employment Counseling, 32,* 147-153.

Amundson, N. E. (1995b). An interactive model of career decision making. *Journal of Employment Counseling, 31,* 11-21.

Amundson, N. E. (2003a). *Active engagement: Enhancing the career counselling process* (2nd ed.). Richmond, BC: Ergon Communications.

Amundson, N. E. (2003b). *The physics of living.* Richmond, BC: Ergon Communications.

Amundson, N. E., & Borgen, W. A. (2000). Mandated clients in career or employment counseling. *Journal of Employment Counseling, 37,* 204-215.

Amundson, N. E., & Penner, K. (1998). Parent involved career exploration. *The Career Development Quarterly, 47,* 135-144.

Amundson, N. E., & Poehnell, G. R. (1996). *Career pathways.* Richmond, BC: Ergon Communications.

Amundson, N. E., Westwood, M., & Prefontaine, R. (1995). Cultural bridging and employment counselling with clients form different cultural backgrounds. *Canadian Journal of Counselling, 29,* 206-213.

Anderson, W., & Niles, S. (1995). Career and personal concerns expressed by career counseling clients. *The Career Development Quarterly, 43,* 240-245.

Ashburn, E. (2006). 2-Year college students rarely use advisors. *Chronicle of Higher Education, 53,* A1.

Aubrey, R. F. (1977). Historical development of guidance and counseling and implications for the future. *Personnel and Guidance Journal, 55,* 288-295.

Bennett, G. K., Seashore, H. G., & Wesman, A. G. (1990). *Differential aptitude tests.* San Antonio, TX: Harcourt Assessment.

Bird, B. J. (1989). *Entrepreneurial behavior.* London: Scott Foresman & Company.

Bischoff, M. M., & Tracey, T. J. G. (1995). Client resistance as predicted by therapist behavior: A study of sequential dependence. *Journal of Counseling Psychology, 42,* 487-495.

Bissonnette, D. (1994). *Beyond traditional job development: The art of creating opportunity.* Chatsworth, CA: Milt Wright & Associates.

Bissonnette, D. (2000, January). *Proposal making.* Presentation at the annual NATCON conference, Ottawa, Ontario.

Bloch, D. P. (2005). Complexity, chaos, and nonlinear dynamics: A new perspective on career development theory. *The Career Development Quarterly, 53,* 194-207.

Bohart, A. C., & Tallman, K. (1999). *How clients make therapy work: The process of active self-healing.* Washington, DC: American Psychological Association.

Borgen, W. A., & Amundson, N. E. (1987). The dynamics of unemployment. *Journal of Counseling and Development, 66,* 180-184.

Borgen, W. A., & Amundson, N. E. (1996). *Starting points with youth.* Victoria, BC: Government of British Columbia, MEOST.

Borgen, W. A., & Maglio, A. S. (2007). After services experience of career clients in attempting to implement action plans. *Journal of Employment Counseling, 44,* 173-184.

Bridges, W. (1994). *Job shift.* Reading, MA: Addison-Wesley.

Bright, J. E. H., & Pryor, R. G. L. (2005). The chaos theory of careers: A user's guide. *The Career Development Quarterly, 53,* 291-305.

Brown, D. (1996). Brown's values-based, holistic model of career and life-role choices and satisfaction. In D. Brown, L. Brooks, & Assoc. (Eds.), *Career choice and development* (3rd ed., pp. 337-372). San Francisco: Jossey-Bass.

Brown, D., & Brooks, L. (Eds.) (1990). *Career choice and development: Applying contemporary theories to practice* (2nd ed.). New York: Jossey-Bass.

Burton, M. L., & Wedemeyer, R. A. (1991). *In transition*. New York: HarperBusiness.

Campbell, C., & Dahir, C. (1997). *The national standards for school counseling programs*. Alexandria, VA: American School Counselor Association.

Campbell, D. (1992). *Campbell interest and skill survey*. Minnetonka, MN: National Computer Systems.

Campbell, D., Strong, E. K., & Hansen, J. (1991). *The strong interest inventory*. Palo Alto, CA: Consulting Psychologists Press.

Carroll, M. A. (1997). The multifaceted ethical dimension of treating the mentally ill. *The Hatherleigh guide to ethics in therapy* (pp. 161-179). New York: Hatherleigh Press.

Carson, A. D., & Dawis, R. V. (2000). Determining the appropriateness of career choice assessment. In D. Luzzo (Ed.), *Career counseling of college students: An empirical guide to strategies that work* (pp. 95-120). Washington, DC: American Psychological Association.

Chen, C. P. (2006). Strengthening career human agency. *Journal of Counseling & Development, 84*, 131-138.

Cochran, L. (1997). *Career counseling: A narrative approach*. London: Sage Publication.

Combs, G., & Freedman, J. (1990). *Symbol, story & ceremony*. New York: Norton.

Cooper, R. K. (2001). *The other 90%*. New York: Three Rivers Press.

Corbiere, M., & Amundson, N. E. (2007). Perceptions of the Ways of Mattering by people with mental illness. *The Career Development Quarterly, 56*, 141-149.

Council for the Accreditation of Counseling and Related Educational

Programs. (2009). *CACREP standards.* Alexandria, VA: American Counseling Association.

Crites, J. O. (1981). *Career counseling: Models, methods, and materils.* New York: McGraw-Hill.

Crites, J. O., & Savickas, M. (1995). *Career maturity inventory.* Boulder, CO: Crites Career Consultants.

Csikszentmihalyi, M. (1990). *Flow: The psychology of optimal experience.* New York: Harper Perennial.

De Shazer, S. (1985). *Keys to solution in brief therapy.* New York: Norton.

Dixon Rayle, A. (2006). Mattering to others: Implications for the counseling relationship. *Journal of Counseling & Development, 84,* 483-487.

Elliott, G. C., Kao, S., & Grant, A. M. (2004). Mattering: Empirical validation of a social-psychological construct. *Self and Identity, 3,* 339-354.

Fouad, N. A. (1993). Cross-cultural vocational assessment. *The Career Development Quarterly, 42,* 4-13.

Fouad, N., Guilen, A., Harris-Hodge, E., Henry, C., Novakic, A., Terry, S., & Kantameneni, N. (2006). Need, awareness, and use of career services for college students. *Journal of Career Assessment, 14,* 407-420.

Friedman, S. (Ed.) (1993). *The new language of change.* New York: The Guilford Press.

Gati, I. (1986). Making career decisions: A sequential elimination approach. *Journal of Counseling Psychology, 33,* 408-417.

Gelatt, H. B. (1989). Positive uncertainty: A new decision-making framework for counseling. *Journal of Counseling Psychology, 33,* 252-256.

Gottfredson, L. S. (1986). Special groups and the beneficial use of vocational interest inventories. In W. B. Walsh & S. H. Osipow (Eds.), *Advances in vocational psychology: Vol. I. The assessment of interests* (pp. 127-198). Hillsdale, NJ: Lawrence Erlbaum.

Gottfredson, L. S. (1996). Gottfredson's theory of circumscription and compromise. In D. Brown & L. Brooks (Eds.), *Career choice and development: Applying contemporary theories to practice* (3rd ed., pp. 179-232). San Francisco: Jossey-Bass.

Gottfredson, L. S., & Holland, J. L. (1996a). *The dictionary of Holland occupational codes.* Odessa, FL: Psychological Assessment Resources.

Gottfredson, L. S., & Holland, J. L. (1996b). *Position classification inventory.* Odessa, FL: Psychological Assessment Resources.

Gysbers, N. C., & Moore, E. J. (1987). *Career counseling skills and techniques for practitioners.* Boston: Allyn & Bacon.

Gysbers, N. C., Heppner, M. J., & Johnston, J. A. (2003). *Career counseling: Process, issues, and techniques* (2nd ed.). Boston: Allyn & Bacon.

Hampden-Turner, C., & Trompenaars, F. (2000). *Building cross-cultural competence.* New York: John Wiley & Sons.

Hansen, L. S. (2002). Integrative life planning: A holistic theory for career counseling with adults. In S. Niles (Ed.), *Adult career development: Concepts, issues, and practices* (3rd ed., pp. 57-75). Tulsa, OK: National Career Development Association.

Harrington, T., & O'shea, A. (2000). *Harrington-O'shea career decision making system.* Circle Pines, MN: American Guidance Service.

Harrington, T. F., & Harrigan, T. A. (2006). Practice and research in career counseling and Development. *The Career Development Quarterly, 55,* 98-167.

Harris-Bowlsbey, J., Riley Dikel, M., & Sampson, J. P., Jr. (2002). *The Internet: A tool for career planning* (2nd ed.). Tulsa, OK: National

Career Development Association.

Herr, E. L. (1989). Career development and mental health. *Journal of Career Development, 16,* 5-18.

Herr, E. L. (1999). *Counseling in a dynamic society: Contexts & practices for the 21st century.* Alexandria, VA: American Counseling Association.

Herr, E. L. (2001). Career development and its practice: A historical perspective. *The Career Development Quarterly, 49,* 196-211.

Herr, E. L., Cramer, S. H., & Niles, S. G. (2004). *Career guidance and counseling through the lifespan: Systemic approaches.* New York: HarperCollins.

Hofstede, G. (1997). *Cultures and organizations.* New York: McGraw-Hill.

Holland, J. L. (1985). *Vocational preference inventory.* Odessa, FL: Psychological Assessment Resources.

Holland, J. L. (1994a). *The occupations finder.* Odessa, FL: Psychological Assessment Resources.

Holland, J. L. (1994b). *Self-directed search.* Odessa, FL: Psychological Assessment Resources.

Holland, J. L. (1997). *Making vocational choices: A theory of vocational personalities and work environments* (3rd ed.). Odessa, FL: Psychological Assessment Resources.

Holmberg, K., Rosen, D., & Holland, J. L. (1999). *The leisure activities finder.* Odessa, FL: Psychological Assessment Resources.

Inkson, K. (2007). *Understanding careers: The metaphors of working lives.* Thousand Oaks: Sage Publications.

Inkson, K., & Amundson, N. (2002). Career metaphors and their application in theory and counseling practice. *Journal of Employment Counseling, 39,* 98-108.

Jackson, D. N. (1991). *Jackson vocational interest survey.* Port Huron, MI: Sigma Assessment Systems.

Johansen, C. B. (1984). *Career assessment inventory.* Minneapolis, MN: National Computer Systems, Inc.

Kelly, E. W. (1997). Relationship-centered counseling: A humanistic model of integration. *Journal of Counseling and Development, 75,* 337-345.

Kelly, G. A. (1955). *A theory of personality: The psychology of personal constructs.* New York: Norton.

Klausmeier, H. J., & Goodwin, W. (1966). Learning and human abilities. In *Educational psychology* (2nd ed.). New York: Harper & Row.

Knapp, R. R., & Knapp, L. (1992). *Career occupational preference survey.* San Diego, CA: EDITS.

Kroese, J. M., Hynd, G. W., Knight, D. F., Hiemenz, J. R., & Hallo, J. (2000). Clinical appraisal of spelling ability and its relationship to phonemic awareness (blending, segmenting, elision, and reversal), phonological memory, and reading in reading disabled, ADHD, and normal children. *Reading and Writing: An Interdisciplinary Journal, 13,* 105-131.

Krumboltz, J. D. (1991). *The career beliefs inventory.* Palo Alto, CA: Consulting Psychologists Press.

Krumboltz, J. D. (1996). A learning theory of career counseling. In M. Savickas & B. Walsh (Eds.), *Integrating career theory and practice* (pp. 233-280). Palo Alto, CA: Consulting Psychologists Books.

Krumboltz, J. D., & Baker, R. (1973). Behavioral counseling for vocational decisions. In H. Borow (Ed.), *Career guidance for a new age* (pp. 235-284). Boston: Houghton Mifflin.

Kuder, F., & Zytowski, D. (2007). *Kuder career search with person match.*

Adel, IA: Kuder, Inc.

Kuder, Inc. (2006). *Kuder skills assessment.* Adel, IA: Author.

Lapan, R. T. (2004). *Career development across the K-16 years.* Alexandria, VA: American Counseling Association.

Leong, F. (1996). Toward an integrative model for cross-cultural counseling and psychotherapy. *Applied and preventative psychology, 5,* 189-209.

Levey, J., & Levey, M. (1998). *Living in balance: A dynamic approach for creating harmony and wholeness in a chaotic world.* New York: MJF Books.

Maher, A. R., Murphy, R. G., Gagnon, R., & Gingras, N. (1994). The counsellor as a cause and cure of client resistance. *Canadian Journal of Counseling, 28,* 125-134.

Maslow, A. H. (1954). *Motivation and personality.* New York: Harper & Row.

McCormick, R., & Amundson, N. (1997). A career-life planning model for First Nations people. *Journal of Employment Counseling, 34,* 171-179.

McMahon, M. (2005). Career counseling: Applying the systems theory framework of career development. *Journal of Employment Counseling, 42,* 29-38.

Miller, W. R., & Rollnick, S. (2002). *Motivational interviewing: Preparing people for change* (2nd ed.). New York: Guilford Press.

Miller-Tiedeman, A. (1999). *Learning, practicing, and living the new careering.* Philadelphia, PA: Accelerated Development.

Muscat, A. C. (2005). Ready, set, go: The transtheoretical model of change and motivational interviewing for "fringe" clients. *Journal of Employment Counseling, 42,* 179-191.

Myers, I., & Briggs, K. (1993). *The Myers-Briggs type indicator.* Palo Alto,

CA: Consulting Psychologists Press.

National Board of Certified Counselors. (2007). *The practice of Internet counseling.* Greensboro, NC: Author.

National Career Development Association. (1997). *NCDA guidelines for the use of the Internet for provision of career information and planning services.* Columbus, OH: Author.

Newman, C. F. (1994). Understanding client resistance: Methods for enhancing motivation to change. *Cognitive and behavioral practice, 1,* 47-69.

Niles, S. G. (1993). The timing of counselor contact in the use of a computer information delivery system with adult career counseling clients. *Journal of Employment Counseling, 30,* 2-12.

Niles, S. G. (Ed.). (2003). Adult career development: Concepts, issues and practices (3rd ed.). Tulsa, OK: National Career Development Association.

Niles, S. G., Anderson, W. P., Jr., & Cover, S. (2000). Comparing intake concerns and goals with career counseling concerns. *The Career Development Quarterly, 49,* 135-145.

Niles, S. G., & Harris-Bowlsbey, J. (in press). *Career development interventions in the 21st century.* (3rd ed.). Upper Saddle River, NJ: Merrill/Prentice Hall.

O' Hanlon, W. H., & Weiner-Davis, M. (1989). *In search of solutions: A new direction in psychotherapy.* New York: Norton.

Osipow, S. H., Carney, C. G., Winer, J., Yanico, B., & Koschier, M. (1997). *Career decision scale.* Odessa, FL: Psychological Assessment Resources.

Parsons, F. (1909). *Choosing a vocation.* Boston: Houghton Mifflin.

Patsula, P. (1992). *The assessment component of employment counseling.* Ottawa: Human Resources Development Canada.

Pryor, R. G. L., Amundson, N. E., & Bright, J. E. H. (in press). Probabilities and possibilities: The strategic counseling implications of the chaos theory of careers. *Career Development Quarterly.*

Pryor, R. G. L., & Bright, J. E. H. (2006). Counseling chaos: Techniques for practitioners. *Journal of Employment Counseling, 43,* 2-17.

Reed, C. A., Reardon, R. C., Lenz, J. G., & Leierer, S. J. (2001). A cognitive career course: From theory to practice. *The Career Development Quarterly, 50,* 158-167.

Richardson, M. S. (1996). From career counseling to counseling/psychotherapy and work, jobs, and career. In M. L. Savickas & W. B. Walsh (Eds.), *Handbook of career counseling theory and practice* (pp. 347-360). Palo Alto, CA: Davies-Black Publishing.

Rifkin, J. (1995). *The end of work.* New York: Putnam.

Roe, A. (1956). *The psychology of occupations.* New York: Wiley.

Rogers, C. R. (1951). *Client-centered therapy.* Boston: Houghton Mifflin.

Rogers, C. R. (1961). *On becoming a person.* Boston: Houghton Mifflin.

Rogers, C. R. (1989). A client-centered/person-centered approach to therapy. In H. Kirschenbaum & V. L. Henderson (Eds.), *The Carl Rogers reader* (pp. 135-152). Boston: Houghton Mifflin (Original work published 1986).

Rosen, D., Holmberg, K., & Holland, J. L. (1999). *The educational opportunities finder.* Odessa, FL: Psychological Assessment Resources.

Sampson, J. P., Jr., Carr, D. L., Panke, J., Arkin, S., Minville, M., & Vernick, S. H. (2001). Design strategies for need-based Internet Web sites in counseling (technical report no. 28). Tallahassee, FL: Florida State

University, Center for the Study of Technology in Counseling and Career Development (Online).

Sampson, J. P., Jr., Peterson, G. W., Lenz, J. G., Reardon, R. C., & Saunders, D. E. (1996). *Career thoughts inventory.* Odessa, FL: Psychological Assessment Resources.

Savickas, M. L. (1993). Career in the post-modern era. *Journal of Cognitive Psychotherapy: An International Quarterly, 7,* 205-215.

Savickas, M. L. (2000). Renovating the psychology of careers for the 21st century. In A. Collin & R. Young (Eds.), *The future of career* (pp. 53-68). Cambridge, England: Cambridge University Press.

Savickas, M. L. (2005). The theory and practice of career construction. In S. D. Brown & R. W. Lent (Eds.), *Career development and counseling: Putting theory and research to work* (pp. 42-70). Hoboken, NJ: John Wiley & Sons.

Schlossberg, N. K., Lynch, A. Q., & Chickering, A. W. (1989). *Improving higher education environments for adults.* San Francisco, CA: Jossey-Bass.

Stahl, S. A., Hare, V. C., Sinatra, R., & Gregory, J. F. (1991). Defining the role of prior knowledge and vocabulary in reading comprehension: The retiring of number 41. *Journal of Reading Behavior, 23,* 487-507.

Storey, J. (2000). "Fracture lines" in the career environment. In A. Collins & R. Young (Eds.), *The future of career* (pp. 21-36). Cambridge: Cambridge University Press.

Super, D. E. (1963). Self-Concepts in Vocational Development. In D. E. Super, R. Starishevsky, N. Matlin & J. P. Jordaan (Eds.), *Career development: Self-concept theory* (pp. 17-32). New York: College Entrance Examination Board.

Super, D. E. (Ed.). (1970). *Computer-assisted counseling.* New York: Teachers College, Columbia University.

Super, D. E. (1980). A life-span, life-space approach to career development. *Journal of Vocational Behavior, 16,* 282-298.

Super, D. E. (1990). Career and life development. In D. Brown & L. Brooks (Eds.), *Career choice and development: Applying contemporary theories to practice* (2nd ed., pp. 197-261). San Francisco: Jossey-Bass.

Super, D. E., Savickas, M. L., & Super, C. M. (1996). The life-span, life-space approach to careers. In D. Brown & L. Brooks (Eds.), *Career choice and development: Applying contemporary theories to practice* (3rd ed., pp. 121-178). San Francisco: Jossey-Bass.

Super, D. E., Thompson, A. S., Lindeman, R. H., Jordaan, J. P., & Myers, R. A. (1984). *Career development inventory.* Palo Alto, CA: Consulting Psychologists Press.

Taber, B. J., & Luzzo, D. A. (1999). *ACT Research Report 99-3: A comprehensive review of research evaluating the effectiveness of DISCOVER in promoting career development.* Iowa City, IA: ACT, Inc.

Tretheway, A. (1997). Resistance, identity and empowerment: A post modern feminist analysis of clients in a human service organization. *Communication Monographs, 64,* 281-301.

Trevor-Roberts, E. (2006). Are you sure? The role of uncertainty in career. *Journal of Employment Counseling, 43,* 98-116.

Tursi, M. M., & Cochran, J. L. (2006). Cognitive-behavioral tasks accomplished in a person-centered relational framework. *Journal of Counseling & Development, 84,* 387-398.

United States Department of Labor. (1999). *O*Net Abilities Profiler.* Washington, DC: Author.

United States Department of Labor. (2007). *O*Net Occupational Database.* Washington, DC: Author.

United States Employment Service. (1982). *The general aptitude test battery.* Washington, DC: Author.

United States Employment Service. (2002). *O*Net Interest Profiler.* Washington, DC: Author.

Walter, J. L., & Peller, J. E. (1992). *Becoming solution-focused in brief therapy.* New York: Brunner/Mazel.

Weinrach, S. G., & Thomas, K. R. (1996). The counseling profession's commitment to diversity-sensitive counseling: A critical reassessment. *Journal of Counseling and Development, 73,* 472-477.

Westwood, M., Amundson, N., & Borgen, W. (1994). *Starting points: Finding your route to employment.* Ottawa: Human Resources Development Canada.

Whiston, S. (2000). Individual career counseling. In D. Luzzo (Ed.), *Career counseling of college students: An empirical guide to strategies that work* (pp. 137-156). Washington, DC: American Psychological Association.

Zytowski, D. G., & Kuder, F. (2007). *Kuder career search with person match.* Adel, IA: Kuder, Inc.

찾아보기

인명

내용

저자 소개

Norman E. Amundson
브리티시컬럼비아 대학교 상담심리학과 교수

JoAnn Harris-Bowlsbey
쿠더 주식회사 수석 부총재

Spencer G. Niles
펜실베이니아 주립대학교 상담심리학과 교수

역자 소개

이동혁
미국 플로리다 주립대학교 박사(상담심리 및 학교심리 전공)
전 미국 미주리 대학교(세인트루이스) 상담 및 가족치료학과 교수
현 건국대학교 대학원 교육학과 교수

황매향
서울대학교 교육학과 박사(상담교육 전공)
전 한국기술교육대학교 교수
현 경인교육대학교 교육학과 교수
생애개발진로상담학회 회장

임은미
서울대학교 교육학과 박사(상담교육 전공)
전 전주대학교 교수
현 전북대학교 교육학과 교수
전북대학교 교수학습개발센터장

진로상담 과정과 기법

Essential Elements of Career Counseling
-Processes and Techniques- Second Edition

2013년 2월 15일 1판 1쇄 발행
2023년 4월 20일 1판 7쇄 발행

지은이 • Norman E. Amundson · JoAnn Harris-Bowlsbey · Spencer G. Niles
옮긴이 • 이동혁 · 황매향 · 임은미
펴낸이 • 김 진 환
펴낸곳 • (주) 학지사
04031 서울특별시 마포구 양화로 15길 20 마인드월드빌딩 5층
대표전화 • 02) 330-5114 팩스 • 02) 324-2345
등록번호 • 제313-2006-000265호
홈페이지 • http://www.hakjisa.co.kr
페이스북 • https://www.facebook.com/hakjisabook

ISBN 978-89-6330-982-8 93370

정가 **15,000원**